金融案鉴

金融领域违纪违法典型案例
警示教育读本

本书编委会◎编写

中国方正出版社

《金融案鉴》编委会

出版说明

　　金融腐败助长金融乱象、伴生金融犯罪、放大金融风险，冲击金融体系安全，危害巨大。党中央历来高度重视金融领域反腐败工作，习近平总书记先后在十九届中央纪委三次、四次全会上强调要"加大金融领域反腐力度""深化金融领域反腐败工作"。在党中央坚强领导下，中央纪委国家监委科学谋划、周密部署、稳慎推进，深入实施金融派驻改革，形成一盘棋、打出组合拳，统筹推进金融领域反腐败各项工作。在金融单位各级党委（党组）支持下，全国各相关纪检监察机构立足职责，以严监督促严监管、严治理，切实加强对金融领域贯彻落实党中央关于金融服务实体经济、防控金融风险、深化金融改革，统筹疫情防控和经济社会发展、助力"六稳""六保"等系列重大决策部署的政治监督；督促和支持金融领域各级党委（党组）更好履行管党治党主体责任；坚持反腐无禁区、零容忍，严肃查处了一批大案要案，持续保持反腐高压态势，形成强大震慑，并坚持查办案件与防控风险、挽回损失、堵塞漏洞、重塑文化有机结合，"三不"一体推进，促进金融机构治理能力和治理水平提升取得新的明显成效。

但同时，金融领域腐败问题依然易发，不收敛、不收手现象依然突出，加之金融领域腐败行为隐蔽、后果严重，当前金融领域反腐败斗争形势依然严峻复杂，防范化解重大金融风险任务依然艰巨，绝不能掉以轻心。深化金融领域反腐败工作，需要秉持"永远在路上"的坚韧，久久为功；也需要坚持系统的思维，标本兼治。在精准严惩金融蛀虫、强化"不敢腐"氛围的同时，做好以案为鉴、以案促改"后半篇文章"，深刻汲取这些被查处反面典型的教训，既可启示相关单位党组织举一反三，对照找准本单位管党治党的薄弱环节和廉政风险点，有针对性地建章立制、严格管理、堵塞漏洞，筑牢"不能腐"的堤坝；又能警示教育广大党员干部明法纪、知敬畏、守底线，不断提高拒腐防变的自觉性、主动性，夯实"不想腐"的思想基础，不断取得金融领域"三不"一体协同推进的实效。

中央纪委全会对运用典型案例开展警示教育、做好查办案件"后半篇文章"多次进行部署。赵乐际同志在十九届中央纪委三次全会的工作报告中指出，组织各部门广泛开展警示教育，强化查处一案、警示一片、规范一方的治本作用。在四次全会的工作报告中强调，做深查办案件"后半篇文章"，做实同级同类干部警示教育，以案释德、以案释纪、以案释法。为认真贯彻落实习近平总书记重要讲话精神和中央纪委全会工作部署，提升警示教育的规范性、有效性，作为深化金融领域反腐败工作的具体举措，经报中央纪委国家监委领导同志批准，中央纪委国家监委第三监督检查室会同18家驻中央金融单位纪检监察组，精心选择了十九大以来查处的中央金融单位29个职务犯罪案例和10个违反中央八项规定精神案例，编写形成了《金融案鉴——金融领域违纪违法典型案例警示教育读本》一书，用于金融领域组织开展以案为鉴、警示教育。

《金融案鉴——金融领域违纪违法典型案例警示教育读本》一书选编的案例，涉及金融监管、银行、证券、保险、资产管理、金融租赁、行业协会等不同金融行业，涵盖监管执法、行政许可、信贷审批发放、证券发行审核、资产管理、资产处置、项目投资、金融租赁、工程建设、财务管理、集中采购、选人用人等多个具体领域，包括单位一把手、部门中层负责人、业务一线员工等各层次人员，具有较为广泛的代表性，能够满足金融领域广大读者的对照学习之用。同时，案例编撰的体例更加突出警示、启示、教育作用，通过基本案情、风险梳理、忏悔材料、办案手记、警示剖析等板块，多视角、多维度地分析案件的症结、挖掘案件的教训，努力体现以案为鉴、以案促改的"反面教员"价值。

殷鉴不远，来者可追。相信本书的出版会对加强金融领域全面从严治党、深化金融领域反腐败工作、塑造清廉金融文化、改善金融政治生态、提升金融治理水平有所助益。同时，囿于编者水平和时间所限，书中难免有不妥之处，敬请广大读者批评指正。

本书编委会
2021 年 1 月

| 目录 |

下篇 违反中央八项规定精神案例

上　篇

职务犯罪案例

享受围猎的一把手
知行不一的两面人

中国银行保险监督管理委员会福建监管局
原党委书记、局长亓新政案例警示录

【基本案情】 >>>

中国银行保险监督管理委员会（以下简称"银保监会"）作为银行业保险业的监管单位，主要职责是维护银行业和保险业合法、稳健运行，防范和化解金融风险，保护金融消费者合法权益，维护金融稳定。亓新政作为银保监会福建监管局原党委书记、局长，不但没有履行好监管职责，反而滥用职权谋取私利，屡屡上演"两面"把戏，成为监管干部腐化堕落的典型样本。

经查，亓新政严重违反政治纪律、中央八项规定精神、组织纪律、廉洁纪律、工作纪律、生活纪律，涉嫌受贿罪。2020年1月，经银保监会党委研究决定，给予亓新政开除党籍、开除公职处分，收缴其违纪所得。经江苏省监委研究决定，将其涉嫌犯罪问题移送检察机关依法审查起诉，所涉财物随案移送。2020年11月2日，亓新政因受贿罪被判处有期徒刑十年六个月，并处罚金人民币 70 万元，受贿所得财物及孳息予以追缴，上缴国库。

从金融秩序的守护者到破坏者，亓新政的蜕变，不仅损害了监管干部形象，更破坏了所在单位的政治生态，造成了恶劣影响。

表里不一　上演"两面"把戏

亓新政在原江苏保监局工作时，用的微信名是"知行合一"，调任福建银保监局后，两个手机号对应的两个微信名分别是"知行"和"合一"。用亓新政自己的话说，看似简单的词语拆分，其实象征了自己的政治人格分裂。

亓新政表里不一，善于伪装。他在公众场合口若悬河、慷慨激昂，表示对腐败"深恶痛绝"，但私底下却与不法商人韩某相互勾结、暗通款曲，利用职务之便为韩某违规违法经营提供庇护和帮助，大肆收受干股分红、高档汽车、高档家具等财物。他刻意塑造自己清正廉洁、家庭和谐的"人设"，而实际上却背弃家庭，与他人长期保持不正当关系，并利用职权影响帮助特定关系人经商牟利。

他的"马克思主义手电筒"只照别人、不照自己。作为党委书记，他要求党员干部严格遵守中央八项规定精神，自己却坐头等舱、喝高档白酒、住五星级宾馆，我行我素，顶风违纪；他告诫监管干部要保持与被监管单位的距离，自己却与监管对象拉拉扯扯，经常聚餐饮酒；他要求干部员工遵守工作纪律，自己却接受请托，插手干预行政审批和监管处罚。在担任原江苏保监局一把手时，他明令禁止监管干部到下辖的行业协会报销费用，自己却把协会当成"钱袋子"，收受该协会负责人大量财物。

他当面一套、背后一套，对党不忠诚不老实。在接受组织函询时，亓新政矢口否认曾利用职权帮他人推销红酒。事实上他不仅亲自上阵为特定关系人推销红酒，还拉着其他局领导帮着"拓展销路"。江苏多家保险机构从其特定关系人处购买红酒共计 300 余万元，有的购买者甚至吐槽亓新政推销给他的红酒"五年都喝不完"。当某涉案人被留置后，亓新政四处托人打探案情，多次与行贿人韩某串供，还特意使用他人名下的手机号码专线联系。即使在这期间，他依然没有停止收钱收物。在得知韩某被采取强制措施后，亓新政心生畏惧，整日提心吊胆，看到路上迎面走来几个人，都以为是来抓自己的，可谓惶惶不可终日。即便如此，他仍然心存侥幸，以致错失了向组织坦白的最后机会。

口言善而身行恶，心无敬畏而行不知止，亓新政的所作所为已完全丧失了一名共产党员应有的底线。

初心蜕变　大搞以权谋私

亓新政出生于革命干部家庭，成长在红旗下，从小接受着父母前辈们的熏陶，曾立志长大后报效祖国。而立之年，他便担任副处级领导干部，43 岁担任原宁夏保监局党委书记、局长，之后又先后担任原江苏保监局、福建银保监局一把手。

身居要职后，亓新政渐渐忘记了组织的教育和培养，开始飘飘然起来，"做了拜金主义、享乐主义的俘虏"。思想上的滑坡导致行动上的越轨。身为监管干部，他与监管对象"一起开会、一起吃饭、一起玩乐"，在监管对象的曲意逢迎中渐忘初心、自我膨胀，享受着被围猎的快感。他不仅对监管对象所送予的"小恩小惠"来者不拒，而且恬不知耻地主动索取财物，小到香烟、眼镜、衣帽，大到家具、名表、汽车，均向监管对象张口伸手；不仅自己靠监管对象"养活"，还要求监管对象为其子女及特定关系人支付房租。一些监管对象称他"吃相难看""像乞丐一样"。

当得知"好友"韩某的保险代理业务发展得不错时，亓新政便动了心思，向其索要公司干股。为获取更多分红，他不惜"放下局长的架子"，反复游说保险机构负责人，帮助韩某的公司大幅提高推广费，先后接受干股分红 470 多万元。在调任福建银保监局党委书记、局长后，他认为自己"被重用"，已经"过了关"，自我放纵变本加厉。2019 年上半年，在觉察到组织可能对其开展调查时，仍多次前往南京收受"分红"款。

独断专行　破坏政治生态

作为所在单位管党治党第一责任人，亓新政开展党内政治生活不严肃，对党委班子民主生活会、谈心谈话等制度落实不力。他不注重选贤任能，却热衷搞"小圈子"，重用"走得近、关系好"的干部，所在单位内部乌烟瘴气，干部互相猜疑、彼此防范，党内政治生态严重恶化。他独断专行，大搞一言堂，破坏民主集中制，导致该局许多重要问题长期得不到解决，信访举报量居高不下。他粗暴干预党委班子成员分管工作，其他班子成员找他个别沟通工作，他常以"会上说"加以拒绝，导致正常沟通协调机制失灵，班子成员不团结、矛盾突出。他漠视纪律规矩，故意将举报材料泄露给被举报人，严重违反工作纪律和保密制度。他还干预被监管机构经营活动和人事安排，造成不良影响。

"为人而如此，则祸乱败亡，亦无所不至。"亓新政心无纲纪、目无国法，最终为自己的违纪违法行为付出了惨痛的代价。

【风险梳理】》》》

对一把手权力行使缺乏有效监督制约。亓新政先后在3个单位担任一把手。他顶风违反中央八项规定精神、长期与监管对象不当交往，甚至拉着其他班子成员为其特定关系人的红酒生意"拓展销路"，班子成员没有提醒制止；他违反原保监会有关规定调整处室职责，粗暴干预党委班子成员分管工作，相关班子成员没有坚持原则、进行抵制。从中可以看出，一把手任性用权，不受监督制约，就容易造成权力行使失控。

两面人祸乱纲纪。亓新政台上道貌岸然，台下贪赃枉法；人前自诩廉洁，人后骄奢淫逸；当面一套、背后一套，对党不忠诚不老实，是典型的两面人。这种两面人往往有着很强的权力欲望，如果任由这种两面人潜藏在党内、潜藏在干部队伍中，就会败坏风气、祸乱纲纪，危害极大。

党内政治生活不严肃。党要管党，必须从党内政治生活管起；从严治党，必须从党内政治生活治起。严肃认真的党内政治生活，是党员干部加强党性锻炼的大熔炉。亓新政不认真落实党委班子民主生活会、谈心谈话等制度；独断专行，破坏民主集中制；拉帮结派，搞"小圈子"；缺乏与班子成员的及时沟通，造成班子不团结。以上种种，都是党内政治生活不严肃的体现。

【忏悔材料】 》》》》

2019 年 7 月 25 日，我曾经贪恋的权力、金钱、美色都在这一刻终结了。从我忽视一个共产党员理想信念坚守和修炼的那一刻起，这一切就已经注定；从我第一次胆战心惊拿着监管对象的购物卡时，已经为今天可悲的下场埋下了祸根。回顾人生轨迹，我追悔莫及、心如刀割，我愧对党和人民，愧对组织，愧对父母妻儿。

在审查调查组的教育帮助下，我深刻剖析了自身的思想根源：

一是放弃思想改造，理想信念动摇。我任江苏保监局党委书记后，不重视政治理论和党纪国法学习，对党的事业、党的理论的理解十分肤浅，很少进行深刻的思想政治改造，不能坚定自己的政治立场、清醒自己的思想头脑。正是由于自己没有自觉抓好学习，增强党性修养，自己的政治灵魂离组织越来越远，丧失了共产党员的精神之"钙"，把物质利益当成自己人生意义的唯一支柱，终于导致自己走上了违法犯罪的道路。

二是道德修养缺失，精神家园坍塌。放松学习就是放弃自己，就是放弃自己的人格塑造，就是放弃自己的前途。这些年，我不仅放松了学习，更是放弃了道德修养。在实际生活中，我成了一个不正常的两面人，台上是正人君子，台下是权钱交易，忘记了权为民所用、利为民所谋，权力观严重异化。平时我劝诫局里干部要保持与被监管机构的距离，而我自己却与监管对象关系暧昧，经常在一起聚餐饮酒。我贪杯好酒，酒前是个谦谦君子，酒后却破口骂人，严重影响了党员干部的形象。我作为一名党员领导干部，本应继承党的优良传统，带头践行社会主义核心价值观，带头讲修养、讲道德、讲诚信、讲廉耻，但我却在外面与刘某长期保持不正当关系，自败形象、自毁前程。既不明大德——对党不忠诚不老实，也未守公德——以权谋私、贪赃枉法，更不严私德——道德败坏、背弃家庭。

三是特权思想严重，纪法意识淡薄。党对我精心培养、恩重如山。但我却没有意识到更大的权力背后隐藏着巨大的利益诱惑，更大的权力是对自己思想、意志更严峻的考验。由于理想信念的丧失，极端膨胀的贪心使自己失去了起码的辨别能力和判断能力，在日益增加的诱惑面前彻底崩溃，是非颠倒、黑白混淆、为所欲为，恬不知耻地接受韩某的干股分红竟达470多万元之巨！我从一开始的有些紧张、担心，到麻木不仁、胆大妄为，后来更专程回南京拿钱，不畏惧纪法、分不清是非，突破了法律的底线。是我自己亲手推开了通往牢狱的门，咎由自取！

四是表里知行不一，政治人格分裂。我在江苏工作时，用的微信名是"知行合一"，到了福建工作后，两个手机号对应的两个微信名是"知行"和"合一"，表面上看是简单的词组拆分，实际上却是我知行不一、政治人格分裂的具体体现。

跟别人谈马列主义头头是道，但只是拿来主义，缺乏学习思考，会议发言、讲党课都一味照搬照抄，没有个人心得。正是由于没有自觉抓好学习、增强党性修养，没有把加强和规范党内政治生活各项任务落到实处，没有真正从知行合一的角度审视自己、要求自己、检查自己，才会在错误的道路上越走越远，越陷越深。

【办案手记】 »»»

2019 年正值中华人民共和国成立 70 周年，"十一"前夕，亓新政提出观看国庆阅兵式直播的请求。专案组经过认真研究，并经请示报告，最终同意了亓新政的请求。10 月 1 日，专案组负责同志陪着亓新政观看了国庆阅兵式直播，还和他聊了很长时间。与他谈话时，亓新政谈起阅兵式，表现得很兴奋。他是一个军事爱好者，对阅兵式上展示的武器如数家珍。正当他说得兴奋之时，我大声对他说："老亓，说起阅兵式，你很兴奋，因为你看到的是伟大祖国日益强大的现状，我很理解。但是，作为办案人员，我更看到了组织对你的宽厚和关心，以及祖国不断强大而你却不能再为之服务的悲凉！"一句话，亓新政刚才的兴奋劲戛然而止，当时就愣在那里，低头陷入沉默，喃喃道："我对不起党、对不起国家……"

亓新政被移送看守所之前，出于对未来的迷茫，情绪一直不是很稳定，我们就每天和他谈话聊天，并经过请示报告，给他带了几本书看，稳定他的情绪。移送前一天晚上，我们又去找他谈话，除了安抚他的情绪，我当时还特地问他："老亓，你到这里也近半年了，专案组查出了你的违纪违法问题，说句心里话，你对这些问题的认定服气不服气？"亓新政说："服气。感谢专案组及时制止了我的错误，让我悬崖勒马。"我又说："如果再过几年抓你，你受贿的金额会到一个什么数字？你会被怎么量刑？"亓新政说："无法想象，很重。"我说："组织上给了你很多机会，你都没有抓住，还心存侥幸，不知收敛，说到底你要怪谁？"他说："怪我自己。"我继续说："明天你就要被移送到看守所了，接下去你会被判刑入狱。希望你好好改造，早点出来，重新做人，告别过去那个狂妄而不自知的亓新政，找到那个心怀初心使命的亓新政。"此时亓新政眼圈一下子就红了。谈到最后，我站起来说："老亓，明天你就要去看守所了，一定要好好改造、多多保重，来，我们握个手吧。"只见亓新政一怔，站起身来，紧紧握住我的手，像孩子一样痛哭失声："我一定好好改造，争取早点出来……"

【警示剖析】 >>>

坚定理想信念，增强党性修炼。亓新政在权力、金钱、美色面前没有经受住考验，是放松思想改造、丧失理想信念、"总开关"出现问题的必然结果。信念的坚定，来自理论上的清醒。每一位党员领导干部都要时刻不忘加强政治理论学习，要把坚定理想信念、增强党性修养作为自己的终身必修课，做到学而信、学而思、学而行，拧紧"总开关"，从思想上筑牢不想腐的防线。

慎微慎初，慎独克己。亓新政第一次收受监管对象的购物卡时也曾胆战心惊，但有了第一次后，贪欲的阀门被打开，便一发不可收拾，直至麻木不仁、胆大妄为，甚至变被动收受为主动索取。这警醒着每一位党员领导干部，要慎微慎初，远离贪欲，守住清本。"苟非吾之所有，虽一毫而莫取。"要慎独克己，在没有他人监督的情况下也须严于律己、严以修身，做到"目不眩于五色之光，心不动于微利之诱"，始终保持清正廉洁的本色。

清除两面人，保持党的纯洁。亓新政言行不一、表里不一，是典型的两面人。各级党组织要以案为鉴，在选人用人时既要听其言，更要观其行。"刀在石上磨，人在事上练。"要通过实践检验党员干部对党是否忠诚，善于在重大关头、关键时刻考察识别干部。要增强政治敏锐性和政治鉴别力，及时把两面人清除出去，保持党员队伍的纯洁性。

深陷熟人围猎圈的
证监局局长

中国证券监督管理委员会湖南证监局
原党委书记、局长熊国森案例警示录

【基本案情】 >>>

证监局是中国证券监督管理委员会（以下简称"证监会"）的一线监管机构，直接面向广大市场主体，肩负着依规严格监管、严肃查处违规违法行为的职责，是维护资本市场健康稳定发展、保护广大中小投资者合法权益的资本市场"守护者"。而证监会湖南证监局原党委书记、局长熊国森不但没有履行好这一光荣职责，反而被老同事等熟人"掮客"重重围猎，成了被物质利益肆意驱使的"权力工具"。

经查，熊国森利用职务上的便利，为他人谋取利益，收受巨额财物，同时利用工作中获得的内幕信息从事内幕交易，涉嫌受贿罪和内幕交易罪。2018年9月，经证监会党委批准，决定给予熊国森开除党籍、开除公职处分。2020年6月，法院一审判决，熊国森因犯受贿罪、内幕交易罪被判处有期徒刑十二年，并处罚金人民币 135 万元，受贿违法所得财物折合人民币 1000 余万元及其孳息依法没收上缴国库。

被离职的老同事"拉下水"

1993 年，31 岁的熊国森加入了资本市场监管队伍，第二年提任副处长，不久后又提任处长，可以说仕途非常顺利。随着职务的提升，熊国森手中的权力越来越大，身边"抬轿子""吹喇叭"的人也越来越多。

这些人中，有一个人是熊国森曾经的老同事孔某。孔某与熊国森同期进入证监局，之后长期在一个处工作，关系十分要好。2003 年，孔某从证监局副处长岗位辞职，进入一家律师事务所任合伙人。"下海"后，孔某与熊国森的关系愈发密切。孔某与其说是一名律师，不如说是一个专门帮人在证监会系统"平事"的职业"掮客"。为了打通"内部关系"，孔某越来越依赖手握实权的熊国森，原本单纯的同事朋友关系，逐渐蒙上了浓重的利益交换色彩。这种关系的转变，让熊国森感觉到彼此的身份地位已不对等，开始称呼孔某为"小孔"。孔某向他送钱送礼，熊国森也心安理得地照单全收。

2005 年，兼任某证券公司首席律师的孔某，为其所在公司增资扩股一事请托熊国森帮忙，熊国森竭尽全力为此事奔走协调。事成之后，孔某送给他一块价值 12 万元的高档手表，甚至还把购买手表的票据也一并附上，似乎是想让熊国森知道其"身价"几何。有了第一次的"默契配合"，之后二人的利益勾兑越来越熟练。而随着熊国森职务的提升，他的"身价"也水涨船高。2008 年至 2009 年，熊国森受孔某请托，帮助某上市公司在违规使用募集资金问题中得到从轻处理、在操纵股价内幕交易案中得到减轻处罚。为此，孔某送给熊国森合计上百万元。2013年，已担任湖南证监局局长的熊国森再次接受孔某请托，为某内幕交易案的减轻处罚提供帮助，因此收受孔某给予的数百万元。

从十几万元的手表到数百万元的现金，对应的是熊国森手中的权力越来越大、"价码"越来越高，对应的也是他对自身的要求越来越低、对党纪国法的敬畏越来越弱。熊国森所有受贿款项中，大半来源于孔某。可以说，正是孔某这位"老熟人"，在10年的时间里，一步一步地把熊国森拖入了犯罪的深渊。

把公权力当成了"聚宝盆"

当上证监局领导的熊国森，肩负着对辖区内上市公司、证券经营机构的日常监管权和对市场主体违法违规行为的稽查执法权。组织赋予其公权力，是对他的信任，而熊国森对此却全无敬畏之心，心安理得地将权力出卖寻租、随意变现，公权力俨然变成了熊国森取之不尽、用之不竭的"聚宝盆"。

2014年，熊国森利用其证监局局长的身份，将职业投资人彭某列入某上市公司定向增发对象名单，使彭某从中获得巨额利润。之后，彭某投资的另外一家公司又准备上市，尝过"甜头"的他，熟门熟路地再次找到了熊国森寻求帮助。彭某提出，作为回报，将给予熊国森一些拟上市公司的投资额度，并承诺50%的保底收益。对于彭某开出的"对价"，熊国森一口答应。随后，熊国森以他人代持的方式入股了该公司，仅用一年时间，就获取超额"收益"过百万元。

办事拿钱，不办事也照样收钱收礼。在证监局一把手权力"光环"的加持下，一些市场主体即便暂时无求于熊国森，平日里也会主动殷勤示好，"拜码头""放长线"。2013年至2015年，某上市公司董事长分4次送给熊国森合计数十万元的现金，只为与熊国森"沟通感情"。2014年至2016年，每逢年节，某证券公司董事会秘书都会给熊国森送去高级保健品、购物卡、金饰品、高档手机等礼品。礼品价值不高，甚至有些礼品熊国森都记不起放到了哪里，但送礼的人已经在他心里"挂上号"，这些人"维护关系"的目的也就达到了。

熊国森不仅对送上门的好处来者不拒，有时还会利用职务上的便利"主动出击"。2013年，某上市公司董事长向熊国森汇报工作时，提到其公司即将与某市政府签订重大投资项目。当时这个信息尚未向外界公告，属于内幕信息。而一心求财的熊国森敏锐地嗅到了其中的"商机"，几天后就指使他人买入该公司股票，从事内幕交易。执法者本应模范守法，但熊国森却知法犯法、执法违法。在他看来，权力就是他借以敛财的工具。

"雅好"也可以是"生财道"

熊国森的老家离中外闻名的瓷器之乡景德镇不远。可能是从小耳濡目染，当上领导后的他也有了收藏瓷器的"雅好"。而"雅好"一旦与权钱交易挂上钩，沾染上腐败的味道，就会变得很"不雅",甚至"肮脏"了。

2012年,熊国森花费40多万元在景德镇订制了9套"戒定慧"瓷器,均为三件套的僧人造型瓷像。同样的瓷器为什么要买这么多套,答案是用来"零售"。熊国森在与某基金公司老板盛某的一次会面中,有意无意地聊到了这套"戒定慧"瓷器,并当场给他看了照片。盛某对此"心领神会",随即提出想花钱买下。不料熊国森狮子大开口,每套瓷器要价30万元。盛某也觉得有些夸张,想还价,但在熊国森的坚持下,最终还是以30万元的价格买下了瓷器。作为回报,熊国森帮忙把盛某的小舅子安排到某证券公司工作。2016年,盛某主动提到家里装修需要用到瓷器,熊国森又花费15万元从景德镇买了"大闹天宫"等8件瓷板,转手就以30多万元的价格卖给了盛某。此后,熊国森的瓷器"零售生意"越做越大,先后分4次将总价仅为8万余元的数件瓷器,以80多万元的高价卖给了某投资公司总经理廖某。熊国森被审查调查后,也承认说:"买卖并不在瓷器本身,而在于送多少钱给我,买瓷器只是一种形式而已,用来掩饰的是行受贿的实质。"

对于熊国森来说,瓷器不仅是敛财的工具,有时还能作为赃款的"掩体"。2015年,熊国森在机场出境时得知被边控,便立即与老同事孔某密谋退赃,但熊国森又不甘心把钱全部退回,于是他又想到以瓷器"生意"作为掩护。熊国森与孔某统一口径后,把3件总价仅为1万余元的瓷器交给孔某,试图编造孔某用100万元向其购买瓷器的假象。

熊国森从一名心怀理想抱负的党员领导干部,一步步蜕变成为一个极度贪婪的犯罪分子。在这个过程中,孔某等人的推波助澜是不可忽视的因素，但根本上还是由于熊国森自身理想信念的完全丧失，权力观、价值观的彻底异化，把追求不义之财当成了人生的唯一目标。纪法之槌落下，他必将为此付出沉重的代价，等待他的将是铁窗和眼泪。

【风险梳理】 >>>

对权力运行缺乏有效的监督制约。熊国森利用职务便利为他人提供帮助的事项，包括增资扩股、案件从轻处理、公司申请上市等多个方面，涵盖了证监局的一系列监管和审批权限。实施违纪违法行为的时间跨度长、涉及的职务级别跨度大，从担任基层的副主任科员到正局级领导干部，都存在相关的违纪违法行为。在这么长的时间段中，熊国森的违纪违法行为没有被发现，而且还"边腐边升"。当熊国森的权力失去有效的监督制约时，其大搞腐败也就成为必然。

对离职人员的行为管控有待加强。熊国森收受的贿赂中，有大半是来自其老同事孔某。孔某从证监局离职后，到从事证券中介业务的律师事务所工作，其利用与熊国森熟识的关系，将行贿披上人情往来的外衣，让熊国森彻底放松警惕，逐步遭受腐蚀。由于证券行业的特殊性，证券监督机构工作人员即使离职后，其在原单位积累的人脉资源，熟悉相关办事流程和内部"关节"的天然优势，都使其可能得到资本市场相关主体的追逐。如果对从证券监管机构离职的人员缺乏相应的行为管控，在离职人员与在职人员之间没有建立坚实的廉政"防火墙"，那么，类似孔某与熊国森之间这样利益勾连的腐败问题就有可能发生。

【忏悔材料】 >>>

以党和国家给我的合法薪酬，我完全可以过上无忧无虑、终老天年的生活。但是我却放任自己贪欲的泛滥，无羞耻地收受他人贿赂。三五万不放过，三五十万也照收，三五百万也不手软，无限地想要去满足那永远填不满的欲壑，终至今天身陷囹圄、镣铐加身。

我始终抱有一种侥幸心理，总觉得几十年都躲过去了，以后也不会发生什么事。何况我既不主动索贿，收受的也多是熟人甚至朋友的财物，总觉得自己不曾陷人于不义，也不会被人陷于不义。殊不知，贪财受贿古今中外皆为不义，必然受到法律的制裁，这样的财富必将灰飞烟灭。这本是浅显的道理，我却如猪油蒙心一般迷了心智，偷得一时的快意，种下了万劫不复的祸根。

从根本上说，还是我自身党性的流失。共产党人先人后己、全心全意为人民服务的宗旨，本来是支撑一个党员干部的基本理念，在我身上却荡然无存。这么多年来，每每看到越来越多的人，特别是监管对象们一个个锦衣玉食、志高气满，我自忖无论学历、能力、阅历、人品并不输人，何以收入差别这么大，物质条件相距这么远。因此心态越发不平衡，想着旁门左道、贪腐得逞者多有其人，我也就伸出罪恶之手，走上了犯罪的道路。正是由于共产主义理想信念的缺失，导致我不能自律，也不想自律；不想遏贪欲，也不能遏制贪欲；害怕以身犯险，却不惜以身犯险。而今回首我犯的错、我犯的罪、我作的恶，我深感自己在精神世界上信仰缺失、素质低劣。这种理想信念的坍塌，必然导致我面对贪婪物欲、美色情欲的诱惑时毫无还手之力，只有束手就擒。

【办案手记】 >>>

办案过程中，有一个情节让我记忆尤为深刻。当熊国森得知自己被实施边控后，为了掩饰受贿事实，把老同事孔某前期贿送的数百万元退了回去，让孔某代为"保管"。过了一段时间，熊国森感觉风头好像过去了，又向孔某要回了这笔钱。从这件事可以看出，熊国森在后期已经变得极为贪婪，即便知道自己可能被调查了，也没有悬崖勒马，而是想着掩饰犯罪事实，对抗组织审查，完全被金钱和贪欲冲昏了头脑。在看到"风险"好像解除的时候，第一时间想到的不是痛改前非、重新做人，而是赶紧把交给孔某代为"保管"的钱要回来，好像办了事而没拿钱就"吃了大亏"一般。在熊国森把钱要回来的那一刻，他作为党员领导干部的"节操"真的是"碎了一地"。事实上，熊国森真的缺那些钱吗？他自己也说，他并不缺钱，合法收入完全可以让他过上不错的生活。而他为什么又这么做呢？其实是他内心对钱财的无限贪婪，是与老同事孔某"下海"后生活对比的"失落"，更是物欲战胜信仰的恶果。

君子爱财，取之有道。作为党员领导干部，对于不义之财必须坚决抵制，要有"拿钱会脏了自己的手，毁掉自己的名节"的想法。否则一旦脏了"手"，失去了"名节"，必定要如熊国森一般，由光明大道走向穷途末路。

【警示剖析】 >>>

始终坚定理想信念，才能让腐败无机可乘。 熊国森作为党员领导干部，在长期的自我放纵中，丧失理想信念、背弃初心使命，把满足个人的物欲作为人生目标，把党和人民赋予的责任完全抛诸脑后。主观世界改造的缺失，价值追求的本末倒置，必然导致他走上腐败的歪路、犯罪的邪路。对于党员干部而言，坚定的理想信念是最好的"防腐剂"。理想信念坚定了，才能把牢思想上的"总开关"，增强政治上的免疫力，才能在面对歪风邪气的侵袭和金钱物质的诱惑时，始终保持住共产党人的政治本色。

树立正确的权力观，才能秉持公心不囿私利。 用权者必须清醒认识手中权力的来源和归属问题，才能做到一心为公、不徇私情。熊国森将组织赋予的公权力异化成个人的"私权力"，当作与监管对象进行利益交换的"筹码"，心安理得地用于变现和挥霍，使权力的运行偏离了既定轨道，也让自己在肆意用权中步入了歧途。党员干部要时刻牢记，公权姓"公"不姓"私"，不容拥以自重，不可内挟私心。行使公权必须坚持党的领导，立足于公共利益，受之以党纪国法的约束，做到秉公用权、依法用权、为民用权、廉洁用权。

坚守"亲""清"原则，才能防止落入围猎陷阱。 亲而有度、清而不疏，是政商交往必须把握好的界限。孔某利用曾与熊国森长期共事的"亲"使其麻痹，而熊国森也没有维持好与孔某的"清"致使防线失守。权力与金钱的紧密交织，使本应清清爽爽的交往关系，逐步演变成了肮脏的利益交换。党员干部在与监管服务对象的交往过程中，必须坚持把公心摆在首位，把清廉作为根本，做到公私分明、界限清晰，切不可因私忘公、越轨失度，使自己沦为别人的"猎物"。

"绩优"局长被"退市"

中国证券监督管理委员会山东证监局
原党委书记、局长徐铁案例警示录

【基本案情】 >>>

上市公司的"退市",多是因经营业绩不佳、连年出现大幅亏损,不再符合上市条件,由证券交易所对其进行摘牌处理。中国证监会山东证监局原党委书记、局长徐铁,则是因理想信念丧失、大搞权钱交易,退休多年仍被组织查处,遭遇人生的"强制退市"。

经查,徐铁严重违反政治纪律、组织纪律、廉洁纪律,涉嫌受贿罪,且在党的十八大后不收敛不收手,性质严重,影响恶劣。2019年12月,经证监会党委研究决定,给予徐铁开除党籍处分,按规定取消其享受的待遇,收缴其违纪所得;将其涉嫌犯罪问题移送检察机关依法审查起诉。

放松小节 疏离组织

1953年出生的徐铁,成长于一个红色家庭,其父亲在新中国成立前参加革命,之后长期担任领导职务。徐铁自述,从小接受的红色教育对其影响很深。徐铁25岁进入某省政府办公厅工作，先后担任副处长、处长，不到40岁就被提任该省体改办副主任。那时的他，每当个人有进步、收入有提高、住房有改善时，对组织都满怀感恩之情。他经常告诫自己，要"夹着尾巴做人"，以加倍的努力来回报组织。

然而，随着时间的推移，他的理想信念出现了松动，逐渐把对自己的告诫抛在了脑后。第一次攻破他防线的，仅仅是一套西装。1994年，徐铁到北京出差时，本省某物资公司经理送给他一套价值1000多元的西装。这是他第一次收受别人送予的财物。刚开始他觉得不妥，但很快就"释然"了，觉得只是"小事"。之后任该省开发区办公室主任时，徐铁为朋友开具证明，帮助其从银行贷款，自己因此得到了一些"报答"，他也认为都是"小节"。正是对这些"小事""小节"的放松，为他日后的蜕变埋下了伏笔。

2000年，徐铁调任证监会发行部副主任，手握企业发行上市的"生杀大权"。在与"下海"的前同事和一些企业主的交往中，徐铁见识了他们的奢华生活，心态迅速发生变化。调任山东证监局党委书记、局长后，他更觉得"自己在发行部做了很多开创性工作，有时累得差点丧了命，干了16年的副局才转正，是组织亏欠了自己"。他由从前对组织的感恩，转变为对组织的抱怨。此心一起，信念决堤。他把别人向其贿送的财物，看成是自己理应得到的一种"补偿"。

思想上与组织的"生分"，让徐铁在行为上跟组织渐行渐远。2012年、2013年填报个人有关事项报告时，徐铁均向组织隐瞒了其实际持有房产的情况。2016年9月在机场出境受阻后，徐铁意识到自己可能被组织审查。他没有选择主动向组织交代问题，而是第一时间找企业老板"对口型"，与有关人员订立攻守同盟，着手转移财物，企图掩盖事实，对抗组织审查。

玩物丧志　沉迷享乐

1998 年，徐铁认识了某证券公司总经理沈某，两人相谈甚欢，成了"知心朋友"。一次，沈某带徐铁到高尔夫球场打球，并送给徐铁一套价值 6000 元港币的高尔夫球杆。很快，徐铁就喜欢上了这项运动。到证监会发行部任职后，与企业老板的密切往来，让徐铁对打高尔夫球愈发痴迷，不仅节假日打，连工作日也打，"几天不打就心慌，什么也不想干"。企业老板知道了他的这一爱好后，不断投其所好。从几万元的高尔夫球杆，到价值百万元的高档高尔夫俱乐部会员卡，徐铁统统笑纳。为了满足其球瘾，一些私营企业主还自掏腰包，购买头等舱机票，送徐铁到全国各地参加高尔夫球比赛。

到山东证监局工作后，徐铁身边更是形成了一个相对固定的高尔夫球友圈。几名在证券公司工作的朋友充当"捐客"，不断把一些拟上市或已上市企业的老板拉入其中。广阔的高尔夫球场，成了老板、商人围猎徐铁的"猎场"，成了权钱交易、利益交换的"名利场"。多名企业老板借着与徐铁一起打球的机会，向其送上数百万元现金，徐铁则为相关企业在信息披露、公司检查等方面"开口子"。2011 年，徐铁还以低于市场价 60 万元的价格，买下了一家上市公司开发的一套房产。

徐铁自诩"爱好就是打球、喝酒只喝茅台"，他的爱好在当时的证券发行小圈子里广为人知。他热衷于参加各种饭局，爱喝酒、能喝酒，好帮忙、能帮忙，在圈子里享有"为人豪爽、热心帮忙"的"口碑"。那些只见过几面的商人老板，往往很快就成了他的"朋友"，甚至白天刚在办公室认识的，晚上几杯酒下肚就成了他的"铁哥们"。在觥筹交错之间，不该办的事给办了、不该收的钱也收了。案发后，办案人员在徐铁家发现，一个房间里堆放着200多瓶高档白酒，占了半间屋子，其中不少是价值不菲的年份酒；还有一个房间则堆满了名人字画、金银玉石等礼品。

"奇"论惑己　权钱交易

担任证监会发行部副主任期间，徐铁先后分管复核、法律审核等工作和发审委工作处等处室。作为分管审核工作的领导，徐铁的意见对企业上市发行审核的最终意见形成起着关键作用，他也自然成为相关企业的重点公关对象。在个人私欲的驱使下，徐铁抛弃党性，放纵自我，把党和国家赋予的公权力异化为利益寻租的手段。对给他送来好处的拟上市企业，审核过程中他不提问题或少提问题，甚至力排众议，让企业顺利通过审核。

当时徐铁有自己的一套"理论"：自己的能力和水平并不比上市公司老板差，而这些老板都是通过自己的审批，才在企业上市后摇身一变，成为千万、亿万富翁的。在这一过程中，自己给予了他们很大帮助，他们主动送钱送物，自己又不是主动索要，所以理所当然地要收下，而且与企业上市后老板的收益相比，自己所获取的好处对于他们来说，属于"物美价廉、性价比很高"的投资。

为了确保"安全"，徐铁总结出了一套收钱的原则：一是收"真挚相送"朋友的钱。他通过热心帮忙、加深交情等方式与老板成为"朋友"，让企业老板出于感激主动相送，为权钱交易蒙上友情和恩情的面纱。2004年徐铁分管发审委工作处，当时发审委委员名单属于工作秘密不能公开，某券商负责人为拿到这一名单，多次请求徐铁帮忙。在收下对方"真挚相送"的大额现金后，徐铁把名单泄露给了这位券商负责人。二是收"高度信任"朋友的钱。2006年，某民营企业因实际控制人认定等问题屡次未能通过发行审核。为取得徐铁支持，该企业负责人将北京一处价值300多万元的房产送给徐铁，并由该企业某员工代持。后来，在徐铁大力支持下，该企业顺利通过发行审核，徐铁也顺利拿到该房产的钥匙。之后徐铁又利用职权，让一家装修企业花了80多万元为其无偿装修。

2008年，徐铁得了一场大病，康复出院后"看破红尘"，决定要为退休后的生活攒更多的钱。同年9月，他调任山东证监局党委书记、局长。抱着"有权不用、过期作废"的心态，徐铁开始更加疯狂地敛财。他打着"贴近市场、服务市场"的幌子，与商人老板吃吃喝喝、勾肩搭背，利用职权为相关企业"排忧解困、大事化小、小事化了"，为相关企业再融资四处找熟人、拉关系、打招呼。当然，对于企业送来的"感谢费"，他毫不客气地照单全收。

党的十八大后，徐铁仍然不收敛不收手。北京某企业在徐铁的帮助下于2011年成功上市。为表示感谢，该老板承诺在徐铁退休后每月向其支付"顾问费"。2013 年徐铁退休后，每月收受该企业支付的 3 万元"顾问费"，直至案发。

【风险梳理】 >>>

发行审核工作不够公开透明。徐铁的违纪违法问题发生在他担任证监会发行部副主任和山东证监局局长期间。一些商人老板向他送钱的主要原因在于，当时的发行审核标准公开透明度不够，部分审核标准是内部掌握、不对外公开，审核进度也存在可调控空间。在这种情况下，企业对能否通过审核没有把握。本案中，这些商人老板给徐铁送钱，有的是为了避免遭到刁难，有的是为了加快上市进度，有的是为了拿到发审委委员名单。当时发行审核中的漏洞，为一些别有用心之人以权谋私提供了可乘之机。

对"关键少数"缺乏有效监督。徐铁自 2001 年到证监会发行部任职后，长期与商人老板、券商人员勾肩搭背、吃吃喝喝，出入高档会所，到各地打高尔夫球，利用各种机会大肆收受贿赂，有的商人老板甚至拎着百万元巨款送到徐铁的办公室。对这些行为，长期没有人发现、没有人提醒，徐铁反而在 2008 年被提拔到山东证监局担任一把手，其违纪违法行为更加无所顾忌、变本加厉，虽偶有举报反映，但未能及时发现和查处。

对一把手权力行使缺乏有效制约。徐铁在证监会发行部长期担任法律审核部门的副主任，根据工作职责和有关规定，其实际上是发行部负责法律审核的一把手；到了山东证监局，更是名正言顺的一把手。初审会是发行初审中最重要的一个环节，按照规定应采用集体决策的审议形式，但当时审议程序和结论标准都缺乏具体制度约束，集体讨论和决策沦为形式。徐铁在会议上发表意见后，其他人的不同意见缺乏有效的表达和保障渠道，徐铁实际上对初审的法律部分审核结论具有定调权。徐铁数次通过强势坚持，让一些存在争议的问题变得无争议，使一些企业顺利过会。在山东证监局担任一把手期间，徐铁多次通过明示或暗示，不当干预上市公司监管、稽查执法工作，领导班子同级监督成为摆设。

【忏悔材料】 >>>

我出生在一个红色家庭，从小接受的是传统革命教育。我之所以会从一个充满正能量的人变成现在这个样子，确实得从思想深处来找根源。曾经有一段时间，我把蜕变的原因主要归结为客观环境影响，但是，外因要靠内因才能发生作用，只说外因不说内因，实际上是一种自我开脱。从自身找原因，我觉得有以下几点：

第一，理想信念的丧失是最根本的原因。2001年我的工作环境发生很大变化，身边的朋友很多是大款富豪，一个个身价上亿。我觉得自己好像到了另一个世界，心理受到巨大冲击，渐渐感到这个世道开始变了，毛主席当年教导我们的东西不适用了。政治信仰丧失，"三观"不正，是我走上歧途的根本原因。作为党员领导干部，本应该坚守入党初心，严守党的纪律，牢记党的宗旨，全心全意为人民服务，不谋私利。我却因为受社会阴暗面的影响，以及出于为退休生活筑个安乐窝等私心，特别是面对金钱的诱惑，放弃了入党时的理想信念，把党和人民赋予的权力变成谋利的工具，和社会上一些专事围猎的人成了"好朋友"，被人围猎了还不自知，给党和人民造成了巨大损失。现在想起来真是追悔莫及。

第二，放松党性锻炼和修养是主要原因。当年我在省里工作时，组织生活是很健全的，定期的支部生活从不耽搁。到了北京后成天忙于业务，印象中发行部党支部就没有一次正儿八经的有关党风党纪的组织生活会。日久天长，对党风党纪也渐渐淡漠了，政治学习也流于形式，自己的政治觉悟也日渐退化，各种非无产阶级思想得不到遏制，庸俗的市侩化的情绪占了上风。到了山东证监局担任党委书记后，虽然也能按要求搞一些政治学习，但由于理想信念动摇，对党的理论并没有真信，组织学习要么是"小和尚念经——有口无心"，要么是马列主义手电筒只照别人不照自己。长期不学习、不接受党纪的约束，使我个人主义、自由主义泛滥，个人的品格大大下降，戚戚于贫贱、汲汲于富贵。心胸狭窄，想的大都是交交朋友打打球之类的俗事。过去认可的"老当益壮，宁移白首之心；穷且志坚，不坠青云之志"早已烟消云散，留下的只有对钱财的向往。在这种情况下，精神世界塌方、理想信念丧失也不足为怪了。

第三，精神世界的庸俗化造成底线失守。我交的朋友有三类：一类是专业人士，如律师、注册会计师、注册评估师等，与他们多是君子之交；一类是企业的朋友，尽管与他们也有不少经济上的不正常往来，但我还是敬重他们中一些人的事业心和办企业的能力；还有一类是从机关"下海"到资本市场打拼的，他们因为有广泛的人脉和关系，"下海"没几年就身家过亿。我心理不平衡，觉得他们一无专业知识、二无经营能力，就凭着关系多、胆子大在资本市场如鱼得水，我倒成了给他们打工的。因此，日子久了，也知道他们在围猎自己，陪自己打球无非是想联络感情、好帮他们办事，但这个时候我已是破罐子破摔了，大家之间完全是权钱交易关系，自己的防线彻底失守。如果说与他们的交往开始还用一层"友情"面纱为遮掩，还有点"温水煮青蛙"的味道，到后来就同流合污、久居鲍鱼之肆而不知其臭了。

第四，不知敬畏、心怀侥幸，私欲不断膨胀。在省里时，我知道自己的一切都是组织给的，每当有进步、收入有提高、住房有改善时，就觉得应该更加努力工作报答组织的关怀。尽管那时也有一些能力不如自己的人，收入、职位、待遇比自己高，但也没有羡慕，没有与他们攀比的心理。但到证监会工作以后，由于理想信念丧失，对组织也不知道感恩和敬畏了，总觉得自己在发行部做了很多开创性工作，有时累得差点丧了命，干了16年的副局才转正，心里产生不平衡，觉得组织欠了自己。有了这个心，和组织就"生分"了，在行为上与组织也渐行渐远。对党的纪律也不存敬畏之心，觉得人家送我的好像就是自己应该得到的一种补偿，特别是当知道组织在调查自己的时候，不是主动向组织交代问题，而是找有关企业朋友去"对口型"，企图掩盖事实，对抗组织审查。另外，自己觉得所帮助的企业多是一些质量比较好的企业，不会出什么大问题，企业送的钱是天知地知你知我知，组织不会查到。侥幸心理使我利令智昏，忘记了自己是一名共产党员，对党忠诚是起码的要求。由于不知感恩、不知敬畏，把党和人民赋予的权力看成是自己的私器，可以拿来谋利，结果走上了犯罪的道路。

【办案手记】 >>>>

"看来我这些做法在组织面前都是小把戏"，当发觉无法继续抵赖时，徐铁向办案人员道出了他心中的无奈和懊悔。

徐铁和其配偶刚被留置调查时，仍然存在对抗情绪和侥幸心理，不肯主动、如实地向组织交代问题。面对徐铁夫妇的百般抵赖，办案人员通过多方努力，发现徐铁配偶曾向某上市公司高管隐晦地表示"东西先放在你那里，你懂的"。围绕这一细节，办案人员迅速对徐铁和其配偶展开针对性讯问。当办案人员当面指出该高管的名字时，徐铁先是震惊，然后陷入沉默，最后长叹一声，说出了开头的那番话。放弃顽抗的徐铁，随后就向办案人员交代了其在发行部为企业上市提供帮助，该企业高管为表示感谢送给其30万股股份，并由高管代持的违法事实。当办案人员找到该高管进行核实时，该高管也很快承认了其向徐铁行贿一事。

"天网恢恢，疏而不漏。"无论何种精心编造的说辞、刻意设计的伪装，都会留下抹不掉的印迹，事实和真相最终必然会水落石出。党员干部一定要牢记共产党员的初心使命，坚定理想信念，树立正确的权力观和金钱观，谨记"莫伸手，伸手必被捉"。

【警示剖析】 ▶▶▶

党性修养，失之则堕。回顾徐铁的成长经历，从工人到工农兵大学生，从普通党员到领导干部，他的每一次成长和进步，都离不开组织的培养和帮助。然而，徐铁自认为出身红色革命家庭，本身"根正苗红"，忽略了"三省吾身"，没有持续加强自我改造，思想长期放纵，逐步沉迷于奢靡享乐；党性修养缺失，将公权当成私器，最终滑向违法犯罪的深渊。党员干部的党性修养，不会随着党龄的增加、职务的升迁而自然提高。只有在实践中持续加强锤炼，不断夯基垒台，才能始终保证信念坚定、作风过硬，才能在面对私利和诱惑时，始终挺直共产党人的精神脊梁。

从政之道，惟存公心。领导干部手中的权力，不属于个人私有，也不是由他人赏赐，而是来自党和人民。用好公权，必须常存公心。徐铁把履职工作当成给企业谋利、为自己谋私的工具，把企业送钱送物看作是自己理所应得，甚至在自认"仕途不顺"后，对组织产生不满，把收受贿赂当成了对自己的"补偿"。以上种种，表明徐铁已完全将党和人民赋予的公权力视为"私有商品"，肆意拿来进行利益交换，而这必将为党纪国法所不容。党员领导干部要始终牢记，公权力姓公，也必须为公，特别是在市场经济环境下，更应时刻保持清醒、始终坚守原则，保持一心为公、务实清廉的政治本色。

正气内盈，外邪不侵。涵养良好政治生态，保持正气充盈，才能有效抵御不良风气的入侵和蔓延。党的十八大以来，证监会党委以坚定决心，查处了证监会发行部相关干部的违

纪违法行为。徐铁作为发行部原负责人，自身贪污腐化，不敢
严格工作纪律，不愿审核标准透明，更不想权力受到监督和
制约，给发行部其他党员干部带来了不良影响。各级党组织要
从严管党治党，坚持真管真严、敢管敢严、长管长严，不断
净化政治生态。各级党员领导干部要以身作则，面对歪风邪气
勇于亮剑、敢于斗争，为涵养良好政治生态做好表率、当好
先锋。

靠监管吃监管的"内鬼"

中国银行保险监督管理委员会广西监管局
原党委副书记赵汝林案例警示录

【基本案情】 »»»

金融监管者本应根据法律法规和行政规章，依法依规对金融机构加强监督、管理、指导，守护金融秩序，但银保监会广西监管局原党委副书记赵汝林却模糊"亲""清"的界限，与一些不法监管对象沆瀣一气，成了以权谋私、贪得无厌的监管"内鬼"。

经查，赵汝林严重违反政治纪律、中央八项规定精神、组织纪律、廉洁纪律、工作纪律、生活纪律，涉嫌受贿罪。2019年11月，银保监会党委研究决定，给予赵汝林开除党籍、开除公职处分，收缴其违纪所得；广西壮族自治区监委研究决定，将其涉嫌犯罪问题移送检察机关依法审查起诉。

赵汝林集政治蜕化、经济贪婪、生活腐化于一身，严重背弃初心、亵渎使命，是政治蜕变、信仰虚无的典型；搞两面派、做两面人，是对党不忠诚不老实的典型；操守尽失、甘当"内鬼"，是"靠山吃山"、滥权谋私的典型；不知敬畏、毫无戒惧，是不收敛不收手的典型；沉迷低级趣味、生活糜烂，是道德败坏、腐化堕落的典型。

在信仰虚无中走上歧途

赵汝林出生在广西一个农村家庭，小的时候家里条件不太好，母亲没有工作，靠父亲在镇上当教师的微薄收入养活全家。赵汝林经过寒窗苦读考上大学，毕业后进入中国人民银行广西壮族自治区分行工作。2003年广西银监局成立后，赵汝林仅用4年时间就成长为广西银监局副局长。早年艰苦的生活经历，使得自尊与自卑两种心理在赵汝林身上都体现得比较突出。他的自尊心，使他工作积极，不服输、不怕累；他的自卑感，则使他对权力、金钱有着超乎寻常的渴望。

1998年，怀着功利性的动机，赵汝林加入了党组织。而他心里却认为共产主义"不过是虚无缥缈的海市蜃楼"，并没有树立起马克思主义信仰和为人民服务的宗旨意识，入党只是为了今后的提拔。随着职务的提升、权力的增大，他不仅没有努力加强政治学习、改造主观世界，反而更加自我放纵，长期以"业务干部"自居，放松甚至抗拒政治学习。直至接受组织审查调查时，他对"四个意识""四个自信""两个维护"的概念都模糊不清。

赵汝林热衷于搞封建迷信，不信马列信鬼神。其父丧事不顺，他就让私营企业主安排求神拜佛、捐香油钱，祈求神明庇佑；为了保佑自己升官发财，他让哥哥找所谓的"风水宝地"，准备给其父迁坟；自身提拔遇阻，他便安排私营企业主出资找"大师"做法事，祈求"逢凶化吉"。

赵汝林对组织不忠诚不老实，不靠组织靠老板。他封建思想严重，为了生儿子传宗接代，搞"假离婚"、找代孕，对于真实家庭关系、非婚生子等事项，他均不向组织报告。2016年，组织曾就有关事项对他进行函询，但他并未受到警醒，以瞒骗手法暂时"躲过一劫"后，他认为风头已过，更加无法无天、肆意妄为。2019年，他获悉自己晋升副局级职务被驻银保监会纪检监察组否决后，害怕自己违纪违法问题暴露，于是请托私营企业主李某找关系，打听具体情况，妄图"摆平"组织调查。他与党组织离心离德，两度伙同他人隐匿赃款赃物，在组织对其核查时，还借出差之机到有关部门游走、打听消息，始终没有选择向组织主动坦白问题。

赵汝林既想当官又想发财。2008年，广西某银行成立时，组织上曾推荐他去担任行长，他怕辛苦，没有去。2016年，南宁某房地产公司老板叶某邀请他担任公司副总，许以高额年薪，他怕民营企业不稳定，也没有去。他"既想舒舒服服当官，又想多多益善发财"，既想赚大钱，又舍不得放弃权力，心中的纠结、游移，反映的是他世界观、人生观、价值观的迷茫。

在我行我素中"作茧自缚"

赵汝林"贪玩""恋财"，一些私营企业主充分利用这一点，竭尽所能对其拉拢腐蚀。有的以情动之，劝其收钱，称"人是会变的，以后不一定有钱了，如果您现在不收，我以后想孝敬您也不一定有能力啊"；有的以享乐惑之，向其灌输"人生不过三万天，快乐一天是一天"，陪其吃喝玩乐，终日不离左右。通过种种方式，将赵汝林诱入铺设好的罗网。

而赵汝林也甘于被围猎。他对中央八项规定精神和党纪国法置若罔闻，我行我素，在一些私营企业主的陪伴下，常年出入酒场、球场。赵汝林喜欢打高尔夫球，几乎每周都安排"球局"，平均每年要打40到50场。除了在国内多地打，他还多次在私营企业主邀请下前往新加坡、印度尼西亚等国家打球。在被留置的当月，他仍以"散心"为由，邀约私营企业主李某陪其到外地打高尔夫球。

赵汝林贪钱，可谓"细大不捐"。他雇请保姆让老板们买单，前妻生育孩子要老板们报销费用，为特定关系人租房向老板们索要房租款，去看望病人也要私营企业主为其出钱"封红包"。某私营企业主每天通过微信红包发给他168元的"请安费"，他也坦然笑纳。

在"靠山吃山"中"敲骨吸髓"

赵汝林靠监管吃监管，利用手中掌握的监管权，肆意寻租，构建起"银监局—银行—企业"的"食物链"。站在这条"食物链"的顶端，他既"吃银行"，也"吃企业"。

他主动"搭平台"，组织私营企业主与银行高管人员一起吃饭、打高尔夫球，为他们获取银行贷款提供帮助。事情办成之后，赵汝林邀请这些人打麻将、斗地主、打高尔夫球，这些私营企业主则通过"输钱"的方式奉上好处。对于奉送好处不到位的，赵汝林则会直接索要。赵汝林曾受某担保公司总经理梁某请托，向当地几家农村信用合作社负责人打招呼，帮助梁某控制的多家空壳公司获得大额贷款。事后，他以自己离婚没房子住为由，要求梁某为其购买一套别墅，并以他人名义代持，准备退休后再转到自己名下。

为了"保护"自己，也为了打理非法收入，赵汝林很早就找好了"白手套"，让自己的大哥赵某和干弟弟宁某在前台操作，自己在后台掌控。赵汝林帮助某民营企业在多家银行获得巨额授信额度，该企业送给赵汝林的"好处费"上千万元。为了将这些钱"洗白"，他让宁某到这家企业担任高管人员，又与宁某商量与企业开展关联交易。该企业有一段时间经营状况不好，但赵汝林仍要求其按"规矩"给予好处，并暗示如果不给，自己可以给银行施加压力让企业的日子更难过。他像附骨之疽一样，对企业"敲骨吸髓"。

【风险梳理】 >>>

全面从严治党不力，形成监督真空。赵汝林所在的广西监管局党委长期重业务轻党建，党的领导弱化，"两个责任"空转，管党治党宽松软。局党委忽视党的建设，很少专题研究党建工作；党内政治生活不正常、不健康，组织生活一团和气、评功摆好、质量不高；选人用人导向走偏，以所谓的"业务强"掩盖"政治弱"；党委主要负责同志弃守全面从严治党第一责任，对赵汝林放任不管；党委班子成员不能坚持原则，不敢斗争。赵汝林存在长期频繁打高尔夫球、与私营企业主交往密切、私生活混乱等情况，局里干部有反映、业内有传言，但局党委、纪委失察失究。管党治党弱化、党内监督乏力，助长了赵汝林的权欲、贪欲。

监管权力异化，破坏地方金融生态。从新设机构审批、高管资格核准、相关业务准入到监管检查、约谈通报、行政处罚，监管权力对于金融机构的影响程度很大，一旦被用于谋私，就会带来很大的寻租空间。赵汝林正是利用这一点，靠监管吃监管，为所欲为，大肆敛财。由于赵汝林的恣意妄为，本案中涉及的有关民营企业脱离实业，利用空壳公司骗取贷款，导致市场乱象频生、融资成本增加、金融风险积聚，破坏当地金融生态。

轮岗交流制度落空，"坐地户"权力坐大。 赵汝林"深耕"广西金融圈 30 余年，担任副局长以来，广西监管局先后更换四任局长，形成了流水的一把手、铁打的"坐地户"。广西监管局多任一把手对赵汝林盲目信任，将核心监管业务交由其分管，甚至在个别党委书记任内，班子其他成员需先向赵汝林汇报工作，再通过其向党委书记汇报，造成赵汝林以"二把手"之名行一把手之实。2011 年以后，该局领导班子分工基本未作调整，一些班子成员将分管领域当成私人领地，形成事实上"分封而治"的格局。正是由于长期未轮岗交流、未调整工作分工，赵汝林成了根基深厚的"坐地户"，权力坐大，用权任性。

【忏悔材料】 >>>>

我已被留置 100 多天了！在这 100 多天里，我最渴望的就是能吹一吹清爽的晨风、看一看热闹的太阳，但我没机会了。我终于明白，自由是那么宝贵！在这 100 多天里，每天我都在反思自己的累累罪行，也更加怀念过去不曾在意和珍惜的生活和工作，以前上班的快乐、生活的舒畅，都因为我的恣意妄为失去了。悔恨啊！

我 1989 年参加工作，2007 年 41 岁时就当上了副局长，

2015年还担任了党委副书记，组织对我真的不薄！我本该以扎实的业绩回报组织对我的关怀，但我却公权私用，道德败坏，收受贿赂，参与赌博，违规入股企业，违规打高尔夫球，等等。我辜负了组织，败坏了监管形象，对不起父母家人。我真的错了！

小时候我寒窗苦读，考上了大学。毕业后，起初生活上也是艰苦朴素的。1996年装修新房时，因为没有多少钱，我就和妻子一起动手，给木地板刷油漆，呛得眼泪直流。当了领导干部后，我先是收点年货、购物卡，认为你收我收大家都这样，法不责众；然后收件衣服、拿箱红酒，觉得增进同学朋友间的感情无所谓；慢慢地发展到收5万、10万也正常，最后到了收别墅的地步。

多年以来，我与广西银行业众多高管吃喝玩乐、为所欲为，给广西的金融生态造成了严重破坏，我作为金融秩序守护者却变成了金融乱象制造者。我以调研为名，为金融机构站台支持，与他们狼狈为奸、互相利用，破坏了"亲""清"关系。我召开会议，说是为企业解困，为银行不良贷款寻找解决办法，实质上却是为了盘活某些私营企业的不良资产，让他们给我送钱送物，给监管形象带来了严重损害。

我的胆大妄为、违法乱纪，深深伤害了家人。不知年迈的老母亲还能等到我回家吗？刚出生的儿子能像正常儿童一样成长吗？女儿大学还没毕业，不知能否成才？我花天酒地、风花雪月，深深地伤害了我的妻子，现在却让她一个人扛起整个家庭。拥有时不懂珍惜，失去了我才知道珍贵。以后，我要做一个守法好公民，绝不做违法的事，用自己的双手，勤奋工作,老实做事,清白做人,维护好家庭,赡养好老母亲,陪好妻子,培养好女儿成才,抚养儿子健康成长,弥补自己对家庭的亏欠。

【办案手记】 >>>>

赵汝林案件从初核,到立案审查调查,再到移送检察机关依法审查起诉,历经近9个月的时间。回看这段时间,值得回忆的片段不胜枚举,最令我们感触的,莫过于"四个一"。

全案一盘棋。坚持一手抓案件查办、惩治贪污腐败,一手抓风险防控、严防次生金融风险,在扎实做好案件审查调查工作的同时,指导广西银保监局成立应急维稳工作小组,制定风险防控工作应急预案,筛查相关金融机构风险。责成局党委班子成员分别带队走访有关机构,督促认真落实主体责任,加强风险防控化解,扎实做好"补短板、防风险"工作,切实维护当地金融市场稳定。

抓住一个电话号码。通过举报人提供的模糊地址信息,办案人员筛查了数百万条企业贷款信息和房屋抵押登记记录,从纷繁复杂的数据中多方关联出一个反复用于不同贷款企业登记的电话号码,并通过该号码反向查询工商登记信息,发现了私营企业主梁某通过赵汝林的帮助,涉嫌利用多家空壳企业骗取贷款问题,并逐步揭开了赵汝林滥用监管权力大肆谋私的盖子,成功揪出了广西农信系统多名"大鬼""小鬼"。

突破一个银行账户。通过对赵汝林某直系亲属银行账户的异常波动分析,推断该账户极有可能是赵汝林赃款的去向之一,并最终将该账户确定为对赵汝林讯问的突破口。面对组织的强大攻势，赵汝林猝不及防，在谈话中迅速崩溃，初步交代了其收受私营企业主巨额贿赂，并将部分赃款转移给其直系亲属的违法行为，扩展了案件查办成果。

紧盯一个外逃人员。案件查办期间，重要涉案人员宁某为躲避审查调查，潜逃至越南。驻银保监会纪检监察组领导同志亲自协调、精准指挥，公安部及时启动中越双边执法合作机制，在广西区监委和当地公安机关共同努力下，开展对宁某的缉捕行动。2019 年 8 月 5 日，宁某在潜逃两个月后被成功控制，带返留置点。宁某的成功归案，为查清查透赵汝林违纪违法行为，闭合证据、落地成案，奠定了坚实基础。

赵汝林的下场，再次印证了一个道理，"手莫伸，伸手必被捉"！

【警示剖析】 >>>

加强党性修养，坚定理想信念。赵汝林之所以在形形色色的诱惑面前败下阵来，究其根本是因为理想信念的缺失。赵汝林"带病入党"，对共产主义口信心不信，入党前就有生活作风问题。他之所以选择入党，完全是为了今后的仕途，带有很强的功利性。入党后，赵汝林政治信仰问题始终没有得到解决，缺乏党性修养，缺失理想信念，世界观、人生观、价值观严重扭曲，集乱纪、违法、破规、败德于一身。心有定力，才能无惧风雨；立根固本，才能有强大的免疫力和抵抗力。加强党性修养、坚定理想信念是一辈子的事，无论职务高低、党龄长短，都不能有丝毫松懈。党员领导干部要加强政治理论学习，不断在实践中砥砺锤炼，时刻自重自省自警自励，切实筑牢信仰之基、补足精神之钙、把稳思想之舵。

从严管党治党，落实"两个责任"。赵汝林的腐化堕落，与广西监管局党委长期忽视政治、淡化政治、管党治党弱化密切相关。全面从严治党从来都不是虚的，不能光说不练，要坚持真管真严、敢管敢严、长管长严，要出真招、见实效，最重要的是要落实"两个责任"。党委书记要主动作为，把主体责任扛在肩上、烙在心头，抓班子、带队伍，严纪律、抓作风，塑文化、净生态，一点一滴都不能含糊。纪委书记要切实履行好监督责任，敢于监督、善于斗争，用好"四种形态"，防微杜渐、抓早抓小。其他班子成员要以身作则，坚定履行好"一岗双责"。只有真正把管党治党的旗帜竖起来，把严的主基调长期坚持下去，才能营造好风清气正的政治生态。

落实轮岗交流制度，强化权力制约监督。从一些案件看，党员领导干部在一个地方、一个单位任职时间过长，或者工作分工长期不调整，而自己又不能严格自我约束的话，就容易形成"权势大、形成人身依附关系""资格老、无人敢监督""自视高、不愿接受监督"等情况。从加强干部监督管理、强化对权力运行制约出发，要严格落实领导干部轮岗交流制度，防止权力的过度集中、日益坐大、自我膨胀。此案中反映出的"坐地户""二把手"问题，有一定典型性，各金融机构党委、纪委、组织部门要重点关注，在制度上、监督上采取针对性措施，有效加以解决。

被"红牌"罚下的
资本市场"守门员"

中国证券监督管理委员会创业板发行审核委员会

原委员蒋新红案例警示录

【基本案情】 >>>

在股票发行核准制度下，证监会下设发行审核委员会（以下简称"发审委"），由证监会工作人员和聘请的外部专家担任委员，通过发审委工作会议（以下简称"发审委会议"），依法审核股票发行申请。对于拟上市企业而言，发审委会议是发行上市的最后"关口"，发审委委员则是把守"关口"的"守门员"。发审委委员能否正确履行职责、认真把好"关口"，既关系企业的发展，也关系市场的健康，责任十分重大。然而，证监会创业板发审委原委员蒋新红，不但没有担负起为资本市场守门把关的责任，反而在重金诱惑下"关口"失守，最终被"红牌"罚下，跌落人生谷底。

经查，蒋新红在担任创业板发审委委员期间，利用职务之便，接受他人请托，为他人谋取利益，收受他人巨额贿赂。

2018 年 12 月，蒋新红因受贿罪被判处有期徒刑十年，并处罚金人民币 100 万元，受贿违法所得人民币 1000 余万元依法没收上缴国库。蒋新红不服一审判决，提出上诉。2019 年 5 月，法院作出终审裁定，维持原判。

故人邀约送干股

蒋新红是 H 会计师事务所（以下简称"H 所"）管理合伙人、副主任会计师，也是财务领域的 3C 人才（注册会计师 CPA、注册资产评估师 CPV、注册税务师 CTA）。因其过硬的专业能力，2009 年 8 月至 2011 年 8 月，蒋新红被遴选为证监会第一届、第二届创业板发审委委员。从会计师事务所合伙人到发审委委员，蒋新红迎来了自己人生的高光时刻。他的角色转变让很多同业人士羡慕不已，更让一些老"朋友"暗自欣喜，"以后在证监会里有人了"！

T 公司是 H 所长期合作的老客户，公司董事长邢某也是蒋新红的"老熟人"。2009 年 10 月，邢某到北京办事，精心挑选了京郊一处饭庄邀请蒋新红吃饭。T 公司时值申请公开发行股票的阶段，接下来的发审委会议，将直接决定公司能否顺利挂牌上市。按照制度规定，"发审委委员不得私下与发行申请人及其他相关单位或个人进行接触"，但蒋新红对此却置之不理，欣然赴宴。

到了饭庄包厢，席间只有邢某和蒋新红两人。推杯换盏之际，邢某对蒋新红的发审委委员身份恭维有加，称 T 公司作为 H 所的客户，对顺利过会很有信心，虽然明知蒋新红本人对 T 公司的发行审核需要回避，但仍想请蒋新红帮忙"协调"关系，以便顺利通过审核，并大方许诺事成之后，送 50 万股 T 公司股票给蒋新红。为了打消蒋新红的顾虑，邢某还主动提出安排 T 公司关联人俞某代蒋新红持有股票，待上市一年后减持卖出，再将收益返蒋新红。见蒋新红还是有些犹豫，邢某又当场向蒋新红索要了其妻子林某的联系方式，称发审委委员身份特殊，以后具体事项由其与林某对接。

一边是本该回避的发行申请人，一边是长期合作的老"朋友"；一边是制度的规定与发审委委员的职责，一边是上市前就价值不菲的干股。蒋新红没能摆脱贪婪欲望的诱惑，当场就点头表示同意。

请托说情暗操作

接受了邢某请托的蒋新红，马上开始关注 T 公司上市申请的进度和参加 T 公司发审委会议的委员情况。根据制度规定，拟上市企业只有获得与会 7 名委员中 5 人及以上的赞成票，才能通过发行审核。在分析了 T 公司基本情况后，蒋新红认为 T 公司基本面很好，成功上市的可能性很大。但"受人之托，忠人之事"，在 50 万股干股的驱使下，蒋新红还是想要"打点"一下相关委员。

他发现负责 T 公司发审委会议组织联络的小组长（召集人），恰好是自己熟悉的哥们韩某。2009 年 12 月，在 T 公司正式上会审核前，蒋新红找到韩某，以对老客户负责为由，向韩某了解了许多 T 公司上市的相关事项，表示对 T 公司很关心，最后他亲热地拍了拍韩某的肩膀，说"哥们儿，T 公司过会的事情就拜托了"。

随后，发审委会议就 T 公司首次公开发行股票的申请进行审核。按照流程，各个委员需对 T 公司的申报材料进行审查、提问，最后投票表决。在聆讯环节，受到蒋新红拍肩"打招呼"的召集人韩某，提问的方式和语气都较为缓和，并在最后投下了赞成票。在这种积极肯定的态度和不言自明的气氛下，T 公司顺利过会，成功上市。

机关算尽终成空

2010 年年初，T 公司股票正式挂牌交易。2011 年 4 月至 6 月，在邢某的授意下，俞某将代蒋新红持有的 T 公司股票全部卖出，扣除取得成本、交易成本和相关税费后，获得巨额收益。2011 年 8 月，在蒋新红卸任发审委委员后，俞某分 7 次将这些收益转到蒋新红妻子林某账户。在整个过程中，每次资金入账，蒋新红的妻子都会及时向蒋新红"报喜"。

为熟人牟利的"知根知底"，指定他人代持股份的"暗度陈仓"，离任后"期权"变现的"金蝉脱壳"，以妻子账户接收资金的"瞒天过海"。蒋新红机关算尽，自以为这一系列令人眼花缭乱的操作，能掩盖得住自己贪赃枉法的丑行，实际上无异于掩耳盗铃。随着金融领域反腐力度的持续加大，蒋新红受贿案很快东窗事发。在蒋新红被立案审查前，其妻林某已移居美国，"夫刑妇逃"，极是讽刺。

"祸莫大于不知足，咎莫大于欲得。"从会计师事务所合伙人到发审委委员，最后沦为"阶下囚"，蒋新红将自己的人生轨迹走出了"一字跌停"。身为注册资产评估师的他没能评估出金钱与操守孰轻孰重，身为发审委委员的他未曾审视出层层包裹下的"糖衣炮弹"，在贪欲驱使下辜负了公众信任、背弃了职业道德，终因"严重犯规"，被"红牌"罚下、黯然离场。

【风险梳理】 >>>

外部委员双重身份易引发利益冲突的风险。蒋新红作为从证监会系统外遴选出来的业务专家，具有双重身份属性：一方面是市场人士，与资本市场往往有着千丝万缕的利益关系；另一方面是发审委委员，属于受托从事公务的公职人员，理应严格坚持专业操守、秉持公平公正立场。如何通过科学有效的制度设计，既发挥发审委外部委员的专业能力和外部监督作用，又有效防范外部委员的利益冲突风险，是把笼子扎紧的关键。

履职回避制度被钻空子。发审委委员需严格执行回避制度，任职期间不得与发行人不正当会面。此案中，蒋新红没有严格执行回避制度，私自接触发行申请人，同时又绕过回避制度，通过自己的熟人关系，向其他发审委委员进行请托、斡旋，最终帮助请托人的公司成功发行上市。

倾向性发言对发行审核形成暗示。在发审委会议的聆讯环节，委员特别是会议召集人的发言态度、提问方式、语气，可能直接或间接影响其他委员在审核中的专业判断。

违规投资拟上市公司形成利益输送。对于蒋新红这样的发审委委员而言，在公司申请上市过程中提供帮助，以亲属和关系人名义突击入股或者收受干股，再在公司上市后减持套现，这是一条十分隐秘的利益输送链，会引发很大的廉洁风险。

【办案手记】 »»»

办案过程中，蒋新红的履历给我留下了极为深刻的印象。他 1992 年本科毕业于某高校，做了 3 年高校教师，1995 年入职会计师事务所，用 7 年时间从审计师做到合伙人，2009 年至 2011 年任中国证监会第一届、第二届创业板专职发审委委员。众所周知，发审委委员从遴选到任职，条件都极为严苛，既要熟悉法律法规、精通专业知识，还要具备开阔的视野，在行业内具有较高的声誉。蒋新红若不是天资聪颖，若不是在以往的学习和工作中付出了巨大的努力，是无法在众多优秀的竞争者中脱颖而出的。

在常人看来，担任发审委委员的那一刻，他的人生用"开挂"来形容也不为过。证券发行审批如同资本市场的"大门"，发审委委员就是"守门人"，这个平台赋予了他资本市场发行监管的神圣使命，同时也给了他更广阔的施展才华空间。即使在卸任后，这段经历也会为他的职业生涯添上浓重的一笔。然而令人惋惜的是，在利益与金钱的诱惑下，他没有保持清醒的头脑，没有守住心里的防线，最终难逃牢狱之灾，失去了人身的自由和家庭的完整。

说到家庭，我还有一点感触，那就是配偶也是一个家庭的"守门人"。蒋新红为了规避风险，安排其妻林某与相关人员对接，利用林某的银行账户收受巨额贿赂。试想在这一过程中，如果林某能够及时对蒋新红的违法行为进行有效的劝阻，可能结局就大不一样了。"贪廉一念间，悲喜两重天。"所谓廉洁齐家，不仅要求领导干部带头树立良好家风，严格管好家人，家人也要对领导干部时时进行提醒和监督。只有这样，才能防止歪风邪气破门而入。

【警示剖析】 >>>

德不配位，必有灾殃。资本市场离钱最近，这对从业人员的品德是很大的考验。蒋新红由会计师事务所合伙人，经遴选成为发审委委员后掌握了很大的权力。然而，他操守不坚、立场不稳，内心缺乏对发审委委员这个岗位的足够敬畏，在别有用心之人的拉拢围猎下败下阵来。他德行不彰，信仰迷茫，最终付出了惨痛代价。每一名行使公权力的公职人员都要时刻谨记，越是担当大任，越要广积厚德，做到德称己任，方可行稳致远。

扎紧笼子，强化监督。发审委委员岗位特殊、责任重大，必须有更高标准的操守要求、更为严格的监督管理。针对此案暴露出的风险点，如何进一步扎紧制度笼子、加强发行审核权力运行的监督制约，是值得深思的。如，加强对外部委员的遴选、评价、管理和监督，进一步细化其操守标准、完善其履职评价体系，明确其作为行使公权力的公职人员身份，严格其道德操守教育；完善履职回避制度，严禁私下接触发行人及其相关人员；严禁发审委委员之间相互请托办事，探索建立违规请托登记备案制度；完善发审委委员发表意见的行为规范，建立专门监督机制；严格限制和规范发审委委员投资行为，建立申报制度；实施严格的问责制度，对发审委委员违背操守规范的，予以"零容忍"问责。

迷失在"隐性权力"中的领导"身边人"

原中国保险监督管理委员会主席项俊波秘书
朱堰徽案例警示录

【基本案情】 ≫≫≫

秘书作为领导干部的"身边人",本应戒惧于岗位的特殊责任,虚己敛容、谨言慎行,而原中国保险监督管理委员会(以下简称"保监会")主席项俊波秘书朱堰徽却利用自己一把手秘书的身份,在他人的围猎中丧失了原则和底线,随波逐流,自甘堕落。

经查,朱堰徽违反政治纪律、中央八项规定精神、组织纪律、廉洁纪律、工作纪律、生活纪律,涉嫌受贿罪。2018年1月,经原中央纪委驻保监会纪检组审议并报原保监会党委批准,决定给予朱堰徽开除党籍、行政开除处分,并将其涉嫌犯罪问题移送检察机关依法审查起诉。

从家门到校门再到机关部门,朱堰徽一路顺风顺水。本是令人钦羡、前途光明的"青年才俊",朱堰徽却在一把手秘书带来的"隐性权力"中逐渐膨胀,在虚荣和攀比中迷失了自己,一步一步滑落违纪违法的深渊。

在享受"秘书特权"中逐渐膨胀

1979 年出生的朱堰徽，从小家庭条件优越，学习成绩优异。2003 年硕士研究生毕业后，朱堰徽进入中国农业银行总行（以下简称"农总行"）工作，成为研究室的一名干部，并在职攻读了博士研究生。2008 年 5 月，朱堰徽的人生道路发生了转折，成为时任农总行党委书记、董事长项俊波的秘书。此后，他跟随项俊波从农总行到保监会，职务上也一步步从副处级升到正处级，再升到保监会办公厅副主任。

担任项俊波秘书后，朱堰徽接触的人越来越多，感受到的生活方式也各种各样，这些无不潜移默化地改变着他对人生的追求。朱堰徽逐渐从各类人员的请托、送礼中感受到了一把手秘书的"隐性权力"，并将它视为对"自己在边缘部门工作多年"的一种补偿和对"自己辛苦的秘书工作"的一种慰劳。有了这样的想法，他的收礼收钱、受贿腐败行为逐渐成了一种下意识的举动。

2011 年 10 月到保监会工作后，朱堰徽在秘书岗位已待了 3 年多，随着与项俊波的私人关系越来越密切，他彻底"飘"了。他和一些司局长、行长称兄道弟，感觉自己出面"就等于项俊波出面"。他出去吃饭越来越讲究档次，喜欢上好酒、点硬菜，穿衣服也越来越追求名牌，觉得那样会更显品位。每天下班后习惯性地胡吃海喝，有时还要赶两三场饭局，把酒后微醺的感觉当作缓解疲劳的方式。他多次接受管理和服务对象公款宴请，收受他们送予的金条、人民币、美元、消费卡等。

在不良政治生态中沦为"猎物"

在 8 年的秘书生涯中，朱墰徽大肆违纪违法。其之所以被监管对象甚至是比自己级别高的干部追逐围猎，与当时的保监会政治生态被污染、被毒化有直接关系。

项俊波在保监会工作近 6 年，不作为、乱作为，导致党的领导弱化、党的建设缺失，给保监会系统造成了严重的"政治内伤""政治雾霾"。相关利益方办事不走正道，而是抬腿就去找关系、托门子，张嘴就是"跟保监会谁谁很熟"，甚至公开叫嚣"已经搞定了某某人"。有的监管干部"下海"后，立即反过来参与围猎前同事。而朱墰徽作为项俊波的"嫡系"，自然而然地成为其利益团体的"圈中人"。

在这种不健康的政治生态下，朱墰徽虽然职务不高，却因为秘书的特殊身份，能对领导及相关部门产生不正常的影响力，进而影响到审批权、监管权，影响到内部管理权、人事权。向朱墰徽送钱送物、请其吃喝玩乐的人员中，既有保险公司的人，也有银行高管，还有级别比他高的司局级干部。他们主要是希望通过朱墰徽协调争取到给项俊波汇报的好机会，或者请朱墰徽在项俊波那里帮着说好话。某保监局局长为加快推动设立保险公司，找到朱墰徽，请其帮助协调，先后送给他消费卡 11 万元。

朱墰徽利用职权或者职务上的影响，帮助相关管理和服务对象 11 人在员工录用、职务晋升、工作调动等方面谋取利益；违规为保险机构在设立分支机构、参与竞标等事项上提供帮助；违规为有关方面新设保险公司提供帮助。他先后接受管理和服务对象 22 人所送的人民币和消费卡合计 300 余万元。

在糖衣炮弹前自欺欺人

"没能经得住糖衣炮弹的腐蚀，没能正确对待名与利、得与失……"这是朱堰徽在忏悔书中的反思。他用人情往来的幌子蒙蔽自己，混淆违纪违法的界线，一次一次降低自己的底线，一次一次收缩自己的防线。

他收受别人送的礼品礼金时揣着明白装糊涂，以对方送的只是物品、金额不大为由来安慰自己。在收到大额款项时，他也感觉超出纪律的范畴了，却又以碍于情面、推脱不掉为由收下了。在相关人员"你老板都收了，你收下没事"的巧言令色中，他就坡下驴、自我麻痹。他进一步扩大自己的"心理接受区"，认为只要行贿人不是保险公司的、送钱与办事不是一一对应的，即使单笔金额到了 5 万元、8 万元，也可以冒险收下。他不断地自我安慰，觉得自己受贿痕迹不算太明显，性质不算很严重。直到 2017 年 5 月，被原中央纪委驻中国保监会纪检组立案审查后，朱堰徽才感觉到"一盆凉水把自己从头到尾给浇醒了"。

怀揣着这种掩耳盗铃式的侥幸心理，他把党组织当成了不会言语的"泥金刚"，把党纪国法当成了庄稼地里的"稻草人"。朱堰徽麻木、"装睡"，在项俊波被查时仍无动于衷，不仅不主动清退赃款，反而将价值 57 万元的违纪所得交给他人保管、转移、隐匿证据，对抗组织审查。

【风险梳理】 >>>

对秘书的"隐性权力"缺乏有效监督。朱堰徽的违纪违法问题都发生在他担任一把手专职秘书期间。他之所以被监管对象甚至是比自己级别高的干部追逐围猎，一个重要原因就是他作为一把手的秘书掌握了很多"隐性权力"。这种权力是一把手权力在一定范围内的延伸，主要体现在四个方面：一是信息优势，二是督办权力，三是协调作用，四是职务影响。由于秘书岗位的特殊性，导致其所在单位、相关部门不敢监督、不愿监督。在这种情况下，一旦秘书人员所服务保障的领导干部对其疏于管教约束，这种"隐性权力"就可能游离于监督之外，因此存在很大的廉政风险。

畸形的政治生态催生腐败问题。秘书腐败，多是由于其服务保障的领导干部腐败所催生。领导干部特别是主要领导干部自身违纪违法、滥用权力、行止不端、作风不正，就很容易带坏"身边人"、使其掌握的"隐性权力"行偏走歪，也很容易恶化其所在单位政治生态，而被污染的政治生态，又会导致更多的腐败问题。本案中，畸形的政治生态，就对朱堰徽的腐败行为产生了催化作用。

【忏悔材料】 >>>

这段时间是我人生中最难忘、最痛彻心骨的一段经历了。当我戴上冰冷的手铐，看到犯罪嫌疑人、刑事诉讼法这些字眼，我深深感到自己罪孽深重。是的，我的的确确违了法、犯了罪，程度不轻且性质严重。在纪律审查阶段，我感觉是一盆凉水把自己从头到尾给浇醒了，党章这面镜子把我的错误、问题照得无处遁形。在司法调查阶段，我感觉每天都有钢针扎心、深入灵魂般的痛楚，法律准绳就像照妖镜，把我的恶性、邪性统统给揭露出来。我对自己过去多年的犯罪行为感到非常痛心，对自己一而再、再而三地丧失法律底线感到极度悔恨。

跟随项俊波的这些年，我变坏了，这种变坏的原因是出在我自己身上，是自己的利欲熏心、投机侥幸使自己愈陷愈深。可悲的是我在项俊波身边还学会了麻痹自己，不断强化自己还算不上贪官的错觉。项俊波一直跟我说他经济上没问题，还会举一些他拒收、退钱的例子给我听、让我看。同样地，我把自己拒退的例子也牢记在心里，仿佛感觉自己还是有底线和分寸的。我现在很后悔，是这种愚蠢的想法害了自己。因为对贪腐问题应该是零容忍的，不能因为拒退了某一笔钱就可以宽恕收受其他钱财的犯罪行为。

对组织、对工作、对家人深深的愧疚与自责每天都敲打着、锥刺着我的心灵，成为我要赎罪的一部分，包括之后的法律审判和服刑，这些都是我对之前行为所应当承担的代价，是我罪有应得。我想衷心感谢的是专案组与检察机关的领导与办案人员，是你们不断地给我开导、教育、感化，使我的内心得到充分的洗涤与净化，也使我彻底地感悟人生的追求。

人生到底追求什么，我认为是一种内心的安宁与平和。荣华富贵、功名利禄都是一时的，终究会归于平静。金钱给人带来的快感犹如吸食毒品一样，会慢慢侵蚀掉我们的心灵。

权力的光环同样是虚幻的。别人阿谀奉承的背后都是利益诉求，热情洋溢的面孔下都是狡诈阴险的陷阱，这些都会蒙蔽我们的双眼，将我们推向危险边缘。我出了事，也只有家人还在惦记着我，为我操心。可惜，在那些推杯换盏的时候，我不曾想过家里还有童稚的声音在呼唤我，等我早回家；家里还有白发老人在担心我，盼和我拉家常。在收钱收礼的时候，我也从未考虑到这就是在拿起凶器伤害自己、伤害家人。而真正的幸福就是能与家人、亲人相守相伴，能够躺在自家床上睡觉，吃父母做的饭菜，陪孩子玩耍，哪怕是与家里人斗斗嘴、吵几句，现在在我看来，这都是幸福。

最后，我想说，如果有机会，我一定把自己痛彻心骨的体会告诉其他人，对他们说一定要睁大眼睛看清楚纪律、法律的底线在哪里，在大是大非问题上绝不能犯迷糊、犯错误。别人给你的每一沓钞票下面都藏着一副手铐，每一张购物卡都是监狱的门禁卡，每一份礼品外面包着的都是检察机关的立案通知书。如果不想失去自由，不想让家人和你一起承担这份痛苦，那就必须拒绝任何礼品、任何贿赂。无论对方用什么理由、用什么办法让你收下，你的回答只有一句：对不起，这是违法犯罪，如果你一定要我收下，那么就请和我一同去纪委，交给廉政账户。

【办案手记】 >>>>

我参与了对朱堰徽的整个审查工作，其中两件事情让我印象深刻。

第一件事情是清理朱堰徽涉案物品。通过清理物品，大家一致认为，朱堰徽就是一只毫无顾忌、肆无忌惮的饕餮。一是狡兔三窟。其违纪违法涉案物品不仅大量存放于个人办公室，还另外存放于一间储藏室，甚至为了逃避审查，专门租用某小区房屋存放大量贵重物品。二是涉案物品数量巨大。比如，仅当年上市的高档手机就有20多部，且均未开封；储藏室物品繁多、琳琅满目，我们审查组的同志开始都无从下脚，整个清点工作历时一周多时间；朱堰徽收受的各类消费购物卡，金额加起来有五六十万元；收受的金银物品装了满满两大行李箱，在移送过程中，其中一个行李箱因为超重，轮子都被压坏了。三是生活腐化。朱堰徽将正常的工作关系异化为庸俗的物质利益关系，交钱才能办事，吃饭才有交情，甚至是机关部门同志之间也不例外，派出机构向项俊波请示报告工作，也得先给他送礼请吃才行。

另外一件事情是审查组到审查地点与朱堰徽见面。见面的头一天，有关同志介绍了朱堰徽在审查期间的表现，他们认为通过组织的教育和感化，朱堰徽积极配合调查，变化很大，真心实意悔过、认罪。听了之后我心里有些疑惑，心想半年多的时间他会发生那么大变化吗？后来，经过与朱堰徽深入谈话和观察，我们发现朱堰徽的确和被审查前判若两人，已经没有了当领导秘书时的趾高气扬、盛气凌人，也没有了那些浮躁和戾气，更多的是平实和诚恳。就像他说的，经过专案组和检察机关工作人员的教育、感化，他每天都感到对组织和家人有深深的愧疚和自责。经过这段时间的改造，他的内心得到了洗涤和净化，感悟人生追求的是内心的安宁与平和，但前提是遵纪守法。

通过对朱堰徽案件的审查，我深感党中央全面从严治党决策的正确性，以及对党员干部尤其是领导干部加强教育、监督和管理的重要性。

【警示剖析】 >>>

领导干部要管好身边工作人员。 朱堰徽作为领导干部的"身边人"，借用领导的权力和影响力谋取私利，"拉大旗作虎皮"，造成严重后果和恶劣影响。党中央反复强调，领导干部要管好身边工作人员，决不能搞"一人得道，鸡犬升天"。国有金融机构的领导干部要牢记党中央要求，加强对身边工作人员的教育管理，时刻提醒他们要谨言慎行、本分做人，严格要求他们始终讲规矩、守纪律，不搞特权、不搞例外。对于打着领导干部的旗号为自己办事、谋私的身边工作人员，领导干部一定要严肃批评处理，不能"护犊子"。

要加强对秘书工作人员的严格监督。 秘书工作人员岗位特殊，其权力具有"隐性"特征，监督起来更难。也正因为这一点，更要加强严格监督，使秘书工作人员更好地服务保障好领导干部。国有金融机构要认真落实党中央关于秘书工作人员管理的有关制度，严格用制度管权管事管人。要加强对秘书工作人员的针对性教育，建立明晰的履职规范。所在单位党组织要加强对秘书工作人员的思想政治建设，通过经常性的、严肃认真的党内组织生活，不断锤炼其坚强党性。

秘书工作人员要加强党性锤炼。 秘书工作人员作为领导干部的"身边人"，岗位特殊，责任重大，受人关注，也容易受到一些别有用心之人的追捧、围猎。因此，更要加强政治理论学习，用习近平新时代中国特色社会主义思想武装头脑，增强"四个意识"、坚定"四个自信"、做到"两个维护"。要坚定理想信念，立根固本，始终挺起精神脊梁。要重品行、正操守、养心性，做到以信念、人格、实干立身，始终站稳立场，坚决守住底线。

监守自盗的管库员

中国人民银行襄阳市中心支行原管库员
润青案例警示录

【基本案情】 >>>>

　　人民币发行基金是中国人民银行发行库中保存的尚未投入流通使用的人民币票券。作为保管发行基金的重要场所，央行的发行库是全世界安全防护等级最高的场所之一。它的安保体系虽然能够防水、防火、防爆、防盗抢，却没能防住一个"内部人"的贪婪之心。这个"内部人"就是中国人民银行襄阳市中心支行管库员润青。

　　2016 年 10 月，润青利用职务之便，窃取发行基金 50 万元。2018 年 2 月，润青的作案行为被发现。6 月 22 日，襄城区检察院以贪污罪向襄城区人民法院提起公诉。7 月 27 日，襄城区人民法院开庭审理此案并当庭宣判，中国人民银行襄阳市中心支行管库员润青利用职务之便，窃取发行基金 50 万元，其违法行为构成贪污罪，判处有期徒刑三年，并处罚金人民币 20 万元。润青不服提出上诉，2018 年 9 月 10 日，经襄阳市中级人民法院终审裁定（2018 鄂 06 刑终 252 号），驳回上诉，维持原判。按照纪在法前、纪严于法的要求，2018年7月，襄阳市中心支行党委给予润青开除党籍处分。同年10月，根据司法判决，经襄阳市中心支行党委会议研究并报经武汉分行批准，给予润青行政开除处分。相关责任人也受到责任追究，一名中心支行党委委员、副行长受到党内严重警告、行政记过处分；一名副调研员、货币金银科科长受到党内严重警告处分；货币金银科一名副科长和一名副主任科员兼管库员受到党内严重警告处分，被免职并调整工作岗位；货币金银科另一名管库员受到党内严重警告、记大过处分，被调整工作岗位；中心支行党委书记、行长受到诫勉谈话处理。

身为共产党员，润青初心泯灭、信仰迷茫、精神迷失，沉溺于奢靡享乐无法自拔；身为央行基层机构发行库的管库员，他利令智昏，置党纪国法于不顾，铤而走险、铸成大错，最终为此付出了惨痛代价。

一份突如其来的协查报告

2018年2月16日，农历大年初一的上午，人们都还沉浸在喜迎新春、阖家团圆的欢乐之中，中国人民银行襄阳市中心支行却收到了某商业银行襄阳分行提交的一份有关业务库短款原因尚未查清的协查报告。原来，农历腊月二十八这天，该行从襄阳市中心支行取款2.5亿元，由于办理出库时双方未按规定对交接款项点捆卡把，在该行业务库入库后又未经清点便拆袋混装，以致日终检查核对业务基金时才发现账实不符，短款50万元。在几番调查无果后，该行提请襄阳市中心支行协助核查。

协查报告打破了安宁喜庆的节日气氛。为查清原因，襄阳市中心支行立即向上级行党委汇报，组织人员对发行库进行了连续 10 个小时的倒库排查，同时对 3 名管库员进行管控询问，并安排专人调阅监控视频反复查看。

也许是迫于无法承受的心理压力，也许是仅存的一丝党性让润青幡然醒悟，两天后的一个傍晚，他拨通了分管领导的电话，承认了自己盗取发行基金的事实，随即在单位工作人员陪同下向当地公安机关自首，交代了作案过程。至此，润青贪污发行基金案浮出水面。案发后一周内，润青母亲在公安部门见证下，分两次向人行襄阳市中心支行归还 20 万元和 30 万元。至此，50 万元被盗基金全部归还存入襄阳市中心支行会计科。

从家境优渥到深陷民间借贷"陷阱"

家境优渥、为人豪爽大方，是润青留给许多同事的印象。1979 年出生的他，父亲是当地政府部门的公务员，外公是南下干部。作为家中独子，润青深受长辈宠爱。2001 年 9 月他从武汉大学成人教育学院文秘与办公自动化专业大专毕业后，进入中国人民银行襄阳市中心支行工作。他先后在中支营业部、办公室工作，2004 年 7 月调岗至中支货币金银科，2010 年 10 月至 2018 年 2 月 20 日任中支发行库管库员。

入行之初的润青，也是一个奋进有为的好青年。他工作积极主动，脏活累活抢着干，并多次表示自己年轻、体力好，应该多干点，得到领导和同事们的一致认可，先后获得"优秀共产党员""先进工作者"等荣誉称号。管库员是人民银行内设部门中比较艰苦的岗位，劳动强度大、工作环境差，一些年轻人不太愿意到这个岗位来。润青得知当时的管库员因身体原因想调换岗位时，便向领导主动请缨担任管库员一职。2010 年 10 月，润青被任命为人民币发行库襄阳市中心支库管库员。刚担任管库员的几年里，他每天总是第一个到岗，出入库时抢着搬扛钱袋子。由于出色的工作表现，2013 年，润青光荣地加入了中国共产党。

然而，由于家境优渥，他从小养成了花钱大手大脚的毛病。参加工作后，这个毛病一直没改，反而因为工资收入稳定，消费更加"豪阔"起来。他隔三岔五就邀请朋友吃吃喝喝、唱歌打牌；喜欢赶潮流，只要手机出新品，他都要在第一时间更换；烟瘾很大的他，经常抽百来元一包的香烟。润青的妻子为了事业发展去了外地，逢年过节难得回家一次，已读小学六年级的儿子交由润青的母亲照顾。没有了家庭的羁绊，没有了后顾之忧，润青更加"放开"地到处玩乐，对工作也没有了最初的积极上进。而这些物质享受的开销，已超出他的正常收入。

就在入不敷出之际，一位经常在一起吃喝的"好友"向他介绍了一条生财之道：把钱借给这位"好友"，可以获得比正常利息高出数倍的收益，如果介绍其他人来投资，还可以赚取差价。面对高息的诱惑，身为金融工作者的润青失去了理性判断，一步步掉进了"陷阱"。他先是将自己多年攒下的 10 万余元积蓄倾囊投入，后又多方游说朋友参与。为了打消大家的顾虑，他甚至为其中六七十万元借款提供了担保。高额的利息回报让润青尝到了"赚钱"的甜头，他吃喝玩乐的"底气"更足了，却不知自己早已在"陷阱"中越陷越深。

压垮骆驼的"最后一根稻草"

好景不长，最初介绍他参与民间高息借贷的"好友"因生意失败，无力支付高额利息而"跑路"了。这对润青来说无疑是天大的打击。他不仅自己血本无归，昔日的朋友更因此反目成仇，终日向他这个"担保人"追讨本金和利息。因为担心追债人到单位闹事，他先后让母亲代为偿还了 20 余万元，却仍深陷债务泥潭无法解脱。怎么办？他思来想去，把主意打到了每天打交道的发行基金上来。恶念一生，便再也无法遏制。

2016 年 10 月的一天，润青趁中午业务间隙只有他一人在库区时，利用另外两名管库员未打乱各自保管的组合锁密码的疏漏，偷偷打开库门，进入了发行库。凭借着多年担任管库员的经验，他特意从不经常动的钱袋中拿了 5 捆共计 50 万元，藏匿在休息室柜子里。之后分 5 次将钱装入衣兜带出了发行库。随后，他将盗取的一部分基金用于归还债务，剩下的则用来吃喝和买彩票。

债务暂时还清了，润青却陷入犯罪带来的更大恐慌中，惶惶不可终日。为了掩盖自己的罪行，每当商业银行取款时，他总是自告奋勇操作叉车，刻意诱导其他管库员绕开被盗款钱袋所摆放的托盘。直至 2018 年 2 月 16 日，其他管库员排除他的干扰，坚持执行先进先出制度，将被盗款钱袋出库给某商业银行襄阳分行，才使其罪行得以暴露。

无尽的忏悔

案发后羁押期间，当向润青宣布开除其党籍的处分决定时，其泪流满面，但为时已晚。审判庭上，辩护律师向法庭出示了一大摞他在单位获得的荣誉证书，但功不抵罪。他泣不成声地说，自己对不起单位领导的培养与信任，对不起母亲的养育和教导，对不起孩子，没能为他做个好榜样，但大错已经铸就，结果也难以挽回。冰冷的手铐、蹒跚的步伐，让旁听法庭审判的同事无不扼腕叹息：一个曾经有着大好前程的青年干部，却因私欲的膨胀一步步沉沦，亲手把自己送进了监狱的大门。

作为一名党员，润青本应对党忠诚，爱党护党；作为人民银行的一名干部，他得到了组织的关心和栽培，也有受人尊重的社会地位。但是，他忘记了初心，对荣誉不知道珍惜，监守自盗，毁了自己的前程，伤害了自己的单位和家庭，不仅落得身陷囹圄的下场，还使自己的单位和亲人蒙羞。由于此案性质恶劣、影响极坏，襄阳市中心支行干部职工经过多年辛苦努力创造的口碑声誉被毁，总行级"文明单位"、分行级"先进单位"等荣誉被取消。

【风险梳理】 >>>

基层党建弱化。"冰冻三尺，非一日之寒。"润青从积极向上、奋发有为，到沉溺于享乐、深陷高息借贷"陷阱"，再到利令智昏、盗取基金，有一个思想上逐步放松滑落的过程。这其中，有其自身修身不严的原因，也有其所在单位党建弱化、对党员的思想教育不深入不到位的原因。党的十八大以来，中央政治局制定中央八项规定，全党大兴艰苦奋斗、厉行节约之风，而润青却仍热衷于高消费和各种享乐，甚至变本加厉。2016年，正值全党上下深入开展"两学一做"学习教育期间，党内教育从"关键少数"向广大党员拓展，润青却在此期间犯案。这些都说明，所在党组织的教育管理存在薄弱环节。

制度执行不严。发行库是防控案件风险的重中之重，长期以来建立有一套严格的管理制度。发行库管理必须高度戒备，不能有丝毫疏忽。但是，本案中相关人员风险意识淡薄，麻痹大意，没有严格执行管库员管理、门禁管理、出入库管理、库存实物核对登记等制度，给润青作案得逞提供了可乘之机。而发行基金先进先出管理制度执行不到位，又导致了润青作案行为长期没被发现。润青作为管库员兼叉车操作员，每次发行基金出库，都刻意绕开其盗款钱袋摆放的托盘，而其他工作人员没有坚持原则，致使他盗款的钱袋在发行库长时间存放未被出库。查库制度执行也存在薄弱环节，相关人员忽视了对制度执行情况的监督检查，没有及时发现和纠正相关人员在制度执行上存在的问题。

【忏悔材料】 >>>>

我认罪我服法，我十分后悔当初的所作所为。作为一名共产党员，我辜负了党多年来对我的帮助和教育，愧对共产党员这个光荣的称号。作为国家公职人员，我对不起培养我的中国人民银行襄阳市中心支行，让关心我的各位领导和同事年都没有过好。作为儿子，我对不起年迈的母亲，让她老人家冒着寒冬酷暑还在为我的事情奔走。作为父亲，我对不起年幼的儿子，在儿子升学的关键时刻，没能陪伴在他的身边，为孩子树立一个正确的榜样。我对不起所有关心及爱护我的人。在看守所羁押的这半年时间里，我每天都在反省，我犯下的罪行是不可饶恕的。

【办案手记】 ﹥﹥﹥

从润青投案自首，到羁押收审，再到受审宣判，历时158天。当听到审判长宣布退庭的法槌"砰"的一声重重敲击法盘时，作为参与办案人员的我，心脏猛一收缩，不禁又想起了他那年逾古稀的老母亲。

在润青被收审期间，我曾代表单位和同事接待过他的妈妈。老人冒着难耐的酷暑，远足奔波，上气不接下气，汗水湿透了衣服，见人还要强装笑颜，表情布满尴尬。她蹒跚的脚步、凌乱的头发、憔悴的面容，令人同情；她声泪俱下的讲述、忧子心切的表情，令人扼腕；她求法问策的期待，戴着老花镜、双手颤巍巍拿着手机、搜寻能减轻儿子罪责法律条文的神情，令人叹息！但是，"搜狗"搜不来"免罪符"，"百度"度不出"后悔药"。儿行千里母担忧，儿成囚徒娘难受！此情此景，我心里像打翻了调味瓶，五味杂陈。

法不容情。润青觊觎基金、监守自盗，为不忠；他自毁前程、抛母弃子，为不孝；他城门失火、殃及同事，为不义。他受到法律制裁，完全是叫花子背二斗米——自讨的！

润青为什么会走到这一步？我们要从中汲取什么教训？静思己责，不仅要将从严管党治党、党风廉政建设写在纸上，更要抓在手上、落实在行动上。要把警示教育活动安排在日常，抓在平常，做在经常；要织密内控网，以问题为导向，查错纠错，补齐内控短板，把风险隐患消灭在萌芽状态。重点还要关注职工的三个"圈子"：一是要关注员工"朋友圈"，包括交朋结友、家庭关系、与社会人员往来等；二是要盯紧员工"生活圈"，包括关注八小时之外的一言一行，超出经济能力的异常消费等；三是要管好"工作圈"，看工作状态、遵章守纪、爱岗敬业等情况。一旦发现苗头或倾向性问题，及时提醒、果断处置，以免小错酿成大祸。

想到这些，我深深感到，纪检监察工作任重而道远。

【警示剖析】 》》》》

智者以别人沉重的教训警示自己，愚者用自己沉重的代价唤醒别人。润青从一名共产党员、一名公职人员，堕落成为贪污犯、"阶下囚"的原因很多，有家庭方面的、社会方面的、单位管理方面的，但最关键的还是他放松了思想改造，导致初心泯灭、信仰迷失、精神迷茫。

理想信念是共产党人的政治灵魂，理想信念不坚定，精神上就会缺"钙"，就会得"软骨病"。作为一名党员干部，一方面要牢记初心使命、坚定理想信念，以持之以恒的党性锻炼"补钙""充电"，解决好世界观、人生观、价值观这个"总开关"问题；另一方面要深刻汲取教训，算好人生的"四笔账"，筑牢拒腐防变的思想根基。

一是政治账。润青为了50万元"不义之财"，不惜铤而走险，葬送了自己作为党员的政治生命，也葬送了自己的政治前途。作为一名党员，任何时候都必须坚定清醒地认识到，再多的金钱、再好的享受，如果要以自己的政治生命、政治前途来做交换，那都是极其"不划算"的，是决不能做的。

二是亲情账。润青一朝案发，让他本可以含饴弄孙、安度晚年的老母亲不得不提心吊胆、四处奔走，甚至被迫卖房还债；让他本应幸福生活、茁壮成长的娇妻幼儿背上羞愧难当的包袱，被迫远走他乡。这就是他为之付出的亲情代价。

三是经济账。君子爱财，取之有道。润青家境优渥，工资收入也稳定，过上丰衣足食的小康生活本不成问题。然而，贪图享受、想赚"快钱"、不惜逾越纪法底线捞取非法之财，最终让他人财两空，甚至老母亲还要为他卖房还债，可谓是"竹篮打水一场空"。

四是自由账。自由是无价的。润青因自己的犯罪行为身陷囹圄，每日面对高墙铁窗，亲人不得相见，好友不能往来，此时他一定已痛彻地明白，自由是多么的珍贵！

一个让银行发展偏离轨道的
"掌门人"

中国进出口银行厦门分行原党委书记、行长
王云生案例警示录

【基本案情】 >>>

　　作为政策性银行分行一把手，首要职责理应是把控业务发展的正确方向，带领干部员工坚决执行好党中央决策部署，为经济发展提供有力金融支持。而中国进出口银行（以下简称"进出口银行"）厦门分行原党委书记、行长王云生却背离初心使命，不仅自己迷失方向，还带歪一些干部，导致分行发展偏离正确轨道，给党和国家造成了难以挽回的损失。

　　经查，王云生违反政治纪律、中央八项规定精神、组织纪律、廉洁纪律、工作纪律、生活纪律，涉嫌挪用公款罪、受贿罪和违法发放贷款罪。2018 年 11 月，王云生被开除党籍、行政开除，涉嫌犯罪问题被移送检察机关依法审查起诉。此后，中央纪委国家监委驻进出口银行纪检监察组、厦门市纪委监委继续深挖细查，彻底"揭盖子"，总行党委指导

厦门分行开展专项整治，肃清王云生流毒，有效铲除滋生腐败的土壤，重塑风清气正的政治生态。

精神"缺钙" 价值追求迷向

早年的王云生是名品学兼优的好学生，先后取得国内某名牌大学应用数学专业本科和计算机软件专业研究生学历。1988年他入职某国有大型银行科技部门，因勤奋好学、踏实肯干，先后被提任副处长、处长。2000年3月王云生被调入进出口银行，提任部门副总经理，不到3年又提任部门总经理，曾参加多个项目研发，一度被称为银行领域的IT专家。2011年10月他被任命为厦门分行筹备组组长，2个月后走马上任厦门分行党委书记、行长，至2017年7月被免职，其仕途一路顺利，可谓春风得意。

到厦门工作后，王云生放松了政治理论学习和自我思想改造，逐渐丢掉了理想信念"压舱石"。他整天和一些私营企业主打成一片，频繁参加各种酒局应酬，出入各种高档场所，沉醉于灯红酒绿。几年间，当地能去的旅游景点他玩遍了，能吃的海鲜、野味也都吃遍了。一次和某老板吃饭，只因老板夸他"品味好，酒不错"，他就"热情"地派人用公款买了2箱酒送给该老板。当地的一些不法商人了解了他爱慕虚荣、贪图享乐的"习性"后，主动投其所好，在各种精心安排的酒局牌桌上对其奉若上宾、极尽迎合，在老板们的"吹捧"下，王云生的虚荣心得到极大满足。对他们的一掷千金，他看在眼中、馋在心里，既羡慕又嫉妒，一心想过这种"有面"的生活，萌生了"借鸡生蛋"投资理财赚钱的想法。

"苍蝇不叮无缝的蛋。" 2013 年年初，分行某客户为获取更多贷款支持，承诺帮王云生"投资理财"并给予 20% 的高收益。两个人各怀鬼胎，一拍即合。王云生将自己和朋友的几百万元资金交给该客户，做起了发大财的白日梦。然而，不久该客户就携款"跑路"了。"偷鸡不成蚀把米"，王云生顿时傻了眼！为了掩盖所谓"投资"失败、维护表面光鲜形象，他一边忍痛还债，一边暗下决心，一定要找到更加"靠谱"的捞钱方式。

充当私营企业主的资金"掮客"疯狂敛财。2013 年 9 月，某企业缺少几百万元周转资金，老板找到王云生帮忙，他就让分行的一家客户拆借，并收受了 40 万元的"中介费"。尝到甜头的王云生自认为找到了发财的捷径，几年间利用职务便利在分行客户之间累计拆借资金达十几亿元，违规收取巨额利差。为了掩人耳目，他还让其弟充当"代理人"收取"中介费"，自欺欺人地认为这都是企业与他弟弟之间的"生意"，与他没有关系。其实，王云生心知肚明，客户参与资金拆借就是为了获取更多的信贷资源，所谓的"中介费"也不过是向其输送利益的一种障眼法。正如他在忏悔录中说，"客户给我弟弟送钱，本质上还是看中了我手中的权力"。

以所谓"借钱"名义收受贿赂。某集团老板邱某，为感谢王云生在贷款审批过程中的帮助和支持，第一次给他送钱时，王云生当即拒收。深知王云生贪婪本性的邱某马上改口说这些钱是借给他弟弟的，用于支持他弟弟搞资金拆借。王云生便就坡下驴，欣然接受了邱某的"借款"。此后，越来越多的商人老板摸清了王云生的套路，源源不断"借款"给王云生及其弟。兄弟俩把客户当作"摇钱树"，几年间合伙收受贿赂 1000 多万元。

"机关算尽太聪明，反误了卿卿性命。"一心捞钱的王云生怎么也没料到，他从不法商人手中获取各种"中介费""借款"，再投给老板们搞拆借，绝大部分都没有收回，落了个"竹篮打水一场空"，自己还锒铛入狱，留下无尽的悔恨。

"逆程序"干预项目　经营发展偏离航向

进出口银行作为服务国家战略的政策性银行，对客户准入、资金投向等都有严格要求。但王云生为了从不法企业老板那里攫取利益，打着为企业"雪中送炭"的幌子，"逆程序"操纵信贷项目，致使分行巨额资金发放给不合格贷款客户，进入房地产等限制性领域，严重偏离政策性职能定位。

自上而下全流程操控项目。王云生在收受商人老板的钱物后，甘当他们的"马前卒"，跳到业务的最前线，与他们商谈信贷方案，敲定贷款额度和利率、抵押物和抵押率等各项关键指标，指使业务部门按照他的意图开展贷前调查、项目评审和放款。他还利用分管评审工作的出差、培训等时机，先后 18 次违规主持召开信贷项目评审会，会前以协调会的名义"统一思想"，会上作倾向性发言，引导评委投票，导致不符合准入条件的公司成为分行客户，不符合贷款条件的项目成为信贷支持的项目。

"挖大坑填小坑"导致风险集聚。一些违规违法项目出现风险后，王云生为了掩盖与不法企业的勾当，又找来更多不符合条件的企业承接贷款，并为这些承接贷款的企业发放更多的贷款，不断采取"挖大坑填小坑"的手段"化解"风险、延迟风险暴露，致使风险敞口进一步扩大。为了让这些项目能够表面上看起来合规，他甚至帮助、纵容企业编造虚假贸易背景、提供虚假贸易发票和虚高抵押物。2014 年 8 月，为掩盖某公司的一笔不良贷款，王云生指使该笔贷款抵押物提供人林某以另一家公司名义向分行申请贸易融资贷款还旧。在他的暗示下，林某伪造了虚假贸易合同、库存出仓单，提供虚假增值税发票。同时，他要求分管副行长、公司业务处处长配合做好项目审批，整个信贷流程畅通无阻。2015 年 7 月，王云生伙同黄某向分行申请的一笔贷款，抵押物是北京昌平的 3 栋别墅，估价竟超过周边房价的 3 倍。

"纸包不住火"，王云生违规操纵的项目滚雪球般不断放大，最终变为不良贷款，造成了巨额国有资产损失。

破坏政治生态　一些干部误入歧途

大搞一言堂，肆意践踏民主集中制。王云生自恃级别高、资历老，不把其他班子成员放在眼里，经常颐指气使，一副唯我独尊的派头。他喜欢唱"独角戏"，每次主持党委会，都以自己性子急、说话快为由，先发言定调，大事小情自己说了算，容不得半点反对声音。一名分管评审工作的副行长对有的项目提出不同看法，王云生觉得碍了自己的眼，就让他"靠边站"，去分管其他部门。后来这名副行长被调到其他单位，王云生更加肆无忌惮，在班子里说一不二，成了名副其实的"一霸手"。

培植"小圈子"，"劣币驱逐良币"。王云生在选人用人上独断专行，不是任人唯贤而是任人唯"听"，听话的人就安排到主要业务部门，不听话的就调整分工，将其排挤到边缘部门。威逼利诱是他的惯用手段。信贷员李某风险意识强，曾对多个项目提出反对意见，王云生便主动找她谈心，以提任副处长为诱饵，要求其给不符合准入条件的企业办理信贷业务。遭到拒绝后，王云生就威胁她"干不了就不要干了"，李某被迫辞职。对王云生的所作所为，有人抵制、有人沉默，也有人投其所好。纪委书记、副行长李某不敢坚持原则，对下属呈报的问题项目装聋作哑，以为上有一把手，下有信贷员和处长，将来问责自己也没有太大责任。评审处临时负责人陈某明知项目存在问题，因怕得罪王云生影响自己的前途，便在项目审查环节同流合污。有的信贷员主动向王云生靠拢，对其交办的项目，无论是否合规，均一路"绿灯"，成为其眼中的"红人"。在干部提拔任用、绩效奖金分配、优秀员工评比中，王云生对"听话"的人"格外照顾"。通过多年的"经营"，分行信贷业务关键岗位遍布他安插提拔的"心腹"。

"上梁不正下梁歪"，带歪了一些干部员工。在王云生的长期影响下，不少分行领导干部和员工迷失了方向，歪风邪气在分行滋生蔓延，政治生态遭受严重破坏。王云生违规给员工滥发福利进行拉拢，组织集体参加贷款企业安排的宴请，毫无顾忌地收受客户通过"博饼"（当地一种民间习俗）、打牌等活动送予的礼金、礼品和消费卡，中央八项规定精神被其丢到脑后，银企关系"亲"而不"清"。分行业务处处长杨某，不仅工作日接受企业宴请、出入歌厅酒吧，经常带着刺鼻的酒气上班，甚至回老家探亲期间都让客户过去买单。王云生案发后，分行先后另有 7 名干部员工被"双开"，其中包含 2 名原副行长在内的 6 名干部被移送检察机关提起公诉。

在看守所里，王云生反复念叨，他这一生最大的遗憾就是愧对父母、祸及兄弟，以致父母百年以后无人送终。王云生腐化堕落，贪财谋利，专权滥权，导致分行发展偏离航向。他不仅害了家庭，对父母不孝；更害了组织，对党、国家和人民不忠。

【风险梳理】 »»»»

信贷制度流程遭践踏破坏。银行的信贷业务制度是从大量风险、案件教训中总结提炼出的一套行之有效的工作规范和程序安排，是加强信贷管理、防范金融风险的"安全阀"。信贷项目需要按规定的流程自下而上逐级审核把关，但王云生通过打招呼、暗示等手段随意变通干预信贷项目，恶意规避风控要求，自上而下"逆程序"操纵项目，致使贷前调查、贷中审查和贷后检查"三查"制度形同虚设，造成了"破窗效应"，让制度成为"稻草人"。

对一把手权力缺乏有效监督制约。王云生任厦门分行党委书记、行长期间，作风霸道，一言堂问题突出。他之所以能够擅权妄为，固然有他个人精于操纵权力、玩弄权术的原因，但深层次原因是一段时期的管党治党宽松软，导致党的纪律松弛，党内监督不力，特别是对一把手监督乏力。上级组织对王云生的所作所为、对厦门分行的政治生态失察，直到 2015 年收到有关线索时才采取措施，可见自上而下的组织监督失效。厦门分行班子成员软弱糊涂，对王云生的所作所为听之任之，连纪委书记都选择"沉默"，有的干脆助纣为虐，造成同级监督失灵。分行干部员工在王云生拉拢腐蚀、威逼利诱下或被迫离职，或明哲保身，或成为他的"提线木偶"，下级监督失语。

开局起步走偏贻害无穷。第一任班子特别是班子一把手对单位的开局起步乃至以后的发展至关重要。王云生从厦门分行筹建伊始，就缺乏金融报国的情怀和首任首责的担当，只是追求奢靡享乐，一心敛钱聚财，成为分行的"污染源"。他将廉洁从业这条底线抛到脑后，违反中央八项规定精神，以关心关爱的名义滥发福利，带头破坏"亲""清"银企关系，与不法商人内外勾结，收受巨额贿赂，严重污染了政治生态，带歪了一些干部，带偏了经营发展方向，让分行刚迈出第一步就摔了一个重重的大跟头。为校正发展方向、化解遗留风险、重塑政治生态，总行和厦门分行付出了艰辛、巨大的努力。

【忏悔材料】 ▶▶▶

我叫王云生，在厦门任职期间，由于个人主观世界改造不彻底，为获取经济利益没能守住廉洁底线，严重违规违纪违法。在组织教育下，我认识到自己犯了极其严重的错误，感到非常后悔。

到厦门工作后，随着环境、地位和权力的变化，我放松了警惕，走上了犯罪道路。我先后收取了分行贷款企业负责人送来的手表、黄金制品和现金等财物。我本人收受企业送来的现金共计 600 余万元，这些现金我都拿给了弟弟，对他说是借来的，让他做资金拆借使用。2014 年至 2016 年，也有一些企业先后送钱给我弟弟，有的我让他退还了，有的让他收下使用了。由弟弟代收贷款客户送的现金，我当时自认为这不是我的事，便默认了他的行为，这完全是自欺欺人。实际上，客户给我弟弟送钱，本质上还是看中了我手中的权力，通过他来感谢我在公司贷款过程中给予的帮助，并希望继续保持良好关系，继续合作，至少不会为难他们。

作为党委书记、行长，我利用贷款审批权力，直接收受或通过弟弟间接收受贷款企业送来的现金或贵重礼品，不仅违规违纪，更构成违法犯罪。后来归还相关款项和礼品时，我对自己所犯错误的认识不深刻，存在侥幸心理，自认为这些财物退还后，事情就结束了，即便有关部门再查出来，最多只是违规或违纪的事，不会有太大问题。

对于个人受贿等犯罪行为，我现在向组织如实交代，愿意承担应有的法律判决和处罚。我对自己的行为及其后果追悔莫及，希望得到组织从宽从轻处理。

我是在党组织长期培养教育下成长起来的一名领导干部。党组织将我安排在进出口银行厦门分行任党委书记、行长这个关键重要岗位，我本该更严格要求自己，遵守党纪国法，为进出口银行、厦门以及国家作出更大的贡献，但由于我思想改造不彻底，放松要求和警惕，未能守住纪法底线，逐步走上违规违纪直至违法犯罪的道路。我辜负了党组织对我的长期培养，辜负了进出口银行党委对我的信任，辜负了厦门分行同志们对我的支持，辜负了妻子、儿子对我的照顾，对于自己的错误行为，我感到非常后悔。我如实汇报自己的认识，请组织审查处理。

【办案手记】 >>>

王云生到案后被羁押在看守所。刚开始，他态度不好，拒不交代问题。两周后，在强大的心理攻势下，他态度有所转变，但提出一个请求，提讯期间能与办案人员吃一样的饭，要有肉，饭后还要有烟抽。考虑到王云生的身体状况，也是对其态度转变的鼓励，经报批同意了他的请求。每次吃饭，他都吃得很慢，肉也留在最后吃，看着嘴唇油亮油亮的；抽烟也是慢悠悠的，似乎有点舍不得抽。有时，他还请求办案人员额外再给他两根带回监舍。对此，我们及时与看守所沟通，请他们给予关注。

后来，看守所干警告诉我们，王云生回到监舍，向其他在押人员炫耀："我跟你们不一样，我是正局级干部，待遇就是不一样。监委的同志对我尊重得很，请我吃饭，没有肉菜不行，吃完饭还给我烟抽！"同时，他还故意抹了抹"油嘴"，得意地掏出藏在衣兜里的烟。

听完干警的描述，办案人员哑然失笑。都到这个份上了，王云生还如此爱慕虚荣、自欺欺人，真是本性难移！无论是对老板们的"吹捧"心满意足，对老板们的一掷千金心痒难耐，还是以"借"为名受贿，找人"代理"敛财，看似偶然的背后，有着必然因素。揭开这些"遮羞布"，无非是一副背弃理想、贪图享乐的皮囊，结果也只能是一场虚妄。

【警示剖析】 >>>

心有所畏，行有所止。党纪国法是不可逾越的红线，规章制度是必须遵守的准则。王云生财迷心窍，欲壑难填，置党纪国法于不顾，甘愿被不法商人围猎，指使弟弟充当"代理人"，违规操纵信贷业务，"挖大坑填小坑"延迟风险暴露，最终飞蛾扑火，走上了不归路。分行有的干部员工明知违规违纪违法，仍然甘当王云生的"帮凶"，以为出事后有一把手顶着，最终自己也受到了党纪国法的制裁。党员干部要自觉将纪律规矩挺在前面，树立执行制度人人有责的理念，牢记"手莫伸，伸手必被捉"的道理，不为物欲所惑、不为名利所累，时刻自重、自省、自警、自励，筑牢廉洁自律"防火墙"。

公权姓公，不容私用。 不法商人"借款"给王云生，帮他"理财"，给他"中介费"，都是看中了他手中的权力。他与不法商人的勾当，揭开虚假的包装，本质上都是权钱交易。王云生把公权力作为捞取不义之财的资本、谋取私利的工具，最终被权力吞噬，只能在铁窗下"品味"权钱交易的苦果。权力是党和人民赋予的，只能用来为党尽责、为民服务。党员领导干部必须牢固树立宗旨意识，时刻提醒自己分清公私界限，切实做到立身不忘做人之本、用权不谋一己之私、干事不移公仆之心。

激浊扬清，涵养生态。 正气不盈必然歪风滋生，无论对一个人还是一个单位来说，都是如此。王云生从奋发有为堕落到腐化变质，根本原因是其理想信念崩塌，利欲熏心。当时的厦门分行在他的影响下，业务发展偏离正轨，不良风气滋生蔓延，违规违纪违法问题多发。一把手对政治生态的影响非常关键，要牢记初心使命，重品行、正操守、养心性，以上率下正风肃纪。每一名党员干部都不能置身事外，要自觉挺起精神脊梁，敢于同歪风邪气作斗争，共同营造风清气正的良好政治生态。

严字当头，强化责任。王云生违纪违法问题始于党的十八大以前，十八大后仍不收敛不收手，是披着自欺欺人外衣、以贷谋私的反面典型，给国有金融资产带来的损失和进出口银行事业造成的影响是巨大的，教训十分深刻。各级党委必须切实扛起全面从严治党主体责任，纪检监察机构务必忠诚履行监督责任，贯通协同、一体发力，严肃党内政治生活，加强党内监督，坚决惩治腐败，坚定不移推动全面从严治党向纵深发展。要着力选好配强一把手，加强领导班子建设，切实加强上级组织对下级一把手的监督，积极破解同级和下级监督难题，一级带一级，层层种好自己的"责任田"，严格要求、严格管理、严格监督，毫不动摇地把"严"的主基调长期坚持下去。

追求奢靡享乐、挖空心思敛财的贪婪行长

重庆进出口融资担保有限公司原党委副书记、
总经理蒋斌案例警示录

【基本案情】 >>>

银行是高度专业化的智力密集型金融机构，其高级管理人员本应恪尽职守、勤勉敬业、合规展业，服务经济社会发展，实现国有资产保值增值。但蒋斌作为地方优秀财经干部，调入中国进出口银行重庆分行成为高管后，把结交多年的老板"朋友"发展为银行客户，以所谓的"智力投资"入股分红，收钱物、占干股、违法放贷，私欲膨胀，大肆敛财，无视党纪国法，坠入了违法犯罪的深渊。

2019 年 5 月，中央纪委国家监委驻中国进出口银行纪检监察组和重庆市纪委监委组成联合专案组，对蒋斌立案审查调查。经查，蒋斌严重违反政治纪律、中央八项规定精神、廉洁纪律，涉嫌非法婚外生子、赌博，涉嫌受贿罪和违法发放贷款罪。2019 年 11 月，蒋斌被开除党籍、行政开除，涉嫌犯

罪问题被移送检察机关依法审查起诉。

蒋斌一边管理着巨额的国有金融资产，一边拉拢着不法商人予取予求，在欲望的驱使下，一步步突破纪法底线，沦为遭人唾弃的"阶下囚"，自导自演了一出人生悲剧。

迷失的信仰 虚伪的人生

蒋斌 1963 年出生在四川岳池一个普通家庭，自小好学上进。1986 年 11 月入党。1990 年经济学硕士研究生毕业后，被分配到重庆市财政局工作，当过秘书，任过处长。2007 年 4 月被选调到进出口银行重庆分行筹备组，两个月后任分行党委委员、副行长，2015 年 7 月任另一个省级分行党委书记、行长，2019 年 4 月任重庆进出口融资担保有限公司党委副书记、总经理。蒋斌从校门到机关，从地方官员到银行高管，也曾经刻苦学习、勤奋工作，得到组织提拔重用，但随着职位升迁，身边富豪商贾越来越多，在纸醉金迷的腐蚀中，心态开始失衡，思想不断滑坡，彻底背弃了入党初心。

丧失理想信念走上迷途歧路。蒋斌在忏悔时讲道，"随着自己官职越当越大，自我感觉越来越好，逐渐不把政治理论学习当回事"。他不信马列信鬼神，对求神拜佛一片"虔诚"，家中悬挂菩萨神像，每日乞求神灵庇佑。在重庆市财政局工作时，多次在老板的安排下，远赴海南三亚的寺庙烧香拜佛、求签问卜，祈求仕途升迁。调任重庆分行副行长后，蒋斌多次请"大师"对自己的办公室排局布阵，甚至到外省任分行一把手后，又两次不远千里请"大师"看风水，祈求顺风顺水、财运亨通。2018 年年底，组织找蒋斌谈话核实情况，他没有如实说明问题，却如同惊弓之鸟，转身就去找算命先生卜算吉凶、做法事，祈求能"消灾解难"。蒋斌自以为"大师"能祛邪，菩萨能消灾。当专案组同志告诉他，这位"大师"是一个连自己名字都不会写的文盲，仅靠着背几段《易经》就混迹江湖招摇撞骗时，蒋斌羞愧难当，几近崩溃地说："作为一个高学历的人，居然被一个文盲糊弄得团团转，真是奇耻大辱！"

彻头彻尾的两面人。蒋斌表面上有思想、有担当、有正气，实际上却贪婪、腐化、堕落。台上大讲银行发展、业务创新、多给企业雪中送炭；台下打着"拓展业务""化解不良"的幌子，勾结不法商人骗取贷款，从中收贿赂、拿干股，谋取"好处费"。表面上专业敬业、一心为公，实际上发财梦一直在内心深处蠢蠢欲动。会上教育下属要廉洁自律、慎独慎微，自己却长期与商人老板勾肩搭背、称兄道弟，经常在高档会所吃喝玩乐。

不忠诚不老实，对抗组织审查。案发前，组织找蒋斌谈话，给过他坦白自首的机会，但他执迷不悟。在察觉被审查调查后，蒋斌与亲属、行贿人员合谋，将所收取的贿赂款原路退回，并支付"利息"、出具"借条"，企图伪装成"借款"来掩盖犯罪事实，多次组织串供，订立攻守同盟。更有甚者，他还让老板出资、亲属出面到北京找"路子"、托关系，妄图逃脱组织的审查调查，但最终"竹篮打水一场空"。

自欺欺人的"投资" 不能核销的"坏账"

多年来，蒋斌一直对他刚就任进出口银行重庆分行副行长时亲自操刀的利率掉期业务津津乐道。他自我吹嘘凭借其精通金融衍生品交易的优势，推动分行开展利率掉期业务，帮助一家企业客户挣到2000多万元的收益，分行也因此创收。但背后的真相是，蒋斌利用信贷审批权对企业的钳制作用，暗中要求该企业与自己的"朋友"私下合作，用企业在重庆分行的债务余额开展利率掉期交易，再以银行高管的特殊身份为交易作信用背书，利用银行信息优势把控交易风险，通过"朋友"从中分红上千万元。这就是蒋斌所谓的"智力投资"！如果没有蒋斌银行高管的职务身份和进出口银行的资金资源，这一切何从谈起？自欺欺人的外衣剥去后，剩下的只有赤裸裸的以权谋私！

以亲属的名义在客户企业占有干股也是他精心设计的一种敛财手段。蒋斌先后安排贷款客户成立多个公司，不实际出资却以其妹妹、岳母、情人的名义占有股份。蒋斌自以为不出钱也不用承担风险稳赚不赔，还可以规避组织的调查，以这种"最安全最稳妥的方式"玩起了"空手套白狼"的把戏，但结果正如他自己所说，"狼"没套牢，反而把自己"套"进了牢里。

扯下"投资""占股"的遮羞布，蒋斌赤膊上阵，直接收钱。作为主管信贷业务的副行长，他直接收受上千万元的"好处费"；授意自己的"铁哥们"成立融资租赁公司，一边批给他们贷款，一边帮他们联系用款客户，在他们获取的"通道费"中分得一杯羹，拿钱拿得"心安理得""理直气壮"。蒋斌一心求财的心理，早已成为商人老板圈子里公开的秘密。

为了靠贷吃贷，蒋斌精心培植内部"小圈子"，打通信贷业务关键环节。他分管的业务处处长付某渴望仕途发展，他就"重点栽培"，一方面频繁带其参加私人聚会，拓展政商人脉；另一方面在行内为其职务升迁架桥铺路，最终帮助其提任分行行长助理。在一名业务处副处长结婚、购房急需用钱的困难时刻，蒋斌主动"嘘寒问暖"，安排商人老板"雪中送炭"，送去大额现金。蒋斌有目的地对这些人拉拢腐蚀，这些人对蒋斌的提携、帮助感恩戴德，形成了利益"小圈子"。其后，圈子里的人对蒋斌"关注"的融资项目大开"绿灯"，对蒋斌交办的事，即便违反规定也照办不误，甘愿充当违法放贷的"马前卒"。这些人一起收受钱物、突破纪法红线，最终也受到了应有的制裁。

贪如火不遏则燎原　欲如水不遏则滔天

一个人的腐化变质、违法犯罪，往往是从吃、喝、玩、乐等生活小节问题开始的。蒋斌的"老铁"袁某对其"长线投资"十几年，从蒋斌在地方财政部门工作起，逢年过节就送烟酒、送燕窝，给过年费、给压岁钱；蒋斌与第一任妻子离婚居无定所时，主动提供住房；蒋斌父亲生病时，送上名贵补品；认蒋斌的女儿为"干女儿"，时常给钱表示"关爱"；出资安排两家人多次到海南旅游，搞所谓的家庭聚会。蒋斌犹如温水中的青蛙，浑然不觉其中潜在的风险，反而习以为常、乐享其中，甚至胃口越来越大，从收受礼品礼金到谋取巨额贿赂。蒋斌到进出口银行任职后，自然对袁某的贷款项目降低标准、放宽尺度，即使明知不符合贷款条件，也想办法、搞变通、"打擦边球",千方百计满足袁某要求,甚至一些项目经营不善、成为烂摊子,贷款形成不良后,也不追究。

家风不正,对传宗接代的执念、对妻子奢靡享乐的纵容加速了蒋斌的腐化堕落。蒋斌在与第一任妻子生育一个女儿后,为了要个儿子,两人草率离婚,另找了年轻貌美的第二任妻子。他对妻子的畸形奢侈消费一味纵容,不惜以身试法、用权力换金钱供其挥霍。妻子对价值500万元的联排别墅百般嫌弃,蒋斌为讨她欢心就买了价值千万元的独栋别墅。当第二任妻子生的又是女孩,并不愿意再生育时,他又找情人在国外通过试管婴儿技术,最终如愿以偿生下了儿子。面对这些巨大的消费支出,蒋斌挖空心思疯狂敛财,通过帮助客户非法获取贷款而收受巨额贿赂。

在欲望的驱使下,蒋斌精神世界极度空虚,沉溺于低级趣味,经常一场麻将输赢上万元。

贪念一瞬间,荣辱两世界。2019年中秋之夜,蒋斌是在监察机关办案场所度过的。他眼望着窗外的明月,心里惦念着不在身边的儿女,回忆起荒唐可笑的人生,止不住流下悔恨交加的泪水。他说,自己政治上"悬空"、党性上"脱管",犹如贷款抵押物之悬空、脱管产生不良贷款一般,形成政治上的"不良账";与商人勾肩搭背,与同事团团伙伙,靠贷吃贷,破纪破法,形成纪法上的"呆坏账";为把生儿子的梦想进行到底,为满足妻子的畸形消费,不惜用权力换金钱,形成家庭生活上的"糊涂账"。蒋斌在欲望的反噬下,本本"账目"不清、笔笔"投资"皆亏,最终难逃被党纪国法"核销"的命运。

【风险梳理】 >>>

长期不当交友、靠贷吃贷，组织监管失察。与蒋斌勾结的不法商人多是他认识多年的老同学、老朋友，双方"亲"而不"清"、相互利用、各取所需，时间跨度长达十几年。有关党组织对蒋斌长期与不法商人不正当交往、家庭奢侈消费、违规干预信贷等方面倾向性、苗头性问题没有察觉，对其思想上政治上的蜕变滑坡也不掌握，甚至一度被蒋斌表现出的虚假敬业精神、专业素质所欺骗，未能识别其两面人的虚伪本质，暴露出全面从严治党主体责任和时任分行一把手第一责任落实不到位、日常管理监督严重缺位等问题。

美化包装问题企业虚假项目，客户准入关口失守。蒋斌为使"朋友"的企业获取贷款资格，以为分行承接不良贷款化解风险的名义，推动分行降低客户准入门槛，违规让成立仅半年的新公司完成客户准入，并给予大额授信，人为扩大风险敞口；对不符合分行贷款条件的某酒店项目，采取虚假收购、编造性质用途等方式，美化包装成符合条件的"旅游文化国际化项目"，为不法商人获取低息贷款，从中收受好处。信贷业务的第一道防线——客户准入关口沦陷失守，给资产质量埋下巨大隐患。

内部"小圈子"打通信贷业务全流程，内控制约机制失效。银行信贷业务实行审贷分离原则，在贷前调查、贷中审查、贷后检查各环节职责明确、前后衔接、相互制约。蒋斌任分行副行长期间，通过长期经营，用心拉拢，建立"小圈子"，使"自己人"把持关键岗位，打通信贷业务流程，为违规项目一路开"绿灯"。在"小圈子"的作用下，相互分离、彼此制约的内控机制从堡垒内部被攻破，原本严密的风险防控制度成为"稻草人"。

执行轮岗交流制度变形走样，重要岗位风险防控措施失灵。 蒋斌在分行副行长岗位连续工作8年，其违纪违法行为主要发生在任副行长的最后2年，这与他轮岗分管过所有处室、对各条线干预影响力都很大不无关系。他当上分行一把手后，又搞起"小圈子"那套伎俩，借"轮岗锻炼"之名，将不听招呼的人调整出关键岗位，通过频繁轮换项目管理人员，加强对关键岗位的控制，掩盖项目风险。轮岗交流制度落实不到位，失去了消减操作风险的作用，甚至沦为蒋斌等不法之徒排斥异己、弱化监督的工具。

【忏悔材料】 >>>

中秋明月夜，提笔书悔恨，心如刀剜，泪如泉涌。"一人不廉，全家不圆"，正是自己此时此刻的真实写照。曾经的我，被党组织培养成为正厅级党员领导干部，管理着700多亿元的国有金融资产，掌控着100多亿元的国有信贷资金投放权。如今的我，严重违纪违法，沦为了遭人唾弃的腐败分子、阶下囚，悔恨之情无以言表！

信仰缺失，初心淡忘，形成政治"不良账"。参加工作初期我积极表现、追求上进，得到了组织的认可和提拔，从地方财政部门的办公室科员逐步成长为涉外处处长。到中国进出口银行重庆分行任副行长后，随着自己的官职越当越大，自我感觉越来越好，逐渐信仰缺失，根本不把政治理论学习当回事。平时讲党课、作报告都是照着办公室准备的稿子念一念就完事，理论学习中心组的学习也是应付了事，流于形式，美其名曰"自学为主"。作为一名厅局级党员领导干部，我信仰缺失，不信马列信鬼神，早已不配共产党员这一身份。自从我当上银行高管，生活圈、朋友圈都是非富即贵的成功人士、有钱老板，在这个纸醉金迷的圈子里，灯红酒绿的交错中，逐渐思想"生锈"，心态失衡，习惯了享受，开始了攀比，迷失了自己，不知不觉中就把为人民服务变成了"为人民币服务"。初心渐忘，逐渐变成两面人，要求别人廉洁自律、慎独慎微，自己却干着以权谋私、权钱交易的丑恶勾当，成了道貌岸然的伪君子。

践踏底线，无视红线，形成纪法"呆坏账"。回顾我的违纪违法过程，是从违反中央八项规定精神，热衷吃喝和生活作风问题开始的。袁某慢慢布局、长线投资，我"吃人嘴软"，千方百计满足他的要求。看到他们在我的帮助下大把大把赚钱时，作为贷款发放权力实际掌控者的我，也自然想从中分一杯羹，对他们双手奉上的"好处费"心安理得、来者不拒。逐渐从被动接受，到主动提要求，收受钱财。"拿人手短"，在这些项目经营不善形成不良后，我自然无法与他们翻脸。我还把这些老板介绍给下属，我的"得力助手"也因收受钱财受到了党纪国法的处理，真是既害了自己也害了他人。

封建残余，家风不正，形成家庭"糊涂账"。我虽然接受了高等教育，但骨子里传宗接代、重男轻女的封建残余思想根深蒂固。在与第一任、第二任妻子均生育女孩的情况下，终于与情人成功生下了儿子。对第二任妻子的畸形高消费，我尽量满足、纵容，而情人母子的生活费用和抚养费也都由我承担。巨大的经济压力，使我不顾党纪国法，想方设法利用手中的贷款权力，将手不断伸向自己的贷款客户，敛财填"坑"。一门心思要生儿子，不惜两次毁掉家庭，不惜违纪违法并越走越远，我糊涂透顶！我成了一个既无理想信念又无家庭观念的人，成了一个行尸走肉的"空心"人。为了慰藉空虚，我痴迷麻将，浑浑噩噩过日子。道德沦丧至此，哪里还有一个党员领导干部的样子，真是荒唐至极！

我利欲熏心，贪欲作怪，特别是在党的十八大后不收敛不收手，肆无忌惮、胆大妄为，我是罪有应得！世上没有后悔药，我真诚认错认罪、悔错悔罪，我一定全面如实彻底交代自己的问题，并以我的惨痛教训，教育警示后人，以我为戒！

感谢组织给了我重铸灵魂的机会，给了我改过自新、重新做人的机会，我诚恳接受组织对我的审查调查和处理。我一定好好改造，以求心灵有所归属，争取早日重获自由，回归社会，成为一个对社会有用的人；早日以父亲的身份，回归家庭，参加小女儿婚礼，抚养小儿子成人，成为一个对家庭有用的人！

【办案手记】 >>>

2019 年 5 月 23 日，我见到蒋斌是在留置点里。这是我从蒋斌任党委书记、行长的进出口银行某省分行见习结束，被分配到驻行纪检监察组后第一次见到他。蒋斌面容很憔悴，眼睛有些浮肿，眼神里透露着一丝恐慌，这与曾经自信满满、意气风发的"蒋行长"判若两人。

我在该省分行见习时，蒋斌给我印象深刻，他告诫我们，进出口银行是一家服务国家战略的政策性银行，作为年轻人要有理想信念，要有家国情怀，要刻苦学习掌握报国本领，要严格自律、自觉抵制诱惑，廉洁从业……蒋斌的话，我至今记忆犹新，感到他当时讲话站位高、有水平、有号召力。可是，随着调查的不断深入，蒋斌的所作所为让我震惊，接受企业大量钱物，求神拜佛信风水，放纵家属享乐高消费等，这与台上蒋斌的高大形象相比，反差太大。

蒋斌当面一套、背后一套，口头一套、行动一套，表面上看他正气凛然、谦谦君子，实际上欲壑难填、贪婪自私，是典型的两面人。在他光鲜的外表下，掩藏着对金钱的贪欲和对腐朽生活的向往，掩盖着他信仰的坍塌、信念的丧失和初心的迷失。蒋斌的昨天已经让我不再仰望，蒋斌的今天更令我痛恨惋惜。掩卷长思，真的是蒋斌的演技太高超，还是他的一些蛛丝马迹被忽略？如何防止再出现蒋斌式的两面人？如何保证当这种人在我们身边出现时能够被及时发现、甄别、剔除？这恐怕是每一名党员干部，特别是纪检监察干部都应该认真深入思考的问题。

【警示剖析】 >>>

物必先腐，而后虫生。理想信念是共产党人的精神之"钙"，理想信念不坚定，精神上就会"缺钙"，思想就会蜕化变质，丧失对腐朽文化和生活方式的抵抗力。蒋斌信仰上"唯鬼神"，在烧香拜佛中找寻"精神支柱"，在求神问卦中祈求"平安"，为的就是"升官发财"。各级党员领导干部只有把解决好世界观、人生观、价值观这个"总开关"问题作为终身课题，不断加强理论学习和党性锻炼，自觉用习近平新时代中国特色社会主义思想武装头脑，才能增强政治免疫力，筑牢对党忠诚、拒腐防变的思想根基。

奢靡之始，危亡之渐。 任何人一旦迈出了贪腐的第一步，人性的贪婪就会被释放，最终成为私欲的俘虏。蒋斌人生中"唯名利"，从接受宴请、收受礼金开始，到收受贿赂、违法放贷，对物质和名利的欲望越来越强烈，防线节节失守，一步步滑入违法犯罪深渊。各级党员领导干部在任何时候都要牢记自己的政治身份，严以律己、清正廉洁，守得住清贫、耐得住寂寞、经得住诱惑，坚决抵制享乐主义、奢靡之风，保持高雅的生活情趣，永葆共产党人的政治本色。

为政之要，曰公曰清。 将分管领域视为自留地、将公权用作私器是腐败行为的重要特征。蒋斌工作上"唯圈子"，拉帮结伙，"任性"用权，通过建立内外部"小圈子"，既为利益相关的不法商人"批条子"，又为圈内下属"谋位子"，严重破坏所在单位政治生态。以所谓"智力投资"入股分红，完全是掩耳盗铃的把戏。离开了公职人员手中的权力，哪会有老板送上稳赚不赔的"买卖"？各级党员领导干部必须树立正确的权力观，按规矩、按制度行使权力，自觉接受监督，任何时候都要保持清醒的头脑。

伸向扶贫项目的黑手

国家开发银行吉林省分行客户四处原副处长
徐锐案例警示录

【基本案情】 >>>

　　脱贫攻坚是一项历史性工程，是中国共产党对中国人民作出的庄严承诺。习近平总书记在中央扶贫开发工作会议上强调，要重视发挥好政策性金融和开发性金融在脱贫攻坚中的作用。按照党中央的部署，国家开发银行（以下简称"国开行"）先后向全国贫困地区的地、市、州共选派228名扶贫干部。国开行吉林省分行客户四处原副处长徐锐就是其中之一，他被派往B市政府担任扶贫金融专员。然而，本应不负组织重托的他，却利令智昏，将贪婪的黑手伸向了扶贫项目，最终身陷囹圄、追悔莫及。

　　经查，徐锐利用担任B市政府党组成员、扶贫金融专员的职务便利，为他人承揽贫困村农村基础设施扶贫建设项目工程提供帮助，收受钱财。2018年10月，经国开行党委批准，徐锐被给予开除党籍、行政开除处分。2018年11月，法院依法以受贿罪判处徐锐有期徒刑三年，并处罚金人民币20万元；

对贿赂款 100 万元予以没收。

一个群众眼里优秀的共产党员,一个领导眼里年轻有为的青年干部,本该在扶贫领域发挥自己的专业优势,努力干出一番作为,书写亮丽的人生,却背离了初心和使命,落得了违法犯罪的结局,教训不可谓不沉痛。

交友不慎成为他人生的"滑铁卢"

徐锐从小学习刻苦,学习成绩一直名列前茅,后来顺利考上了重点大学。大学期间,他表现优秀,不仅通过竞选当上了学生会干部,还光荣地加入了中国共产党。2001 年大学毕业后,徐锐通过层层选拔进入了国开行吉林省分行工作。2010 年,31 岁的徐锐被任命为客户二处副处长,成为分行当时最年轻的处级干部。

多年来,他一直在信贷管理部门工作,经常与地方官员和商人打交道,尤其是当上副处长后,接触面越来越广,结识的"朋友"越来越多。慢慢地,与这些"哥们儿"之间的相互吃请、打麻将等便成了徐锐的生活日常。在一些所谓"好朋友"的影响下,他也逐渐被"一切向'钱'看"的扭曲价值观所浸染,贪欲开始滋生。

金某,就是拉着他一起步入歧途的一位"好朋友"。2005年,时任 B 市住建局副局长的金某被派到国开行吉林省分行挂职交流一年,正好被安排在徐锐所在的处室工作,两人志趣相投,很快成了好朋友。挂职结束后,金某回到住建系统工作,但两人的交情一直没有断过。2012 年,金某担任 B 市某基础设施建设公司董事长、总经理,与国开行吉林省分行长期保持密切合作，而徐锐多年来一直负责 B 市信贷业务，频繁的业务往来，使两人的关系更进了一层，却也逐渐"变了味"。

2014 年，徐锐以孩子出国需要用钱为由，主动开口向金某"借款"10 万元。2015 年年底，徐锐到 B 市政府挂职后，向金某示意，他现在负责扶贫项目，可以要到工程。金某心领神会，向徐锐推荐了顾某："工程让她干，你可以投资入股分红。如果担心有风险、不稳当，你可以把钱借给我，我给你利息。"面对替自己"着想"、为自己"打算"的"兄弟"，徐锐的思想防线松懈了，党纪国法被抛诸脑后。

2017 年年初，为参与工程项目获利，徐锐主动拿出 100 万元，以月息一分利（年息 12%）"借"给顾某，后又以月息一分五（年息 18%）追加"借款"50 万元。他利用手中权力为"朋友"承揽工程，再以"借"为名从中获取高额回报，把公权力变现的过程粉饰成"朋友"之间的感情维系。其实，他所信奉的"多个朋友多条路"，不过是在利益捆绑下的沆瀣一气和各取所需罢了。

扶贫项目成为他腐败的"沼泽地"

2015 年 12 月，经国开行吉林省分行党委批准，徐锐以扶贫金融专员身份被派驻 B 市人民政府，任党组成员。临行前，行领导叮嘱徐锐："此去责任重大、使命光荣。你作为扶贫金融专员，一定要利用好国开行专家和专业优势，在政府、银行和扶贫开发项目之间发挥桥梁纽带作用，为贫困地区打赢脱贫攻坚战提供融智支持。"

在外人看来，年轻有为的徐锐的确没有辜负组织信任。

他在国家级贫困县 Z 县开展破题试点，到任仅一个月就帮助该县成立了专门的扶贫公司；他采取整合资金和政府购买服务的方式，撬动了国开行对 Z 县 5 亿元的扶贫信贷支持，打造了国开行金融服务吉林省国家级贫困县的第一个典型案例……徐锐在挂职工作中的积极作为，得到了当地政府的充分认可。

然而，这份亮眼的扶贫成绩单背后，却隐藏着徐锐的一双"黑手"。他利用担任 B 市政府党组成员、扶贫金融专员的职务便利，出面为金某索要工程标段，帮助金某、顾某等人获得了 B 市 Z 县贫困村农村基础设施扶贫建设项目（二期）工程一标段的施工权，投标总价 770 余万元。事成之后，徐锐以着急用钱为由，向金某、顾某索要好处费 90 万元。

让徐锐没想到的是，2018 年 3 月 6 日，B 市纪委监委发布消息：B 市住房和城乡建设局原党委委员、副局长金某涉嫌严重违纪违法，正接受纪律审查和监察调查。随着对金某审查调查的逐步深入，徐锐隐藏的这双"黑手"现形了。

心存侥幸成为他自毁的"助推器"

2018 年 8 月 15 日，国开行原纪委派员到吉林省分行调研，在传达中央纪委关于金融领域反腐败有关精神时着重强调："要从严遏制增量，突出重点处理好存量。能主动交代问题、愿意改过自新、重走正路的，组织要拉一把。对那些犯错误后仍不收敛、不悔改的，组织一定严惩不贷。希望大家珍惜机会、珍惜未来。"遗憾的是，当时已泥足深陷却仍然心存侥幸的徐锐，并没有听进组织的劝告和提醒，错失了挽救自我的最后一次机会。15 天之后，徐锐被地方纪委监委立案审查调查并采取留置措施。

"他侥幸心特重，自认为组织察觉不到、朋友不会出卖、事情又做得天衣无缝，自信一定不会出问题。"据办案人员反映，被留置之初，徐锐一口咬定自己是清白的，面对确凿的证据，他也只是避重就轻地交代问题。

徐锐的"自信"源于他自作聪明为规避审查调查所设置的三道"防线"。第一道，只收现金。银行出身的他深知转账一定会留下痕迹，于是他两次向金某索要钱款时，都刻意采取了现金收受方式，以确保在银行账务系统里无迹可寻。第二道，混淆概念留好后路。徐锐第一次向顾某出借资金 100 万元，正是为了与他此前两次向金某索要好处费的累计金额保持一致。他盘算，事情一旦败露，就将顾某写的借条撕毁，把这 100 万元解释为自己还给金某的借款，为自己留足后路。第三道，"隐身操作"收取利息。徐锐每个月定期收取顾某返还的高额利息，但从不使用自己的银行账户。他偷偷地用自己母亲的身份证开了一张银行卡，同时又让顾某提供了一张不相关人员的银行卡，用这两张银行卡收取利息，制造出他置身事外的假象。

然而，"要想人不知，除非己莫为"。徐锐精心设计的三道"防线"，在大量的事实面前不堪一击。面对组织的审查调查，他最终还是放弃了幻想，选择了认罪服法。

【风险梳理】 >>>>

挂职交流干部监督管理存在漏洞。徐锐的违纪违法问题主要发生在他被派往 B 市政府挂职工作期间。他之所以胆大妄为，敢于以身试法，一个不能忽视的因素就是挂职交流干部的特殊身份，使他长期处于监督管理的"真空地带"。金融机构领导干部交流到地方政府或其他单位挂职，看似接受的是双重管理，实则很容易陷入"两不管"的尴尬局面：派出单位监督够不着，接收单位管理"抹不开面"。于是，对挂职交流干部的监督管理变成了"稻草人"，没有形成有效的硬约束。

轮岗制度落实不到位。徐锐之所以被"好朋友"围猎，根本原因还在于他具有被围猎的"价值"。参加工作 17 年来，徐锐一直在信贷条线工作，在被派往 B 市政府担任扶贫金融专员之前，他已经在同一个处室持续工作时间长达 8 年，未有效轮岗，且大多数时间他负责的信贷业务都覆盖 B 市所在区域，一定程度上滋生了他与特定管理服务对象之间发生不正当关系往来的温床，为他将手中控制的权力变现提供了客观条件。

扶贫工程项目的风险防控不到位。扶贫工程项目涉及环节较多，管理关系较为复杂，由于对彼此的管理流程和标准相互不了解，银行、政府、企业之间难以建立起有效的联防联控机制，导致可能出现个别人权力过于集中的现象。徐锐作为国开行派出的扶贫金融专员，承担着扶贫贷款资金使用的监管职责；同时，挂职 B 市政府党组成员的身份，又让他掌握了扶贫资金使用的审批权。本应建立的"防洪堤"却代之以"连通器"，监管和审批"一肩挑"，为他插手干预扶贫建设项目留下了"操作"的空间，也埋下了风险隐患。

【忏悔材料】 >>>

我出生于一个普通的工人家庭，父亲年轻时当过军人，家教严格，决不允许我犯丝毫错误；母亲勤勤恳恳、任劳任怨。在父母的影响下，我从小要强，学习上非常刻苦，后来以优异的成绩考上了重点大学，并于大三上半学期光荣加入了中国共产党。毕业后，我进入了国家开发银行吉林省分行工作，一直受到单位领导的信任，2010 年 8 月竞聘为副处长。

当上副处长后接触到社会上的人就开始多了，各种诱惑也开始多了，一开始自己还能把握住党性和原则，后来在深入交往了一些所谓的"兄弟""朋友"后，自己放松了党性修养的提升，在他们事事向"钱"看的影响下，被贪念蒙蔽了双眼，没有抵挡住金钱的利诱，把为人民服务变成了为自己和"朋友"谋利益，最终违反了党纪国法，滑向了罪恶的深渊。更让我追悔莫及的是，当自己初步认识到自己的错误时，没有选择及时向组织坦白，争取从宽处理，而是在侥幸心理的作用下选择了向组织隐瞒，结果越陷越深。殊不知，所谓"兄弟"的承诺都是骗人的鬼话，只有组织才是每个党员的坚强后盾，离开了组织的怀抱，个人一无是处。

留置期间我仔细反思了自己的所作所为，感到愚蠢至极，可耻可恨，自己简直是利欲熏心，竟然为了眼前的蝇头小利置党纪国法于不顾，亲手葬送了自己的美好前程，葬送了父母、爱人和宝贝女儿未来的幸福人生。现在唯剩痛心疾首、悔恨不已和深深自责。我深感自己辜负了组织多年来的培养，辜负了单位和领导的信任与厚爱。我愧对组织，愧对领导，愧对家人。

【办案手记】 »»»

办理徐锐案件，我最大的感受是惋惜。回忆起我们在他单位外面蹲点、打算把他带回留置点的那天晚上，下着倾盆大雨，他的办公室是最后一个关灯的，后来得知他加班是为了第二天出差做准备。初见徐锐，感觉他年轻帅气、一表人才。向他宣布留置决定的时候，他的反应也很沉稳，看得出个人素养不差。

审查调查初期，徐锐一直心存侥幸，企图蒙蔽和掩盖事实。通过分析他的履历，我们认为大学期间能够入党，他应该是一个有理想、有抱负的优秀青年。于是我们从思想工作入手，陪他一起回忆过往，和他聊初心使命、聊理想信念、聊父母深恩、聊人生价值……他提到刚参加工作时，发现自己接触的都是关系到国计民生的重大项目，那种能为国家经济建设作出个人贡献的自豪感、成就感油然而生。言语间，能看出他的内心波澜起伏，那些激情燃烧的岁月，最初的忠诚与纯真都在召唤着他。他终于放弃了对抗，选择了积极配合调查。

人生不能重来，每一步都不可踏错。徐锐案件警示我们，党员干部必须牢固树立纪法思维，对党纪国法心存敬畏，时刻保持清醒头脑，坚决不越红线、不碰高压线。所谓"一失足成千古恨"，违纪违法的代价不只是个人命运的改写，还有组织的受损和家庭的蒙羞，甚至社会风气的败坏。我们每一位党员干部都要时刻牢记自己的初心和使命，"无论我们走得多远，都不能忘记来时的路"！

【警示剖析】 >>>

脱贫攻坚必须站稳人民立场。中国共产党人的初心和使命，就是为中国人民谋幸福，为中华民族谋复兴。打赢脱贫攻坚战，是党中央部署的重大政治任务，也是全国人民的心中所盼。金融企业要勇于担当、发挥所长，以人民为中心，用好各种金融产品，为脱贫攻坚增添动能。作为银行系统派出的扶贫干部，更要全身心地投入到扶贫工作中，始终心怀人民，为脱贫攻坚事业竭尽所能，在银行、政府和企业之间建立互信合作的桥梁，使银行的扶贫资源能悉数运用到位，为贫困地区产业扶贫添砖加瓦，如此方能守住初心、不辱使命。

对扶贫干部的选拔要慎之又慎。习近平总书记强调，扶贫资金是贫困群众的"救命钱"，一分一厘都不能乱花，更容不得动手脚、玩猫腻。任何人都不能动扶贫资金的"奶酪"，否则必将受到党纪国法的严惩。金融机构要严把扶贫干部遴选关，把政治素质好、工作作风实、综合能力强的好干部选派到脱贫攻坚一线。派出单位和驻地政府要双管齐下，坚持严管就是厚爱，加强对扶贫干部的日常监督管理；要加强对扶贫资金、扶贫项目的严格管理，把好扶贫资金使用的每一道关口，严防"跑冒滴漏"。

扶贫干部要将修身立德作为终身课题。在扶贫一线为党工作，是青年干部提升自我、建功立业的良好契机。青年干部要立志做大事，必须坚持修身立德，时刻把准奋斗航向，保持清醒头脑，在艰苦的基层一线强党性、提境界、壮筋骨、长才干，在任何时候都要稳得住心神、管得住行为、守得住清白。

在资产处置中攫取"资产"的行长

中国农业发展银行吉林省梨树县支行
原党支部书记、行长梁浩案例警示录

【基本案情】 >>>

　　吉林省四平市梨树县，素有"东北粮仓"之称。中国农业发展银行（以下简称"农发行"）梨树县支行，作为我国唯一一家农业政策性银行的基层机构，承担着落实国家强农惠农政策的重要任务。2012年起担任该行行长的梁浩，本应立足本职，带领支行为支持当地农业和农村经济发展做好金融服务，但他竟把资产处置这块"责任田"变成了自己的"掘金池"，罔顾党纪国法，利用职权索贿敛财，严重背离了一名共产党员的初心使命。

　　经查，梁浩严重违反廉洁纪律、工作纪律、生活纪律，涉嫌受贿罪。2018年10月，经农发行四平市分行纪委研究并报分行党委批准，决定给予梁浩开除党籍、行政开除处分。2018年12月，梁浩因犯受贿罪被判处有期徒刑十年，并处罚金人民币80万元，索贿所得赃款人民币583万元，依法经由扣押机关上缴国库。

对党不忠诚不老实　在资产处置中寻机敛财

梁浩出生在吉林省一个工人家庭。1987年，梁浩从师范学校毕业后进入某银行梨树县支行工作，1996年调入农发行梨树县支行，2009年至2018年间，先后担任梨树县支行副行长、行长，双辽市支行行长。

走上管理岗位之前，在领导和同事眼中，梁浩是个踏实肯干、为人谦虚的好同志。2009年上半年，梨树县支行发生某酒业公司2.9亿元贷款诈骗案，时任行长、副行长等4名相关人员因失职构成犯罪被判处刑罚，并受到"双开"处理。上级组织把梁浩调到梨树县支行，提拔他为支行副行长，就是让他协助处理好案件遗留问题。3年后，梁浩被提拔为该支行行长。

重任在肩的梁浩，本应认真开展不良贷款清收处置和问题整改工作，抚平案件创伤，带领支行员工重回发展正轨。然而，他不仅没有从案件中汲取教训，反而大搞权钱交易，与组织的期许背道而驰，当了不忠诚不老实的两面人。表面上，梁浩为不良贷款处置积极奔走，与当地党政机关反复沟通协商，实际上他心里早已打好了小算盘，要利用该酒业公司抵债资产处置的机会"大捞一笔"。

根据上级行审批通过的处置方案，该酒业公司抵债资产处置方式为公开拍卖。在经历了两次流拍后，梁浩向上级行建议采取协议转让方式，上级行表示同意。梁浩未经集体研究，擅自与某房地产公司老板王某暗中接触沟通，按第二次流拍保留价处置该资产，将王某公司"内定"为唯一买受人。随后，梁浩以免交佣金、帮助改变抵债土地性质以降低购买价格为条件，向王某索取贿赂。王某分 3 次将 400 余万元贿款送到了梁浩手中。

"我还在心里窃喜，认为很多人不可能有我这样的'好机会'。"面对得到的不义之财，梁浩没有忐忑不安，反而有了些许"成就感"，认为是自己人缘好、有本事，别人才买他的账。

廉洁底线频频失守　在盲目攀比中泥足深陷

"没什么本事，当不了大官，不能挣大钱"，梁浩的家人时常这样抱怨他。事实上，梁浩毕业后先后进入的某银行和农发行，都是很多人眼中的好单位。尤其是得到组织提拔后，梁浩的工作条件和薪酬待遇，在当地都是比较体面的，完全能够满足家庭正常生活需要。但是，在不良心理支配下，梁浩总忍不住要和周遭的人比较，与在地方党政机关任要职的同学比手中权力，与做生意当老板的朋友比物质享受，对此常常感到很失落。在担任支行一把手后，梁浩经常主动与政界、商圈的朋友和同学聚会，吃喝玩乐、花天酒地，心态愈加失衡。

不比谁有真本领、硬作风，反而比谁能揽大权、挣大钱，逐渐扭曲的价值观，使得梁浩的廉洁底线一再失守。在第一次索贿得逞后，梁浩的胆子愈发大起来。2014 年 3 月，他再次伸出贪婪之手，向拟购买梨树县支行某抵债资产的郭某索贿近 200 万元，许诺的条件是帮助其降低购买价格和为其申请粮食贷款提供便利。这一次，由于上级行加强监管，抵债资产未能如梁浩之愿"卖"给郭某。郭某后来多次向梁浩追要贿款，甚至威胁要到农发行告发他。

然而，贿款早已被挥霍。被逼急了的梁浩，只得想方设法"拆东墙、补西墙"。他利用手中掌握的粮食收储贷款准入和投放的权力，先后两次向某粮食收储企业实际控制人蒋某索贿数十万元，用于归还向郭某的部分索贿款和自己的个人消费。

放松思想道德建设　在低级趣味中迷失方向

梁浩妻子是当地中学的老师，女儿和女婿都是银行员工，工作生活安稳。但是，尝到了奢靡享乐甜头的梁浩，并不满足于这种平凡的小日子，而是终日流连于酒桌饭局，沉溺于低级趣味，甚至突破道德底线。当上支行行长后不久，他通过朋友结识了申某，并长期与其保持不正当关系。然而，无论是奢靡享乐，还是"金屋藏娇"，都需要金钱作支撑。向王某索贿后，梁浩将其中100万元交给申某，用于投资和个人开销，后来向郭某索要的贿款，也悉数交给了申某。

权力、金钱、美色……梁浩在外部诱惑面前毫无抵抗力，彻底沦为欲望的奴隶。

【风险梳理】 »»»

监督管理不到位，基层行长政治失守。梁浩先后向三家企业索要贿赂，经常吃喝玩乐，搞婚外情长达4年多，上级党委、纪委对此一无所知。梁浩2013年、2015年民主生活会的对照检查材料一模一样，全部照抄照搬；2013年、2014年个人述职述廉报告有关廉洁自律方面的内容完全相同。对此，上级党组织和相关部门没有认真审查，没有及时发现、及时处置。

廉洁教育不深入，纪法底线屡遭突破。梁浩任支行副行长之时，四平市分行正在部署开展针对某酒业公司贷款诈骗案件的系列警示教育活动。从效果看，根本没有触动梁浩的思想和灵魂。上级分行党委、纪委每年都对梁浩进行谈话，但也都是例行公事、浮于表面，没有针对梨树县支行政治生态较差、不良贷款处置情况复杂等情况进行有的放矢的"咬耳扯袖"。

协议转让无竞争，资产处置存在腐败风险。抵债资产处置的评估定价、处置询价、公开拍卖等重要环节，都需要严格管理、严格监督。某酒业公司抵债资产确定处置方式为协议转让，但只选择了某房地产公司一家买受人，违反了农发行"抵债资产采取协议处置，应在选择评估机构和抵债资产买受人的过程中引入竞争机制，确保公平交易"的规定。梁浩能索贿得逞，正是钻了协议转让没有引入竞争机制的空子。

【忏悔材料】 >>>

我受党教育培养 20 多年，党和组织让我得到了提拔和重用，也给了我很多的荣誉。而我却没有牢记党的宗旨、全心全意为人民服务，没有积极工作、尽职负责、以实际行动报答党的恩情，而是严重背离了一名共产党员应有的理想和信念。为了满足自己的私欲，我多次采取不正当手段，巧立名目向有关人员索取巨额钱款，严重违反了党纪国法，犯下了不可宽恕的罪行。

我犯罪的根本原因除了理想信念不坚定，党性修养严重缺失，没有树立正确的人生观、价值观外，就是侥幸心理在作祟，错误地认为大家可能都在这样做，我为什么不能做；过了这个村就没有这个店了，不可能就我一个人倒霉出问题。当得到第一笔不义之财的时候，我还在心里窃喜，认为很多人不可能有我这样的"好机会"，还认为自己人缘好、有本事，大家都买我的账。

随着时间的推移，特别是党的十九大以来，党中央进一步加大了反腐败的力度，向全党同志释放出强烈的信号：反腐败斗争永远在路上，任何人都不要心存侥幸。另外，全国各地大小腐败官员相继落马的报道不绝于耳，使我心惊胆战，恐惧日益加重。近两年来，我没有一天真正开心过，只要一想起自己的违纪违法行为，就什么心思都没有了，只剩害怕和恐惧，怕自己做过的丑事被发现、被举报，害怕受到惩罚。这样的痛苦和无法解脱的滋味真是令人痛不欲生。说心里话，在办案人员来到我面前的一瞬间，我的第一反应不只是恐惧，更多的是"结束了"的感觉。

悔不该要人家的巨额钱财，来满足自己的虚荣心，不知敬畏，不知廉耻；悔不该不听党的话，忘记了党的宗旨，忘记了自己的誓言；悔不该不听父母的话，忘记了踏踏实实做人，干干净净做事；悔不该丧尽天良，未替年迈的双亲、无辜的妻子、无助的孩子多想一想，这样的丑事一旦败露，他们该如何面对，怎么活下去！无尽的悔恨只有泪水和长夜知道。

　　我只想以我的亲身经历，告诉我的同事、我的家人以及广大党员干部，一定要以我为戒，千万不要心存侥幸，要牢记"手莫伸，伸手必被捉"的教诲。我特别想告诫那些已铸成大错的同志，千万不要迟疑犹豫，要主动向组织坦白交代，这是唯一的选择和出路。否则，像我这样就追悔莫及了！

【警示剖析】 >>>

　　前车之鉴，不能视而不见。 2009 年，梨树县支行刚发生贷款诈骗案，时任行长、副行长等 4 人因失职构成犯罪被追究刑事责任。组织上提拔梁浩为梨树县支行副行长，主要是让他协助处理好案件遗留问题。然而，梁浩却对前任领导班子的惨痛教训视而不见，利用案件整改和处置不良贷款之机大肆谋取私利。前车之鉴不能忘，廉洁警钟要长鸣。党员干部要以案为鉴，坚定理想信念，坚守初心使命，严守党纪国法，永葆共产党员政治本色。

　　坚守底线，不可饥不择食。 不良资产处置，是一项依照法律法规和政策制度，综合运用相关手段和方法，对资产进行价值变现和价值提升的工作，需要有敏锐的信息捕捉能力，抓住时机迅速推进。梁浩处处寻机，却"饥不择食"谋取私利，置法律法规及上级行的规章制度于不顾，抓住一切可以捞钱的机会索贿受贿。没有规矩不能成方圆，党员干部必须知敬畏、存戒惧、守底线，该做的做，不能做的坚决不做。

　　放飞梦想，不是放纵自我。 梁浩 1987 年毕业后被分配到梨树县某银行，后来调入农发行工作，生活比较安稳。但他总觉得自己比身边当官、当老板的同学朋友"矮了一截",于是暗下决心一定要出人头地。受到提拔后,梁浩没有把心思放在正事上,而是开始放纵自己。"一念放恣,则百邪乘衅。"他没有坚守共产党员的精神家园,任由私欲和贪念萌生滋长,自身的"免疫系统"逐渐被腐蚀瓦解,最终跌入犯罪的深渊。党员干部要不断增强政治定力、纪律定力、道德定力、抵腐定力,始终做到不放纵、不逾矩。

彻底沦为"不良"的银行行长

中国建设银行山东省分行原党委书记、行长
薛峰案例警示录

【基本案情】 >>>

银行是经营货币和风险的企业，切实防范、有效处置不良资产，是确保银行健康发展必须做好的重要工作。而作为银行行长的薛峰却走向了反面，他不仅没有承担起防范处置不良资产的责任，反而成了巨额不良资产的制造者。而且，在防线一步一步失守、向腐败越滑越深的过程中，他自己也成了银行必须断然处置的巨大"不良"。

经查，薛峰严重违反政治纪律、中央八项规定精神、组织纪律、廉洁纪律、工作纪律、生活纪律，涉嫌受贿罪。2018 年 7 月，经中国建设银行（以下简称"建行"）原纪委审议并报建行党委批准，决定给予薛峰开除党籍、行政开除处分。2018 年 12 月，薛峰因犯受贿罪被判处有期徒刑十三年，并处罚金人民币 130 万元，受贿所得全部追缴。

本应防不良、控不良的银行行长自己却成了最大的"不良"，这样的"反转"，是薛峰自己一手导演的人生悲剧。

把烧香拜佛当"护身符"

薛峰出生在一个工人家庭，家里共有兄弟姊妹 5 人，他是最小的一个。1978 年，在恢复全国高考的第二年，薛峰顺利地考上了大学。1984 年，他考取了当地重点大学的研究生，在校期间光荣地加入了中国共产党。1987 年，薛峰毕业后进入建行工作。由于勤奋努力、表现突出，在组织的培养下，薛峰逐步走上了领导岗位，42 岁就担任建行某直属分行党委书记、行长，此后又先后担任 2 个省级分行和 1 个一级子公司的主要负责人。

然而，事业有成之后，薛峰没有持续加强党性锤炼，而是迷上了信佛，在烧香拜佛中寻求精神寄托，"抛荒"了共产党员本应坚守的精神家园。

薛峰在家中设置佛堂、供奉佛龛，长时间打坐念经，与一些"大师""居士"过从甚密，多次在佛教节日向寺庙捐款。在参加建行有关会议时，他煞有介事地听会、作记录，其实是在笔记本上写了一个会议标题后，就在下面大段地抄写佛经。在组织找他谈话期间，他也随身携带着佛经。然而，他的这些行为并不是要真的选择"向善"，而是精神迷茫空虚下的自我慰藉，是对自己惊惧心理——担心腐败行为败露的自我催眠。

被组织立案审查后，薛峰不是选择向组织讲清问题、诚恳认错，而是把希望继续寄托到自己长期"礼奉有加"的神灵上，祈求神灵的庇佑。2017 年 8 月，他接受某私营企业主范某的出资安排，在寺庙连续三天举办由几十名僧人进行的法会，为自己祈福消灾。其行止荒唐，可谓鬼迷心窍。

薛峰丧失了理想信念，对党的忠诚自然也就无从谈起。面对组织的审查和挽救，他选择了欺骗、对抗，"一条道走到黑"。他随身携带 5 部手机，用来与相关涉案人员联系串供，订立攻守同盟，并精心模拟组织谈话的场景进行预演，自问自答。在接受组织审查谈话过程中，他讲小瞒大，只交代了一些情节较轻的违纪行为，上交了收受的部分财物，但对于自己涉嫌受贿的犯罪事实却避重就轻、极力掩饰。被采取审查措施当天，他还将有关人员约到单位楼下的咖啡厅密谋，商量"对口型"。

把信贷资源当"摇钱树"

"回想起第一次踏出纪律的底线还是 2003 年，一个信贷客户做成业务后为了感谢送了我 5000 英镑。我收钱之后心里很忐忑，担惊受怕了好几个月，都怕再见着人家。后来慢慢就放松了对自己的要求。"这是薛峰在忏悔录中写下的话。

从善如登，从恶如崩。贪婪的大门一旦打开，便如决堤的洪水一发不可收拾。薛峰把自己手中掌握的信贷资源看成是奇货可居的捞钱工具，看成是赖以敛财的"摇钱树"。从保健品、工艺品、贵金属到名人字画、豪车、名表，再到房产、巨额钱款，薛峰都坦然"笑纳"、来者不拒。其敛财的名目也花样繁多、层出不穷，儿子在国外念书、就业，母亲过生日、生病住院，都成为其收钱的借口和"启动键"。

随着收钱收物次数的增多，薛峰的"胃口"也越来越大。在担任某省分行行长期间，他接受某集团实际控制人明某的请托，利用职务便利为该集团及下属公司贷款事项提供帮助。

贷款审批刚通过，他就收受了明某在北京黄金地段为其花费
1000 多万元购置的一套房子，面积 300 多平方米。对他关照
过的另一信贷客户赵某，薛峰两次收受其给予的港币上千万
元。2017 年 10 月，在接受组织审查期间，薛峰还通过其特定
关系人的亲属收受了某信贷客户送的一套房子。

"一人得道，鸡犬升天。"由于薛峰的以贷谋私、无所顾
忌，他的大哥也变得炙手可热。R 市某企业老板苏某在当地被
称为"老赖"，他实际控制的企业在建行曾经有不良贷款被核
销，在其他银行也有逾期贷款记录。以他的这种情况，本来是
不可能从银行贷到款的。

为了扭转局面，苏某决定将薛峰的大哥作为突破口，经
常邀请薛峰的大哥去 R 市玩，除了送他钱物，还出资安排
"吃、穿、住、行、游"一条龙服务，甚至薛峰大哥每个月理
发都是坐飞机到 R 市后由苏某安排。苏某还购买了一辆价值
数十万元的豪华轿车，专门运到薛峰的老家，送给薛峰的大
哥。薛峰的大哥先后收受苏某的财物合计 200 多万元，苏某也
因此很快如愿以偿地和薛峰搭上了关系。

在苏某以送钱送物铺路的"感情投资"下，薛峰开始不遗
余力地为苏某的企业站台，想方设法帮助其获取贷款。2011
年，薛峰直接要求分行有关部门负责人"研究"解决苏某公司
的问题，甚至斥责下属"这点事也办不好"。在薛峰的干预下，
该省分行相关部门置信贷制度于不顾，为苏某的企业开辟所
谓的"绿色通道"，降低准入门槛发放贷款。案发时，苏某控
制的企业在该省分行的贷款全部形成不良。2017 年 6 月，苏
某也在地方政府打击逃废银行债务行动中，因涉嫌贷款诈骗

罪被司法机关采取刑事强制措施。

为了掩人耳目，薛峰还常常采用"借款""投资"等手法，对其收受贿赂的行为进行伪装。薛峰委托信贷客户为其投资，实际上是"私人订制"的利益输送，对客户保证的 100% 投资回报率他还嫌少，要求在 200% 以上。薛峰对获取资金的来源也百般掩盖，采取现金收送、绕道境外、间接交易等一系列手法，进行"乾坤大挪移"。但是，纸终究包不住火，该败露的终究会败露。

把奢靡享乐当价值追求

薛峰手握信贷资源却私欲膨胀，自然成了一些不法商人重金围猎的对象，而薛峰对这样的围猎甘之如饴。他将共产党员艰苦朴素的优良传统抛诸脑后，追求奢靡、贪图享乐。他与一些商人老板称兄道弟，混迹于美酒佳肴、宝马香车之间，在建行党校学习期间还经常溜出来参加一些商人老板组织的宴会。

他的很多生活用品都是高档奢侈品和所谓的"高端定制"，费用都是由老板买单。他有很多"雅好"，喜欢红酒，"喝一口就能知道好坏"；喜欢书画，与老板相约共赏名人字画；喜欢高档茶叶，收集年份茶饼；喜欢名表，极尽奢侈之能事。然而，这些所谓的"雅好"一旦沾染了权力和金钱的味道，就成了披上"漂亮外衣"的腐败。

在薛峰单位办公楼对面的一座公寓里，有一间面积很大的湖景房，被改造成了古香古色的高档私人茶室。这间茶室名为某私营企业主范某所拥有，实际上房门钥匙由薛峰保管着。

这间茶室是范某听闻薛峰到新单位任职后，费心选址，专门租下来，按照薛峰的意见装修，雇了茶艺师和厨师，供薛峰享用的私人会客场所。而作为回报，薛峰通过"协调"，帮助范某的公司成为建行某分行的集中采购供应商。

为了投其所好，某信贷客户还特意为薛峰安排了一趟赴境外的"青春之旅"，陪他去瑞士打抗衰老针、到日本进行高端健康体检，并代为支付国外医疗、体检费用数十万元。薛峰还先后5次接受客户安排，未经批准私自出境，前往澳门、香港赌博。

担任建行某省分行行长期间，薛峰结识了冷某。2010年，冷某在香港为薛峰生下一个女儿。孩子要上贵族学校、冷某要买豪车住豪宅，费用支出哪里来？薛峰让商人老板将钱直接打进冷某亲属的账户，为冷某在北京、山东等地购置房产。2015年，薛峰利用职权和影响，向信贷客户韩某和王某借款上千万元，为冷某亲属一次性在北京郊县购买了9间商铺。

把权力公器当私人领地

薛峰用人唯亲、任人唯圈，培植个人势力，把组织赋予他的本为公器的权力，当成是自己谋取私利、擅权妄为的工具。其所作所为，不仅给建行造成了巨额的信贷资产不良，而且给他所任职的单位带来了严重的政治生态"不良"。

薛峰任用干部往往以圈子划线，只要是自己圈里的人，不惜"带病提拔"，将本应是正常的组织安排搞成私相授受。选人用人这项严肃而重要的权力，也成了他谋取私利的砝码。某干部为了得到提拔，送给薛峰两幅字画，为此薛峰想尽办法提拔这名干部。但由于群众举报，建行原纪委对该干部的相关问题线索进行核查，发现该干部学历造假，依纪给予其处分，该干部和薛峰之间的"算盘"最终未能如意。还有的干部为了谋求升迁和岗位调整，不惜剑走偏锋，极力逢迎薛峰的大哥，企图通过"曲线"的方式达到目的。

薛峰在他所任职的某省分行搞人身依附、个人效忠那一套完全背离党内政治生活准则的把戏，多名下属长期称呼他为"老板""大哥"，有的干部甚至直接向他表白"对您绝对忠诚，始终不变"，有的干部在得知薛峰被审查调查之后还发短信表忠心。薛峰不但不及时批评纠正，反而甘之如饴。本应是正常的上下级关系、同志关系，异化成了人身依附关系、利益交换关系、圈子关系、江湖关系。每逢过年过节，薛峰在外地的老家就门庭若市，几十名干部争相"拜码头""留印象"。

2014 年，建行山东省分行某支行发生了一起重大风险事件，两名员工被公安机关采取强制措施。薛峰作为分行行长，获知相关信息后，没有向建行总行报告，而是将此事瞒了下来，严重影响后续风险的处置和化解，给建行造成了重大资金损失。

2017 年 12 月 25 日，是薛峰的 58 岁生日。身处监察机关办案场所的他，面对办案人员特意为他煮的一碗长寿面，内心各种复杂情绪涌动，流下了悔恨的眼泪。在即将接受法律制裁的时候，他想起了平日里喜欢吃的汉堡包。当办案人员把买来的汉堡包递给他的时候，他用略带颤抖的手接过，口中不住地说："这就挺好的，这就很好了。"建行为了处置他所造成的不良资产付出了巨大代价，而今后的铁窗生涯就是他为自己的"不良"所付出的沉重代价。

【风险梳理】 >>>>

对一把手权力监督制约失效。薛峰的违纪违法问题都发生在他担任一级分行行长和境内某子公司董事长期间。他之所以能够擅权妄为、予取予求，一个主要原因就是他作为一把手所掌握的权力过大和对他的权力缺乏有效的制约监督。该案反映出，对薛峰的上级监督、同级监督、下级监督均存在虚化弱化的问题。

信贷业务制度流程抵御不当干预的能力不足。信贷业务是银行的主营业务，针对业务的各项制度其实很多，也形成了配套体系，但面对来自薛峰通过明示、暗示等各种形式的不当干预，相关制度流程失守，甚至成了一纸空文。这说明，这些制度虽然在纸面上看似很严密、很成体系，但一旦受到权力特别是"强权"的冲击、干预，就缺乏足够的抵御力，凸显了制度流程的硬度、刚性不足。

选人用人缺乏有效制约。薛峰在任某省分行党委书记、行长期间，违背选人用人原则、扭曲选人用人导向，用人唯亲、"带病提拔"，严重败坏选人用人风气。他搞"小圈子"，靠利益和所谓的义气笼络一批干部在他周围，将职务安排当作私相授受，严重异化了上下级关系。他的所作所为污染了其所在单位的政治生态，而政治生态的污染，给其所在单位造成的风险是不可估量的。

【忏悔材料】 >>>>

从组织对我审查以来，我感觉自己掉下了悬崖，过去的一切都已经不存在了。今天我一边读入党申请书，一边在想，算起来我的党龄也有33年了，行龄也有31年了，走到今天这一步完全是我咎由自取，是我忘记了党员的身份和标准，更忘记了自己的入党誓言。我本应该遵守党的纪律，一心一意跟党走，无论面对什么样的腐蚀，都应该树立起拒腐的金色盾牌，做党的好党员、社会的好成员、父母的好孩子、妻子的好丈夫、孩子的好父亲，但是我并没有做到。

回想起第一次踏出纪律的底线还是2003年，一个信贷客户做成业务后送了我5000英镑，我收钱之后心里很忐忑，担惊受怕了好几个月，都怕再见着人家。后来时间长了也就慢慢放松了对自己的要求。我一开始是因为身体不好才喝红酒，再慢慢转变为好喝红酒，许多老板也就会投我所好。到山东分行任职后，书画的爱好也是这样，客户和员工投我所好。一旦你有了喜好，和有些商人自然而然就会走到一起；一旦走得近了，喜好就会变得自然，自然就会变得平常，也就为破坏纪律和规矩埋下了潜在的种子。现在想来，所有以喜好为由和你接触的都是在为你挖陷阱，他们是无利不起早的，和他们之间没有真正的友谊，只有组织才是可以相信的，才是最可靠的。

我在建行工作31年，走过了4个单位、4个省份，接触了许许多多的员工，曾经有过辉煌，所到之处，员工翘首以盼，希望我这个领路人能把各项业务带向前，把行风行纪、党风廉政建设抓扎实，大家对我给予了无限期待。走到现在，我辜负了广大干部员工的殷切期盼，辜负了大家的期待。因为放松了对自己的要求，放弃了世界观的改造，走向了不仅违纪更是违法的深渊。有的时候我都睡不着，一抖激灵就会醒来。想到任职的每个单位，那些热切盼望你做出党风、行风亮点的期盼眼神，我觉得对不住他们。

我出生在一个普通的家庭，我一路的成长凝聚了父母的心血，父母、哥哥、姐姐的支持和帮助，我应该珍惜这样的家庭环境，但是我没有。我严重违纪违法，有生之年可能再也见不到父母，哥哥姐姐也很难见到了。完整的家庭因我生变，我再也不能承担起做儿女的责任、做丈夫的责任、做父亲的责任。我悔之晚矣，对不起父母，对不起家庭。

今天我重温了入党誓词，说实话，30多年来，这个入党誓词已经很淡很淡了，看到这些文字，我的手颤抖了，我怎么会沦落到了今天。我无论如何忏悔都不过分，无论如何忏悔都忏悔不够。往日不复，我愿意接受组织上的任何处理，我愿意接受法律的制裁。

【办案手记】 >>>

在办这个案件的过程中，我印象很深的一个情节就是，一名曾经向薛峰送过钱的老板以向纪委举报来威胁薛峰，要薛峰把钱退给他。薛峰尽管很生气、很不情愿，但最后也只能把这笔钱退了回去。这是多么讽刺！我不禁想，对于薛峰来说，钱到底意味着什么？是自由，还是枷锁？其实，薛峰收了这么多钱，对他的生活质量提升来说，没有多大意义。以他的正常收入，过一个小康的生活是完全没有问题的，他那些通过违纪违法额外获得的收入，从边际收益来看，是很低的，甚至可能是负的。因为在他的心里，他收的这些钱都可能是一个隐形的"枷锁"，是一种无形的"束缚"。他会提心吊胆，会睡不好觉，会被送钱的老板进行"利益绑架"甚至威胁。

我认为各级领导干部从这个案件中可以得到的一个深刻启示就是，一定要勘破"钱"这一关。追求财富是人的本性，但是怎么追求财富、用什么手段获取金钱，是领导干部从一开始就必须想清楚的问题。否则，一旦迈出违法犯罪的第一步，以后就可能越陷越深，想回头都很难。

【警示剖析】 >>>

初心易得，重在坚守。作为共产党员，只有不忘初心，始终坚定理想信念，对党忠诚才有坚实的基础，才有思想自觉和行动自觉。薛峰世界观、人生观、价值观严重扭曲，醉心于求神问道、寄希望于神灵保佑，在焚香拜佛中寻求慰藉，政治上完全蜕化变质，初心蒙尘导致其在违纪违法犯罪道路上越走越远、越走越偏。国有金融机构的党员领导干部要始终守护自己的初心，坚持用党的理论滋养自己的初心，用爱党护党兴党的行动砥砺自己的初心，时常除尘"保鲜"，用始终不渝的初心撑起自己的精神世界。

不矜细行，终累大德。拒腐防变，要从慎微慎初做起。薛峰从第一次收钱时的忐忑，到第二次的坦然，再到后来的"理所当然"，在一次次底线失守中，他逐渐失去了对纪律和法律的敬畏，直至深陷贪欲之壑。正所谓"千丈之堤，以蝼蚁之穴溃；百尺之室，以突隙之烟焚"，欲壑难填的"大贪"往往从微利之诱的"小腐"开始。这也就告诫广大党员干部，面对诱惑和围猎，必须常拘小节、多积寸功，坚决守住做人、处事、用权的底线，莫让贪欲迷乱心志。

"亲""清"关系，不容混淆。对于党中央净化社交圈、生活圈、朋友圈的要求，对于建行党委的三令五申，薛峰置若罔闻，对奢靡之风趋之若鹜，心甘情愿成为一些不法商人重金围猎的对象。事实证明，领导干部一旦失去了对外交往的严肃性，放松了对自己和身边人的要求，那些所谓的朋友圈会逐渐变成包围圈，那些所谓的利益链迟早会变为沉重的枷锁。只有时刻保持清醒头脑，在与客户的交往中做到清白、纯洁，有交集不搞交换、有交往不搞交易，才能保持清正廉洁的政治本色。

折戟的"金融宿将"

交通银行发展研究部原总经理李杨勇
案例警示录

【基本案情】 >>>

信贷是银行的重要资源，也是服务实体经济的重要手段。然而，作为一名有着30余年银行工作经验的"宿将"，交通银行（以下简称"交行"）发展研究部原总经理李杨勇在担任交行有关分行一把手时，却把手中掌握的信贷资源和权力当作满足个人私欲的工具，长期"靠金融吃金融"，最终在自己最熟悉的"金融沙场"失足落马。

经查，李杨勇严重违反政治纪律、中央八项规定精神、组织纪律、廉洁纪律、工作纪律、生活纪律，涉嫌受贿罪。2019年3月，经驻交行纪检监察组审议并报交行党委批准，决定给予李杨勇开除党籍、行政开除处分。2020年3月，李杨勇因犯受贿罪被判处有期徒刑十三年，并处罚金人民币300万元，违法所得及孳息依法上缴国库。

不抵诱惑　未能慎初

　　李杨勇 1988 年进入交行，2005 年开始先后担任多个分行一把手，是一名从基层逐步成长起来的领导干部。早年间的他，业务营销和经营管理能力突出，年度考核连续多年为"卓越"，所在分行也长时间保持经营管理优胜单位的地位。

　　"1995 年，在一次信贷干部培训课上，一位老行长说：信贷员岗位是银行业务的龙头，但也是经济上最容易犯错误的岗位，大家一定要保持清醒的头脑，与企业清白交往。那时候，我暗下决心，要永远做一个清清白白的银行信贷员！"李杨勇在忏悔书中写道。那一年，李杨勇 29 岁。

　　然而，随着职位的提升，李杨勇心中廉洁这根弦却越来越松，他没有坚守住初心，违背了自己当初的誓言。1999 年，李杨勇在担任某分行营业部负责人时，收受了私营企业主马某送来的 800 美元，为马某控制的企业在交行获得贷款提供帮助。李杨勇也由此尝到了违规用权带来的"甜头"，权力在他手中逐渐成了利益交换的筹码。

权钱交易　欲壑难填

　　李杨勇长期担任交行某些省级、地市分行的一把手，他以权谋私、以贷谋私，费尽心机把权力"寻租""变现"。

　　自 1999 年起，李杨勇接受私营企业主马某请托，先后为其控制的 3 家公司获取交行巨额贷款。他还帮助马某承接了交行某省分行的装修工程业务累计上亿元。多年来，马某投桃报李，先后为李杨勇及其亲属装修房屋 4 套，花费百万余元，逢年过节赠送红包共计 10 余万元。

1998 年至 2014 年，李杨勇多次接受私营企业主高某请托，为其控制的房地产开发公司获取交行信托资金及某省分行贷款，金额巨大。2010 年，为了回报李杨勇的帮助，高某以低于同期市场价数百万元的价格，卖给李杨勇家人 7 套自己开发地段优良的商铺。这些商铺每年的租金收益达百余万元，由李杨勇家人代其打理。

私营企业主陈某是李杨勇关照的另一名信贷客户。2005 年，在李杨勇的帮助下，陈某在交行获得了 500 万元的信用贷款。之后，在李杨勇的扶持下，陈某在交行申请贷款一路"绿灯"，而获得巨额资金支持的陈某也从一个小老板逐步发展成为身价上亿的"大佬"。一次，李杨勇"无意间"对陈某表达出对一处房产的喜爱，陈某心领神会。随后便购买了某市江边一套面积 270 多平方米的豪华住宅及两个车位送给李杨勇，总价 1000 多万元。陈某所送的房产，由陈某的司机代李杨勇持有。

在和商人老板频繁打交道的过程中，李杨勇看着自己"扶植"的老板都发家致富了，他也渐渐不满足于只是收受好处，而是想追求更多的"财富"。他开始筹划自己做生意、当老板。在任职某省分行行长期间，李杨勇看上了某风景区的一处土地。他以共同投资的名义，要求几个老板把地买下来，实际上就是让老板们出钱，为自己投资。几个老板为李杨勇出资成立公司，购买了一块面积 70 余亩的土地，归他所有，计划用于开发度假村项目。

漠视纪律　生活腐化

商人老板们挖空心思拉拢李杨勇，李杨勇自己也甘于被围猎。他与几个熟悉的商人老板结成了一个固定、隐秘的"朋友圈"。

李杨勇喜欢打高尔夫球，在中央八项规定出台后，仍我行我素、照打不误，高峰时期每周都要和老板们约球。他打球得去贵宾区，用具要配高档的，但这些都不花他自己的钱。他经常挂在嘴边的一句话就是："这些东西都不是我的，我只是用一下。"打球过程中，李杨勇还与老板们赌球，每次都"满载而归"。几年下来，李杨勇仅以赌球的名义，就收受赌资超过 200 万元。

多年来，他收受了大量名贵烟酒、瓷器玉石、金条、纪念币、纪念钞、消费卡以及其他礼品礼金，装满了数十只箱子，藏匿于商人老板的仓库。

鬼迷心窍　对抗审查

2016 年被组织约谈后，李杨勇惶惶不可终日。他四处找人打探消息，上蹿下跳，妄图"脱险"。他将几个曾经向他行贿的商人老板约出来，与他们"统一口径"。

对于组织的挽救，李杨勇执迷不悟，反而寄希望于鬼神的保佑。为了"破除厄运"，他到处烧香拜佛，找"大师"为他算命、改命。对于"大师"的建议，他言听计从，"大师"说属虎的可以保佑他渡过此"劫"，他就随身携带老虎生肖牌；"大师"说要改名才能转运，赐他新名"李飏甬"，他便每天手抄新名数百遍，甚至在总行开会期间也不间断。他的宿舍和办公室内放有大量佛经、佛器，还有抄佛经的专用笔芯。

李杨勇很早就有对组织不忠诚不老实的行为。2013 年，李杨勇在个人有关事项申报时漏报房产信息，经组织部门提醒后，他在第二次填报时仍然隐瞒了商人老板低价卖给他家人的 7 套商铺。2017 年，在接受组织函询时，他将存在某商人老板名下的大额存单"移花接木"，说成是付给对方的房屋装修费用，欺骗组织。

2019 年 1 月 15 日，在李杨勇被带往留置点的路上，办案人员再次对他进行思想政治教育，要求他把存在的经济问题尽早向组织说清楚。李杨勇的回答依然是"请总行党委放心，我没有任何经济问题"。

【风险梳理】 >>>

党内政治生活不严肃不认真。作为省级分行一把手，李杨勇长期以来把政治和业务搞成"两张皮"，认为只要业务好了，就不会出大问题。他对各项纪律要求从未真正入脑入心，民主生活会上对照检查剖析走过场，表面上开展政治学习，实际上麻木不仁、我行我素。正是由于对政治学习的长期忽视，李杨勇丧失了党员的理想信念，手中有了权力后，就逐步腐化变质，缺乏政治定力和抵腐定力。

对一把手监督缺位。李杨勇长期在省级分行担任一把手，信贷投放、选人用人、资金支配、重大项目等方面的决定权集于其一身，权力很大，却缺乏有效的监督制衡。上级监督太远，不能及时发现问题；同级监督太软，心存顾虑，怕伤和气，抹不开情面，监而不管，督而不查；下级监督太难，或慑于其权势，或不了解具体情况，均不能进行有效监督和抵制。

制度规定执行不到位。银行内部针对信贷业务、集中采购、工程招投标等重要领域制定了一系列规章制度，但本案中，有章不依、有令不行的现象依然突出。李杨勇在贷款审批、基建项目招投标上屡次突破规章制度的约束，相关职能部门或迫于压力，或曲意逢迎，成为其中饱私囊的"帮凶"，制度规定在实际工作中沦为了一纸空文。

【忏悔材料】 >>>

"物必自腐，而后虫生。"通过组织的教育，我逐步认识到自己在违纪违法的道路上越走越远，直至跌入犯罪的深渊不能自拔，根源就在于我丧失了共产党人的政治信仰，失去了对党纪国法的敬畏之心！我对不起党组织多年的教育、信任和培养，我真诚向组织忏悔！我认罪，悔罪！

回想起来，我年轻的时候也曾努力保持廉洁，当时去乡镇企业办业务，别人送的土特产我都不好意思收。但随着自己职位的提升，廉洁的这根弦越来越松。这么多年来，我一直心存侥幸，认为过年过节收个红包，高尔夫球场上比赛"赢"点钱，收点烟酒、纪念币甚至金条，都不是什么大问题，也不会出什么大事。现在看来是大错特错。违法犯罪行为的发生一定是违纪行为积累到一定程度的必然结果，"千里之堤，毁于蚁穴"，小节尽失、大节不保。

这段时间以来，我一直在想，我身为金融系统领导干部，组织给了很高的政治地位和经济待遇，可为什么还是不满足，还是要伸手去拿别人的好处？根源就是自己理想信念的动摇，自己人生观、价值观的扭曲，因而无法控制自己的贪欲，因为有了贪欲，所以产生了极端错误的想法。

【办案手记】 »»»

李杨勇历任交行多家省分行一把手，长期以强势姿态示人，曾是交行系统中业绩突出、作风强硬的"能人""强人"，但其内心却是敏感脆弱的。

案发前两年多的时候，在一次原交行总行纪委与时任某省分行党委书记、行长李杨勇的专题沟通中，工作人员提醒李杨勇，新形势下党员领导干部要习惯在受监督和约束的环境中工作生活。李杨勇当时脱口而出地回应："说是这么说，可是谁也扛不住你们纪委聚光灯的照射啊！"随后自觉失言，再婉言表示自己也是愿意接受监督的。

案发前一年多时，得知组织已经开始关注自己的违纪违法问题，李杨勇变得顾虑重重。特别是在组织向其函询后，李杨勇更是变得惶惶不可终日，但他始终无法做到真正与组织交心，而是反复要求见领导，见了之后又顾左右而言他，妄图终止组织对他的调查。最典型的一次是李杨勇在领导办公室足足待了一个多小时，香烟一根接一根地抽，思量许久，最后却说出一句："我保证自己没有任何经济问题，请你们相信我。"接受组织审查调查后，李杨勇回忆起当时的情景，反复悔恨当时自己没有抓住最后的机会，并坦承在此后的很长一段时间里，自己内心每天都承受着煎熬，痛苦不堪。所以才通过乱七八糟的"朋友"去找关系、打招呼，通过找"大师"改名来逆转"运势"，甚至一遍一遍地抄写着"大师"给自己取的新名字，但实际上这一切都毫无意义。当纪委工作人员出现在自己面前的一刻，反而有了一种"靴子总算落了地"的轻松和解脱。

【警示剖析】 »»»

不忘初心，方得始终。党的初心和使命是党的性质宗旨、理想信念、奋斗目标的集中体现。共产党员如果忘记了初心，就会失去方向、失去定力、失去主心骨，就很容易"人仰马翻"。李杨勇就是因为丢弃了初心，才会在商人老板的围猎下缴械投降，才会在物欲诱惑的面前丢盔弃甲。习近平总书记指出，"初心不会自然保质保鲜，稍不注意就可能蒙尘褪色，久不滋养就会干涸枯萎"。每一个共产党员都要时常叩问初心、检视初心，通过对照反思、自我剖析打扫初心；通过加强学习、提升党性滋养初心；通过实践锻炼、干事创业砥砺初心，让初心始终保鲜。

亲不逾矩，有为有畏。习近平总书记在党的十九大报告中指出："构建亲清新型政商关系，促进非公有制经济健康发展和非公有制经济人士健康成长。"党员领导干部特别是银行系统的党员领导干部同企业家、非公有制经济人士交往是经常的、必然的，也是必需的。但交往过程中，必须从事业出发，秉持公心，坦荡磊落，牢牢把握"亲""清"二字，既要敢于作为、办好事情，又要两袖清风、清清爽爽，决不能逾越界限、偏离尺度。

　　不重小节，必损大德。"不矜细行，终累大德。"对党员领导干部来说，小节不仅是党性修养和道德品质的体现，更是折射党风政风的一面镜子。李杨勇正是在"小节"上放松警惕、随波逐流，一步一步地陷溺、迷失，直至大节有亏、大德被污。"积羽沉舟，群轻折轴。"党员领导干部一定要重小节、守细节，从小处着眼、从细微入手，把住关口、绷紧心弦，做到慎微慎初，切莫以"小事无妨""何必较真""下不为例"等为自己找借口、找台阶。

畸形的"爱" 腐化的"债"

中国工商银行重庆市分行原党委委员、
副行长谢明案例警示录

【基本案情】 >>>

　　伟大的父爱，本应是天底下最深沉有力的情感，是子女们健康成长的底色。然而，中国工商银行（以下简称"工行"）重庆市分行原党委委员、副行长谢明却把这种爱变成了不辨是非、肆意放纵的畸形溺爱，最终毁了自己，也毁了孩子。为了弥补儿子成长期间母爱的缺失，谢明对其宠溺纵容，并以此为借口，擅权谋私，大肆收受贿赂，把自己推向了不归路。2019 年 4 月，已经退休一年多的他，被立案审查调查。

　　经查，谢明严重违反党的政治纪律、中央八项规定精神、组织纪律、廉洁纪律、工作纪律、生活纪律，涉嫌受贿罪和违法发放贷款罪。2019 年 9 月，经工行党委研究决定，给予谢明开除党籍处分，按规定取消其享受的退休待遇。2019 年 10 月，其涉嫌犯罪问题被移送检察机关依法审查起诉。

贪欲之因

谢明生长在一个家教严格的环境中。父母都是国家机关的基层工作人员，经历旧社会的苦难、珍爱新世界的幸福，对党和国家有着深厚的感情，一直教导子女为人"要不贪不占，对得起公家，不要让人戳脊梁骨"。年轻时的谢明也曾朝气蓬勃、奋发向上，加入工行后积极努力，一路成长为重庆市分行副行长。

然而，这种良好的家风在谢明身上没有得到传承，反而向反方向越滑越远。谢明在儿子两岁时离婚，独自一人抚养儿子成年，总觉得亏欠儿子太多。怀着一种"还债"的心理，他对儿子异常宠溺，十分纵容。谢明的儿子喜欢豪车，仅在某4S店就购买了豪华二手跑车10余辆；精神空虚找网友，对从未见面的网友一次转账就数十万元。他的儿子儿媳穷奢极欲，一年多时间内就在某奢侈品专卖店购买数百万元的奢侈品；赴境外代孕生子，仅可查实的费用就达200多万元。在短短四五年时间内，谢明的儿子儿媳就挥霍资金3000多万元。

对于儿子的不良行为，谢明不仅不管不教、一味放任，而且还把对儿子的溺爱变成自己利用职权肆意敛财的借口。他从收受水果、烟酒、礼品卡开始，到后来收受高档礼品、大额钱款。谢明收礼很多时候都不回避儿子，谢明儿子上中学时就知道父亲利用手中的权力获得好处，对权钱交易习以为常，以致后来与谢明一起成为腐败"父子兵"。

堕落之始

谢明第一次收受好处是在 1989 年春节前夕，当时他在担任某县支行主管信贷的副行长。一个客户给谢明送了烟酒和水果，临走时又塞了一个红包。谢明推辞一番后，以一句"下不为例"为台阶，就收下了。之后，谢明又收了几个客户的拜年礼品和红包。渐渐地，谢明收礼时脸不发热了，手心也不出汗了，从"忐忑"到"自然"了。以致发展到后来，他竟然要清点都有谁没有来送礼。

行为的堕落来自思想的蜕变。谢明一心盘算着自己的"小九九"：自己努力工作到底是为了什么？这样勤奋到底值不值？今后的生活到底怎样才算好？谢明得出的结论是：工作还是要努力，以谋求更高的职位、更大的权力，但不用那样"玩命"；事业还是要勤奋，以体现自己的影响力，但不用那样"精心"；权力要好好利用，多用贷款"帮助"朋友，结下"善缘"，为自己和儿子日后的生活打好基础。

思想上有了"管涌"，行为上"溃坝"就在所难免了。一些不法商人很快就围了上来，通过各种方式围猎谢明，将他"套牢"。谢明收受的高档礼品多到连自己都搞不清楚是何人、何时所送。除赠送礼品外，不法商人还每周送农场有机蔬菜，提供境外游全套服务，为其购买境外养老分红险，赠送多辆豪车供其或其儿子使用，为其儿子提供豪宅、安排工作，为其儿子儿媳花费重金安排出国代孕，等等。

腐化之恶

为了完全"打通"信贷流程、方便以贷谋私，谢明将分行授信审批部原总经理杨某、投资银行部原总经理张某（两人另案处理）等关键人员拉拢为"心腹"，结成利益共同体，实施"团伙"作案。2013年以来，相关企业融资业务一般由张某初审，由杨某安排上贷审会，由谢明协调召开贷审会审批通过。通过这种方式，谢明等人为企业提供"全流程"服务，帮助他们获得巨额融资。不少企业的融资都是打政策的"擦边球"，踩制度的"边界线"。

他通过化整为零，进行越权审批。2015年，为帮助不法商人李某成为目标公司第一大股东，谢明召集"小团伙"商议股权融资的计划，并对每个人进行了具体分工。为避免上报总行审批的麻烦和审批通不过的风险，他们以监管机构的要求和谢明的审批权限为"上线"，设计了整套分拆融资方案。最后，该笔业务通过三个公司分别融资的方式，完成了巨额的并购融资。

他利用职务影响游说相关部门，以帮助相关融资通过审批。某集团旅游项目贷款是一个跨省项目，谢明在该集团董事长作出给予其大额现金和更大期权财富的承诺后，无视工行总行对办理跨省项目双边贷款的相关规定，强词夺理找一些所谓的依据，来说服相关部门人员，如兄弟分行现在没有参加银团，不能说以后就不参加；该集团两三年之后还掉其他贷款，就能满足双边贷款的条件；等等。同时，谢明多次主持开会讨论，首先发言表态，主动引导方向。最终，这个跨省项目双边贷款通过了审批。

谢明大肆敛财的行为在临近退休时愈加疯狂，他把手中的权力竭尽所能地用到了极致。其收受贿赂、违法放贷等行为主要集中在退休前的最后 5 年。他利用自己的专业权威，通过巧立一些"伪创新"的产品、业务，帮助企业融资。谢明设计了一条退休前"办事"、退休后"受益"的期权化利益输送路径。"周某（某涉案公司老板）跟我说，要在未来 3 年（2018年至 2020 年）通过股权、房产、年薪等方式，将我打造成身价一亿元的人士。"

利欲熏心的谢明，费尽心思将手中权力用到了"最后一刻"。本来应该在 2017 年 9 月到龄退休的他，以正常办理退休手续、延迟一个月退休的政策理由，硬是多干了一个月。在这一个月里，他做了以贷谋私的"最后冲刺"，审批项目更加"高效"。

两面之人

谢明是典型的两面人，他精心伪装，擅长演戏。他每次讲党课都精心准备，廉洁都是必讲内容；在下属面前经常把廉政挂在嘴边；选择性地故意退还一些客户赠送的礼金，并安排别人代办，以增强"口口相传"的效果；时不时地向组织上交一些礼金，伪造自己廉洁自律的假象；一边强调信贷审批工作要遵守审慎原则，一边对与其有利益往来的企业"量身定做"融资方案，"打擦边球"。

谢明的两面人特征，在其参加民主生活会时表现得尤为淋漓尽致。在发言中，他讲要清白做人、清醒做事、清廉为官，但实际上早在 20 世纪 80 年代他就开始收受礼品礼金，在党的十八大后也不收敛不收手；称自己对客户赠送的礼品礼金都当面拒绝或及时上交，但实际上他上交的款项仅是其收受巨额贿赂的冰山一角；称自己全面查摆享乐主义，但实际上他出入私人会所、吃高档菜肴、喝高档酒水；称自己主动控制实质风险，但遇到利益相关企业时他的所有原则都让位于"以贷谋私"。

他对党不忠诚不老实，处心积虑对抗组织审查。2015 年 1 月，某公司老板为感谢谢明为其融资提供的帮助，将重庆市一套房产送给谢明。谢明与其约定将该房产先登记在该公司某员工名下，待条件合适时再过户至谢明名下。2015 年 3 月，谢明儿子儿媳入住该房产后，谢明指示其儿子伪造了虚假的租房合同。2018 年 10 月，谢明发现上述虚假租房合同的"租期"截止时间为 2016 年 6 月，且实际未支付"租金"。为掩盖受贿事实，谢明又指使其儿子再伪造一份《补充协议》，将租期延至 2021 年，租金支付方式改为到期后一次性支付。此外，对于该公司老板承担的谢明儿子儿媳先后 4 次去境外代孕的全部费用，谢明还与其儿子合谋，伪造将其孙女过继给该老板的虚假过继协议，以规避组织审查。

谢明将自己腐化堕落的原因归结为对儿子的弥补，觉得自己对从小缺少母爱的儿子有亏欠感、"负债"感，他想通过大肆敛财，在物质上给儿子补偿。殊不知，他不但没有还掉这笔"债"，反而因为自己的腐化堕落，欠下更多的"债"。95 岁的老母亲只能孤零零地待在养老院，儿子畏罪潜逃至国外，儿媳因涉嫌隐瞒犯罪所得罪被羁押，孙女在嗷嗷待哺的年龄却得不到父母的呵护，这是他欠下的"亲情债"；谢明的违法乱纪行为，带歪了一批干部，给工行重庆市分行带来巨额不良资产，这是他欠下的"事业债"；他抛弃理想信念，严重损害党员干部的形象，严重损害所在单位的政治生态，严重损害党中央金融决策部署在工行重庆市分行的贯彻落实，这是他欠下的"政治债"。

【风险梳理】 》》》

管党治党责任"离线"。 谢明从20世纪80年代末担任县支行副行长时就存在腐败问题，却长期未被发现和处理，"边腐边升"，其腐败行为一直延续到党的十八大后、延续到他退休前，反映出其所在单位党组织管党治党责任没有得到有效落实，处于"离线"状态；其所在单位"三重一大"、选人用人、信贷审批、干部轮岗交流等制度在落实方面均存在不到位的地方；干部监督机制失效，没有及时认清谢明的两面人本质、与不法商人不正当交往、违规审批等问题。

业务制度存在缺陷。 谢明采取通过"团伙"作案、分拆融资、游说施压等方式，突破、绕开相关制度，将贷审会上持反对意见的人员排除在外，使相关融资业务通过审批。这些暴露出了相关制度流程存在控制缺陷，严密程度不够，因此被谢明等人钻了空子。此外，制度执行也大有问题，一些部门、一些干部盲目"唯上"，对于谢明等人的违规操作、指令、暗示，既不抵制也不报告。

家风败坏。 谢明家教缺失、家风败坏，对儿子从小溺爱无度，对儿子儿媳长期的穷奢极欲、挥霍浪费行为放任纵容，导致儿子成了养尊处优、骄奢淫逸的纨绔子弟，导致儿子儿媳"三观"不正、涉嫌违法犯罪；而儿子的不成才、儿子儿媳的各种劣行，又进一步加剧了其自身的腐化堕落，对其腐败行为产生了"助燃"作用。可见，一个党员领导干部如果不严格治家，不注重家风建设，对孩子失管失教，不仅"坑子"，而且"坑爹"，危害极大。

【忏悔材料】 >>>

经过组织多年的培养教育，我本应在岗位上作出更大的贡献，但随着职务提升，却放松了思想改造，理想信念逐渐淡化，党性修养不断退化，逐渐被腐蚀，谋私贪腐慢慢形成，最终给组织造成了重大伤害，也断送了自己的后半生。

回顾自己所做的一切，我内心无比悔恨。首先，对不起多年培养教育我的党组织。我是个两面人，对组织说一套做一套，用欺骗的方式搪塞组织，既是对组织的不忠，也是对自己的不负责任，失去了被组织帮助、挽救的机会。进入留置中心的前三个月，我还在对组织撒谎，对抗组织的审查调查。经组织耐心细致的教育帮助，后期我逐渐认识到自己的错误，开始配合组织审查调查。可见我对组织的不忠诚到了多么严重的地步，好在组织始终未放弃，多次挽救我于悬崖边。每每想到此，除心存感激外，更是愧疚万分、无地自容，直到将所有问题向组织全部坦白交代以后，才有如释重负之感。

其次，对不起生我养我的父母亲。我是个不孝子，忘记了父母几十年含辛茹苦的养育，忘记了父母多年的教诲。他们教育我做人做事要对得起自己、对得起家人，父亲那"一人犯事，全家受罪，做人做事要不贪不占，不要让人戳后脊梁"的教诲我现在才又想起。母亲若知我近况，该有多么伤心哪！我不仅完全丢掉了家风，成为罪犯，而且还带坏了他们的孙子，辱没了家族，实为不孝之子。

再次，对不起我的儿子和尚在襁褓中的孙女。我不是一个好父亲，对儿子的溺爱看似慈爱，实则是对子孙后代大大的不仁。儿子养尊处优、骄奢淫逸、固执清高，都与我这个当父亲的教育不当直接相关，未能培养儿子吃苦耐劳、追求上进的品格，实为做父亲之大错。我也不是个合格的长辈，忘记了孙女成长最重要的就是父母相伴。由于我的原因，导致孙女从小就家庭残缺，还要承受一些本不应由她承担的压力。

最后，对不起跟我长期共同工作的工行同仁。我是罪恶的，我忘记了工行各级组织40多年对我的培养教育和关怀帮助，忘记了组织帮我树立起的光荣理想信念，忘记了组织给予我的重用。我的行为给重庆市分行带来了恶劣的政治影响，也影响了重庆市分行的政治生态，给同事们做了个坏样子，这是最大的不义。

我将认罪服法，如蒙组织宽容，我尚有余生，我将积极改造，并用我的实例教育他人，为我们的党（请允许我最后一次称呼）、我们的国家、我们的工行（请允许我最后一次称呼）多做一点有益的事情。

【办案手记】 >>>

在办理谢明案件的过程中，其家风严重败坏令我印象尤其深刻。

父母之爱子，则为之计深远。谢明却将这句话理解成了要为孩子贪更多的钱。在谢明的溺爱与放任下，儿子儿媳豪掷千金购买大量奢侈品，出手阔绰购置多辆豪车，花费重金到国外代孕生子，等等。谢明将这一切看在眼里，却丝毫没有教育、制止。谢明自责又悔恨地说，"我不是一个好父亲，对儿子的溺爱看似慈爱，实则是害了孩子"。话及此，谢明已是老泪纵横。我不禁感慨，家风败坏是导致谢明全家四代人悲惨命运的重要因子。他不仅自己坠入违法犯罪的深渊，也将上至95岁老母亲、下至刚出生小孙女的全家生活推向了惨境。

【警示剖析】 >>>

初心使命必须坚守。谢明的人生以奋斗开始，以堕落结局。其腐化堕落，根源于私欲膨胀，催发于家风败坏，缴械于花式围猎。他的这些问题，归根结底是理想信念丧失，将党的初心使命抛到了九霄云外。不忘初心，方得始终。没有了初心、忘记了使命，也就没有了政治灵魂。没有了精神支柱，就成了不设防的"空心人"。贪欲的滋长、物质的诱惑、外界的围猎，对于这些，他都无法抵挡。党员领导干部要把不忘初心、牢记使命作为终身必修课，增强"四个意识"、坚定"四个自信"、做到"两个维护"，在思想政治上不断检视、剖析、反思，不断去杂质、除病毒、防污染。

　　退休不等于进了"保险箱"。谢明设计了一条退休前"办事"、退休后"受益"的期权化利益输送路径。退休一年多，他自以为可以"平安着陆"，但反腐败没有禁区，退休不等于进入"保险箱"，对于不忠诚不老实、肆意腐败、不收敛不收手的人，党纪国法不会因为其退休而既往不咎。有力消减腐败存量、有效遏制腐败增量，绝不是一句空话。

　　领导干部必须树立良好家风。习近平总书记指出："领导干部的家风，不是个人小事、家庭私事，而是领导干部作风的重要表现。"常言道，"溺爱者不明，贪得者无厌"。意思是，过分溺爱一个人，容易分不清是非；贪婪的人，永远得不到满足。作为领导干部，手握党和人民赋予的公权力，更要把家风建设摆在重要位置，廉洁修身、廉洁齐家，在管好自己的同时，管好配偶、子女和身边工作人员。

被"圈子文化"圈禁的
"江湖游侠"

中国农业银行审计局上海分局
原副局长马路案例警示录

【基本案情】 >>>

　　人具有社会属性，只要参与社会交往，便会有工作圈、生活圈、朋友圈。但作为党员领导干部，若是拉帮结派、团团伙伙，便是搞"小山头""小圈子"。曾自诩"江湖游侠"的中国农业银行（以下简称"农行"）审计局上海分局原副局长马路，便因深陷"圈子文化"而自甘堕落，既葬送了自己的政治前途，也污染了其所在单位的政治生态。

　　经查，马路严重违反政治纪律、中央八项规定精神、组织纪律、廉洁纪律、工作纪律、生活纪律，涉嫌贪污罪和受贿罪。2019年10月，经农行党委研究决定，给予马路开除党籍、开除公职处分。2020年5月，马路因犯贪污罪、受贿罪被判处有期徒刑八年六个月，并处罚金人民币123万元，贪污、受贿所得全部予以追缴。

从一名报社记者到中管金融企业领导干部的"华丽转身"，从一个审计监督者到锒铛入狱犯罪分子的"悬崖跌落"，马路的喜悲人生，可以说是"成也圈子，败也圈子"。

大搞政治攀附　钻营"圈子"

马路出生在河南某县的一个贫穷家庭，兄弟姐妹 7 人。少时的努力，让马路成为家里唯一的大学生和全家的希望。大学毕业后，他进入一家报社，做了记者。因家境贫穷、收入微薄，女儿 3 岁的时候，妻子与其离异。从那时起，马路便发誓，"一定要干出个模样来"。然而，他追求出人头地的方向，不是光明的正途，而是阴暗的歧路。

20 世纪 90 年代初，马路参加工作不久，通过他人介绍认识了某领导干部。随着该领导干部职务晋升，马路如影随形对其鞍前马后、甘效其劳。马路先后搜集恐龙蛋化石、熊猫纪念币等礼品送给该领导干部，讨其欢心。为了给该领导干部画个人肖像，马路不惜支付重金聘请名家，前后费时数年。尤为恶劣的是，马路还向该领导干部介绍年轻女性，曲意逢迎；在该领导干部与该年轻女性之间出现状况后，马路又使尽浑身解数，设法调和，完全丧失了一名共产党员起码的是非观。

马路的苦心钻营，换来了"回报"。从 1999 年起，在该领导干部的帮助下，他先后调入审计机关、农业银行，从报社一步步迈进国家部委、中管金融企业，从记者一步步走到重要领导岗位。结圈多为营私，马路在工作中刻意炫耀与该领导干部的"交情"，利用其职权和影响为自己的"圈内人"搭桥铺路，帮助安排就业、调动工作、经营企业、解决纠纷，以此谋取利益。马路未经组织研究，违规将其女友的姐姐调入本单位，并安排在自己分管的部门从事财务工作。此后，他又以"方便工作"为由，将一个亲戚从老家招来上海，为其个人服务。

马路私下称呼该领导干部为"大哥""老大"，完全是一种江湖做派。在该领导干部接受组织审查调查期间，组织多次找马路谈话，他毫无政治立场，一心想为"大哥"扛事，对组织不老实，拒不交代问题。被问及该领导干部肖像画的来源后，马路与画家对词，统一口径，企图欺骗组织。

对他人的问题刻意隐瞒，对自己的问题就更不老实了。在组织对马路的多轮核查谈话中，他频繁与相关人员串供，订立攻守同盟，伪造证据，制造假象，对抗组织审查。为掩饰索贿受贿问题，马路多次到某企业人员家中，请其配合自己应付调查，先后补开了多张虚假借条；为防止其他经济问题被揭露，他甚至还补了几张金额较大的借条，"以备包干托底"。为欺瞒组织，马路多次打电话给某私营企业主，要他将贿赂款"往死人身上推"，企图蒙混过关。

为了个人升迁，马路违反组织纪律，长期隐瞒实际年龄，历次填报个人档案信息时都将出生年份填报为1964年，而实际上他的出生年份是1961年。

行为失德失范　深陷"圈子"

长期钻营圈子，党性自然淡漠，难免沾染社会上的陈规陋习和低级情趣，马路正是如此，他频繁出入高消费场所吃喝玩乐。

在社会上，马路也热衷于拉拉扯扯搞"小圈子"。用他自己的话说，无论什么人，进了"圈子"就是朋友；无论什么事，酒杯一端就满口应承。"圈子"越来越杂，自己就越来越迷失。酒后与路人冲撞时，他冲在酒友前面和对方打架；错过登机时间，他和工作人员无理纠缠，大闹机场。凡此种种，马路不以为耻、反以为荣，并以"江湖游侠"自诩。

马路经常指使下属帮助接待"圈子"里的人，要求"一律高规格"。稍有不周，他就指责有关同志"不会办事""办事不力"，甚至加以污言秽语。某次他在北京请"圈内人士"吃饭，特地安排下属从上海乘飞机送来其收藏的陈年老酒。与"圈子"里的人交往时，马路都厚礼相送，怕自己被"看不起""说闲话"。

疯狂受贿敛财　利用"圈子"

马路苦心钻营"圈子"的目的，并非重情重义，而是图谋自己的私利。马路攀附上某领导干部后，多次利用该领导干部的职权影响，大行权钱交易之道。他利用该领导干部的私人关系，帮助某私营企业解决矿权纠纷诉讼、办理新采矿许可证。事成后，马路先后以买房等为借口，向该企业投资人索要数百万元现金。通过该领导干部，马路还帮助另一企业在股权纠纷中得利。其后一年半内，马路先后以兄弟姐妹买房、亲戚朋友出国等为借口，6次向该企业负责人索要数百万元现金。他还打着看望该领导干部的名义，向某私营企业主索要50万元，并全部用于自己的个人消费。

逢年过节之时，生病住院期间，上门问候看望的有关人员给马路送上大额礼品礼金，他都来者不拒。马路母亲在北京住院期间，某私营企业主不仅多次送礼，还代为支付医疗费、救护车租借费以及招待马路家人朋友的费用。其后，马路"投桃报李"，帮助该企业主外甥安排就业，并介绍其洽购不良资产。

面对反腐败高压态势，马路不收敛不收手，部分违纪违法行为甚至延续到党的十九大以后。被留置前两个月，马路还收受了某企业人员礼金20万元。马路违纪违法金额逾千万元，但却谬称自己是"腐败分子中最大的穷光蛋"。在他的心目中，作为一个局级干部，没有捞个千百万，实在"说不过去"。其价值观之扭曲、思想之堕落，可见一斑。

肆意贪污侵占　维持"圈子"

搞"小圈子"，自然需要成本。马路平时花钱大手大脚，讲排场、摆阔气，虽然"有面子""很受用"，但毕竟开销不菲，他自己也常以"月光族"自嘲。为了捞钱，他利用自己负责审计监督工作、分管所在单位财务工作的职务便利，贪污国有资产，大慷国家之慨。

马路指使经办人员，把招待亲友的住宿费、餐饮费及个人因私回老家的交通费，以开展工作、洽谈业务等名义拿到单位报销。马路曾在8个月内先后安排14批次人员入住某酒店，其中一个月有4批次，住宿费全部拿到单位报销。同时，他还授意财务人员，通过虚列会议费、虚增物业管理费、电子设备运转费等方式，违规套取大额资金。这些套取的公款，部分被马路用于购买高档白酒、高档香烟、购物卡、加油卡等个人消费，部分以分局领导置装费、春节大礼包等形式违规发放津补贴，完全视财务规章制度若无物。

中央八项规定和农行有关细则出台以后，马路置若罔闻，依然我行我素。马路不符合交流干部报销房租的条件，却认为自己应该享受该项待遇。他隐瞒与租住房屋所有人的关系，虚构房屋托管人，安排假冒的房屋托管人与单位签订房屋租赁合同，违规报销房租费用。他长期开单位公务用车上下班，经常安排司机用公车接送其女儿上下学、接送其女友上下班，还默许司机用单位的加油卡为自己的私家车加油。

在党中央深入推进党风廉政建设和反腐败斗争的决策部署下，任何违纪违法行为都将得到相应的惩处，任何人都不能例外。这位信奉"圈子文化"的"江湖游侠"，却被自己编织的"小圈子"所圈禁，失陷其中，无法自拔，最终身陷囹圄。这就是代价！

【风险梳理】 >>>

丢弃党员理想信念，大搞政治攀附。理想信念是共产党员的精神支柱和政治灵魂。从马路的所作所为看，他已经完全丢弃了党员的理想信念，"支柱塌陷""灵魂走失"，沦为了政治上的"行尸走肉"。他大搞政治攀附，将自己与有关领导干部进行利益捆绑和政治捆绑，甚至做出给领导干部介绍情人等毫无底线的事情。他毫无政治立场，接受组织谈话时不信组织而信"领导"，远组织而亲个人，心里完全没有组织。他德不配位，大德丧失、公德全无、私德不修，酒后打架、大闹机场，毫不顾及党员领导干部的形象。他不收敛不收手，党的十九大之后仍收受礼金。由此可见，一个党员如果丢弃了理想信念，那么政治上走偏乃至沦陷，都是迟早的事。

政治建设严重失位，政治生态失修。从马路案件可以看出，所在单位党的建设严重缺失，特别是党的政治建设缺位，导致马路大搞"圈子文化"，破坏政治生态。正是在政治文化、政治生活、政治生态等方面存在的一系列问题，给马路政治上的蜕化变质提供了外部环境。由此可见，不抓党的建设，特别是不抓党的政治建设，对一个单位来说，对一个单位的党员领导干部来说，都将带来很大的政治风险。

权力运行完全"脱轨"，监督制约乏力。马路长期目无法纪，肆意妄为，践踏制度规矩，反映出其权力运行处于"脱轨"状态，游离于监督制约之外。他肆意报销与工作无关、纯属个人开销的大量费用，大量套取公款，视财务管理制度若无物，把单位当成自己个人予取予求的"钱袋子"。他公车私用、私车公养，大占公家便宜。他违规发放津补贴，相关人员受惠得益。这些违纪违规行为长期未得到相关党组织、纪检机构、财务管理部门的有效监督，暴露出在权力运行的制约监督上存在很大漏洞。

【忏悔材料】 >>>

面对囹圄，痛定思痛，思绪万千。一向性格坚强的我，此时也是泪如雨注，无法抑制内心的巨大痛苦。

我出生在一个小县城，父母千辛万苦拉扯大了我们7个孩子。由于家庭贫困，4个哥哥有3个都是初中毕业，是全家供我上了大学，我自然也是全家人的骄傲和希望。回想当年结婚时，为了不再给父母添麻烦，没举行任何仪式，所有的家当简单到不能回首，可谓家徒四壁。在我女儿3岁时，前妻离我而去。从那时起我就下决心，一定要干出个模样来让她看看，只要不死，再苦也要撑下去。当过记者，办过报纸，一天一顿饭是经常的事。大学刚毕业时，曾经一个人在房间就着咸菜吃了一个礼拜的馒头，从没有向家人和朋友提起过这事。当时经常出差，由于20世纪90年代初火车票难买，每次出差走得又急，车厢人多拥挤，常常一只脚从郑州站到石家庄双脚才能落地，接着去补票，到了北京天刚亮，办完事晚上还要再赶回家……

　　睁开眼睛，回到现实，抬头望着眼前80个字、12个标点符号的入党誓词。我是谁？我从哪里来？当初踏上社会时的奋斗目标是什么？美好的生活没有了，把曾经以我为荣的父老乡亲的脸丢尽了，兄弟姐妹更是羞愧难当、焦虑万分。这和当初来时的理想目标完全背道而驰。党纪国法在来时的路上，由于价值观的日渐异化已经逐渐淡化，结局与为党和人民服务的初心完全相反。多想再回到当年刚工作时艰苦的岁月啊！闭上眼睛咀嚼一下，一个礼拜只吃咸菜馒头也是充满了自由、希望、幸福的滋味……

　　想想自己现在，党籍被开除了，政治生涯结束了，事业没有了，受贿了这么多钱，卡上却没有一分钱，只有一个3岁就跟着我形影不离、去年研究生毕业在家待业找工作的女儿等着我的"遥遥归期"。自己还将面对从小在女儿心中一直形象高大的父亲怎么一夜成了贪污受贿犯的难堪局面，还有她将来参加工作填写简历时"家庭关系"那一栏该如何填写呢？还好，女儿给我来信说："无论您在外面多久，我都永远等着您回来！"这是我未来的希望。昨天的一切都是党给我的，今后的未来也一定是党给的。只有把自己连同思想一起交给党交给组织，才能争取到组织的宽大处理。无论组织对我如何处理，结局如何，我都无条件接受。

【办案手记】 >>>

在查办马路案件过程中，我印象最深刻的一个情节是，审查调查人员发现马路利用担任农行审计局上海分局副局长并且分管财务的工作便利，采取虚列会议费、虚增物业费、违规报销业务招待费、房屋租赁费、个人差旅费等手法侵占公款 40 万余元时，马路竟然痛哭流涕地对审查调查人员说，宁愿给他涉嫌受贿犯罪的金额再加 100 万元，也不愿意承认上述虚列套取公款的行为是贪污。在他的眼里，使用公款吃点喝点拿点花点，怎么能是"贪污"呢？殊不知，按照最高人民法院、最高人民检察院有关司法解释，国家工作人员出于贪污的故意，非法占有公共财物之后，将赃款赃物用于单位公务支出的，不影响贪污罪的认定。

法律的规定是严肃的，是面向全体公民的，不会因为某个人对具体条款不清楚就不适用，更不会根据某个人的好恶而选择性适用。马路向审查调查人员的哭诉，是可笑的。各级党员领导干部要以案为鉴，敬畏党章党规党纪，敬畏宪法法律法规，克己慎行，严格自律，做遵法守纪的模范。

【警示剖析】 >>>

"管"与"爱"要兼行。马路严重违纪违法,既是本人蜕化变质、擅权妄为的结果,也与所在单位管党治党、监督管理不到位有密切关系。习近平总书记反复强调,严管就是厚爱。好干部是选拔出来的,更是从严教育管理出来的。"干部出问题,组织有责任",各级党组织要从严管理监督干部,坚持抓早抓小、防微杜渐,综合运用"四种形态"特别是第一种形态,从小事管起来,从细节严起来,这才是对党员干部真正的爱护。

"亲"与"清"要兼顾。马路身上一个很突出的问题就是信奉"圈子文化",热衷关系学,与人交往"亲"而不"清",处心积虑经营"小圈子"。习近平总书记强调:"党内要保持健康的党内同志关系,倡导清清爽爽的同志关系、规规矩矩的上下级关系。"各级党员领导干部要牢记习近平总书记教诲,坚定政治立场,讲党性、重原则、守规矩,坚决反对山头主义和"圈子文化",上下级之间、同事之间的交往要纯粹纯洁,防止功利化、庸俗化。

"德"与"才"要兼重。马路的种种劣行,反映出其德不配位、德行亏失,不具备一个党员领导干部的基本道德素养。我们党长期以来坚持的选人用人标准就是德才兼备、以德为先。习近平总书记强调,领导干部要立政德,做到明大德、守公德、严私德。"才者,德之资也;德者,才之帅也。"每一名共产党员都要牢记自己是中华民族先锋队的一员,要修身养性,培养良好品德,特别是党员领导干部更要怀德自重,以较高的道德标准要求自己,展现共产党员的人格力量。

初心尘封　人生崩盘

中国银行宁夏原总审计师刘富国案例警示录

【基本案情】 >>>

　　金融是现代经济的核心，是国民经济的血脉。近年来金融领域频发的各种乱象和腐败问题，对国家金融安全造成了很大风险。随着中管金融企业派驻机构改革不断深化，制度优势向治理效能持续转化，严惩金融领域腐败力度加大，一批涉及腐败问题的金融高管人员纷纷落马。中国银行（以下简称"中行"）宁夏原总审计师刘富国就是其中一员。他与社会人员内外勾结，利用国有商业银行信誉和资源撮合"类信贷"业务，以"咨询费"名义疯狂敛财，原本光明的人生因贪欲而彻底崩盘。

　　经查，刘富国违反党的政治纪律、组织纪律、廉洁纪律、生活纪律，涉嫌受贿罪。2020 年 1 月 15 日，经中行党委研究决定，给予刘富国开除党籍、行政开除处分；收缴其违纪所得；将其涉嫌犯罪问题移送检察机关审查起诉，所涉款物随案移送。

初心蒙尘　理想信念动摇

1968 年，刘富国出生在一个普通工人家庭，18 岁考上大学，19 岁成为为数不多的学生党员；毕业后被分配到中行某地市分行，29 岁便成为某地市分行行长助理，接着又晋升为某地市分行行长、某省分行部门一把手，可谓顺风顺水。

随着职务的升迁，刘富国从普通员工"小刘"，变成了"刘行长"，手中权力也不断扩大。同事的赞许、朋友的夸奖、众多商人老板的逢迎追捧，让刘富国私欲慢慢膨胀，初心渐渐蒙尘，自负胆大的性格逐渐显露。

从收受土特产、购物卡，到收受整箱高档白酒，再到收受现金、金条，刘富国的"胃口"越来越大，最终成为欲望的囚徒。他违背社会公序良俗，长期与他人保持不正当关系。2001 年，刘富国在某地市分行担任副行长期间认识了魏某，继而发展为不正当关系。此后，他多次利用职权，帮魏某的装修公司承揽中行某省分行辖内网点装修工程，获利不菲。

进退留转本是干部工作的正常现象，但刘富国却不能正确对待，摆不正自己和组织的关系，把职务上的顺风顺水认为是个人能力的体现，一旦组织调整不遂其意便牢骚满腹。2013 年，刘富国从中行某省分行个人金融部总经理岗位调整为某地市分行行长，他非但不感恩组织的信任和培养，反而认为自己干过了基层分行一把手、省分行部门负责人，应该提拔重用，对组织的安排深感不公。在此期间，他不安心工作，千方百计拉关系、找资源，追逐权力、"规划"升迁，把党的组织原则抛到了九霄云外。

刘富国当面一套、背后一套，无视党纪国法，丢弃了对党的忠诚。当得知组织开始调查其相关问题线索后，刘富国多次与他人密谋统一应对组织调查的口径，对抗组织调查；当得知小团伙成员被留置后，他仍心存侥幸、抱有幻想。在这种错误认识支配下，刘富国虽然每天胆战心惊、如坐针毡，但仍然不敢迈出主动找组织坦白这一步，错失了被组织挽救的机会。

以圈敛财　大搞权钱交易

刘富国作为中行某省分行个人金融部、某地市分行一把手，喜欢拉山头、当老大，搞"小圈子"。

董某是中行某省分行个人金融部原高级经理。2008 年，刘富国调任该分行个人金融部总经理，成了董某的直接上级，也成了楼上楼下的邻居，两人很快混成了牌友。他把董某当成心腹，关心其"进步"、教导其"做人"，将董某"培养"为某支行副行长；董某则视刘富国为"老大"，鞍前马后、言听计从，结成工作中的"兄弟圈"。

闲余时间，刘富国、董某与某证券分公司总经理杨某隔三岔五组织公款吃喝、打牌聚赌、出入歌厅，在臭味相投中形成固定的"玩乐圈"。他们嗜赌如命，餐前酒后都要玩牌，无论在办公室、茶室，还是在宾馆，随时开局，甚至乘火车时也要赌几把。2012 年至 2015 年期间，还先后 4 次到澳门购物、赌博。

在一次牌局上，刘富国三人结识了老板王某。当得知刘富国的身份后，商人的本能让王某嗅到"权力的味道"，他极力施展拉拢交友的江湖手段，很快得到刘富国的青睐。2012 年下半年的一天，王某试探着向刘富国提出融资请求。面对这个出手大方、会来事的 80 后小弟，刘富国爽快地答应了。而让王某没有想到的是，这笔让他跑了半年多都没有结果的 1 亿元贷款，很快就到位了！欣喜之余，他"懂事"地给刘富国等人送上了现金和金条。而这次银行高管和商人之间的联手获利，也让双方看到了相互利用的价值。

在杨某的提议下，刘富国不顾身份，与杨某、董某、王某合伙成立公司，四人明确分工，商定分成比例，实际形成了一个共同犯罪团伙。随着王某的加入，刘富国等人以权变钱的通道被"打通"，三人彻底忘记党员干部身份，开始在团伙攫利的道路上任性狂奔，"兄弟圈""玩乐圈"最终异化为"敛财圈"。

刘富国等人忏悔时都说道："'小圈子'有种'魔力'，一个人不敢做的事，几个人一起就有了'群胆'，就敢做了。"

肆意妄为　践踏规章制度

刘富国长期担任中行某省分行部门和地市分行一把手，习惯了以自我为中心，搞一言堂、个人说了算，对于相关制度规定、党规党纪缺乏应有的敬畏。

刘富国牵头成立公司，目的就是利用职权谋取私利，将来可以辞职办企业，给自己留一条所谓"退路"。为了铺好这条路，刘富国搞变通、"打擦边球"，将本来属于公司金融部门的类信贷业务，推动个金条线去做，甚至突破不能为类信贷业务出具担保函的红线，授意出具抽屉协议，形成"暗保"。

他们以公司为掩护，内外勾结、以贷谋私。明面上，借助中行类信贷业务发起权，物色项目、"撮合"业务；暗地里，违规出具"暗保"，将公司"咨询"业务嵌入类信贷业务流程，为企业融资提供所谓"金融服务"，再向用资企业索取高额"咨询费"。这条以权谋私的腐败链，增加了企业用资成本，严重违背了中央关于金融支持服务实体经济的方针，极易引发金融风险。

短短 4 年时间，刘富国等人以这种模式瞒天过海，违规为数家企业在中行获取巨额融资，非法收受"咨询费"数千万元！

得知儿子被调查的消息后，刘富国 80 岁的老父亲在家人带领下，驱车 200 多公里到中行某省分行，向组织表明态度，愿意砸锅卖铁为儿子还上受贿的钱款，并拿 50 多年的党龄作保证，让儿子积极配合组织调查。刘富国知道后痛哭流涕、追悔不已。但是，木已成舟，再多的眼泪、再多的忏悔都为时已晚，刘富国终将为自己的行为付出沉重代价。

【风险梳理】 >>>

对一把手监督乏力。刘富国之所以能够擅权妄为、以贷谋私，与他长期担任省分行部门和地市分行一把手有密不可分的关系。涉案人王某向办案人员谈过一个细节："当刘富国从中行某省分行个金部调到某地市行当行长时，本以为不在省分行很难再开展类信贷业务，但没想到做成项目更容易了。"对于刘富国多次违规办理类信贷业务、长期与社会人员不正当交往、违规经商办企业等问题，上级党组织没有及时察觉，班子成员没有报告，下属员工没有抵制，暴露出对一把手监督乏力的问题，上级监督太远、同级监督太软、下级监督太难的难题尚未破解。

类信贷业务管理存在薄弱环节。与传统信贷业务相比，类信贷业务的客户往往都是由于各种政策限制，无法通过常规渠道获取信贷资源的客户；业务链条较长，涉及包括出资金融机构、用资企业、证券或信托公司等"通道"公司在内的各方主体；管理不够规范，本来属于公司金融部门的类信贷业务，刘富国在个金条线同样可以推动，并以领导身份对业务办理施加影响。上述种种，反映出该省分行对类信贷业务管理薄弱，这也为刘富国等人内外勾结、以权谋私提供了便利条件。

"圈子文化"造成政治生态污染。政治生态是一个单位党风、政风和社会风气的综合呈现，政治生态是否健康关键在于领导班子，特别是一把手。刘富国对自己"小圈子"里的下属刻意拉拢、违规提拔，搞任人唯亲，带坏了用人风气；拉山头、当老大，异化党内同志关系和同事关系，搞人身依附，破坏党内政治文化。"圈子文化"从根本上违反党内组织原则和政治生活准则，严重污染所在单位政治生态。

【忏悔材料】 >>>>

我感恩组织的救赎。党组织给予了我极大的关心和帮助，生活中无微不至地关怀，思想上耐心细致、苦口婆心地教育我。在生不如死的悔悟中，我的灵魂得到脱胎换骨的重生，心灵得到从未有过的彻底洗涤，观念得到从未有过的修正校对。向组织交代自己的每一件违纪违法事情时，我都心如刀割般痛苦。罪恶感、悔恨感、耻辱感时时挤压在胸口，让我喘不上气、迈不开腿、抬不起头，心痛得无法呼吸！

我万分悔恨，愧对党和组织，辜负了党对我的培养教育。想当初，我一个初出校门的学生，怀抱着对祖国金融事业的热爱和执着，迈进了中国银行的大门。多年以来，我在党组织的精心培养下，成长为一名中管金融企业领导干部。本应感恩戴德、肝脑涂地去报党恩，而我却丧心病狂地伙同他人违法利用皮包公司牟利，做出对抗组织调查的可耻行为，给调查工作带来了阻力，令我羞愧不已。

我万分悔恨，愧对领导同事，对不起多年以来领导的关心和同事们的期望。在中国银行这个大家庭工作的 30 多年里，我幸运地遇到了始终信任和关心我的各级领导和同事。现在我却让他们失望了，没能起到好的示范带头作用。

我万分悔恨，愧为人子，对不起父母的养育之恩。小的时候家中贫困，母亲长年有病，奶奶独自照看我们姐弟 4 个人，父亲一个人工作养活着全家。我记得 2005 年要去外地工作时，父母告诉我，家里的事别挂念，好好工作，多操心单位的事，注意身体，懂得感恩和知足。父母的话，我记忆犹新。但我没有做到，反而让家庭陷入痛苦的深渊。母亲已远在天堂，家中只有年近八旬的老父亲。我一直不敢想，我的父亲这些日子是怎样的一种心境？远在天堂的母亲又如何心安？我没脸面见父母。

我万分悔恨，愧为人夫，对不起爱人的支持和付出。几十年来，她一直无怨无悔地支持着我的工作。我在外地工作已经有 19 年了，她任劳任怨地扛起了照顾父母和家人的全部重担，付出了一生中最美好的时光！19年在外地工作，她从未因家中私事而让我请过一天假。我想象不到这19年，她历经了怎样的困难。每当我想到这些，我悔恨、我羞愧，我伤害了爱人、孩子和家庭，我深深自责，造成这些痛苦的责任全都是因为我。

我万分悔恨，愧为人父，没有为孩子当好人生表率。我的孩子小学时期是非常优秀的。由于与爱人和孩子之间缺少良好的沟通交流，孩子在成长中，我没有很好陪伴，没有很好地交流，更没有起到表率作用，害了孩子。古人讲"子不教，父之过"，由于自己没有好好尽到一个父亲的责任，给孩子带去了难以弥补的巨大伤害，我已尝到了苦果的滋味。

【办案手记】 >>>

对于刘富国案件，有一个细节让我印象非常深刻。刘富国曾经收到一封敲诈信，里面放了一张他与一名女子躺在床上的PS照片。因心中有鬼，他明知道这是用假照片来敲诈，却仍然委托商人王某向指定账户汇款20万元，何其荒唐！我当时就感到，刘富国在大肆敛财、纵欲享乐的同时，其实内心是极端脆弱、焦虑的。在谈话时，刘富国也坦言，"从公司这个畸形怪胎产生并借助所谓类信贷业务收取咨询费起，自己的内心从来没有真正安稳过"。一边提心吊胆、一边疯狂作案，一边惶恐不安、一边声色犬马，刘富国竟然在这种心理状态下持续了4年多时间，最终换来人生崩盘！他自我麻痹、自欺欺人，真是可悲可叹！

习近平总书记指出，古人所推崇的修身、齐家、治国、平天下，修身是第一位的。每名党员领导干部都应该锤炼坚强党性，拧紧理想信念"总开关"，面对各种诱惑增强定力，绝不能肆意放纵个人贪欲，绝不能有任何侥幸心理，以免重蹈刘富国覆辙，做出掩耳盗铃、满盘皆输的傻事。

【警示剖析】　>>>

坚守初心，才能避免人生滑坡。信念坚定，无惧风雨。初心使命、理想信念是人生的"压舱石"，一旦丢掉，就会在风浪考验前摇摆不定、偏离航向，甚至触礁翻船。刘富国年轻时有理想、有拼劲，可随着时间推移、环境变化，却逐渐放松了主观世界改造，导致在腐朽落后观念和社会不良思潮的冲击影响下，理想信念一步步动摇、滑坡直至彻底丧失，最终滑向深渊而难以自拔。理想信念不是空洞的、虚无的，而是共产党员的精神支柱。广大党员干部一定要不忘初心、牢记使命，拧紧世界观、人生观、价值观这个"总开关"，筑牢对党忠诚、拒腐防变的思想防线。

谨慎用权，才能防止踩线触雷。人不以规矩则废，党不以规矩则乱。党员领导干部手中的权力是人民赋予的，必须依规依纪依法行使。刘富国当上一把手后，对权力毫无敬畏。为了谋取私利，他漠视规矩、践踏制度，跨条线经营类信贷业务，以领导身份在类信贷业务中施加影响，最终被权力反噬，自己成为阶下囚。这告诫每一位党员领导干部，权力是一把双刃剑，可以为党尽忠、为民服务，也可能滋长心魔、伤及自身。每一位党员领导干部都必须谨慎用权、正确用权，严格按程序决策、按制度办事，确保权力始终在正确的轨道上运行。

自律修身，才能抵御腐蚀诱惑。"尺蚓穿堤，能漂一邑。"刘富国在忏悔书中坦言，他的违纪是从收受土特产、购物卡，从百八十元钱、千八百块钱开始的。随着职位升迁、权力增大，刘富国不但没有保持警惕、虚己敛容，反而逐渐自我膨胀，在金钱、美色的诱惑中迷失了自己，底线层层失守，最终走上违法犯罪的道路。贪似火，无制则燎原；欲如水，不遏则滔天。党员领导干部只有不断加强思想政治修养，坚守做人、处事、用权、交友的底线，用严格的标准修身律己，才能抵御各类不良思想的诱惑腐蚀，才能真正挺起腰板、赢得人生。

迷信"潜规则" 迷途"三人行"

中国农业银行四平分行原党委书记、行长朱振林、
刘景双和原党委委员、副行长孙新伟案例警示录

【基本案情】 >>>

存款业务，是商业银行的立行之本，也是竞争十分激烈的"红海"。各家银行为了争抢存款市场，在加强营销、优化服务、创新产品、搭建生态等方面想尽了办法。而中国农业银行四平分行（以下简称"农行四平分行"）原党委书记、行长朱振林、刘景双和原党委委员、副行长孙新伟却试图抄近道、走捷径，通过"潜规则"谋求业绩增长，最终付出了沉重的代价。

经查，朱振林违反中央八项规定精神、组织纪律、工作纪律；刘景双违反中央八项规定精神、组织纪律；孙新伟违反中央八项规定精神。2013年至2018年期间，朱振林、刘景双、孙新伟涉嫌向四平市住房公积金管理中心原主任戴某、邵某行贿，金额合计人民币80万元。鉴于三人在留置期间认罪悔错态度较好，如实供述了组织不掌握的本人其他违纪事实和有关问题线索，监察机关决定不予移送检察机关审查起

诉，将其移交农行处理。2019 年 9 月，朱振林、刘景双被给予留党察看一年、行政撤职处分；孙新伟被给予党内严重警告、行政记大过处分。

急功近利入歧途

2013 年 7 月，朱振林从农行某基层支行行长调任四平分行党委书记、行长。上任后，朱振林一心想着建功立业。然而事与愿违，一段时间后分行的对公存款不增反减，朱振林为此心急如焚。一个偶然的机会，朱振林了解到四平市住房公积金管理中心的主任戴某、副主任邵某很好"沟通"，银行只要给予好处费，就能获得公积金存款。为了增存，朱振林通过奖励工资、业务招待费、福利费、宣传费等多个名目，虚假列支费用，筹措用以"打通关节"的资金。

资金到位后，如何送出去成了问题。朱振林觉得自己是个"外来户"，贸然登门可能会吃闭门羹。他找到了与他搭班子的副行长孙新伟。孙新伟在本地长大，与相关方面都很熟悉。孙新伟听说是为了单位拉存款，爽快答应了。2013 年 9 月，在朱振林的指使下，孙新伟以单位名义，送给时任公积金管理中心主任戴某 30 万元，送给副主任邵某 20 万元。2014 年秋，朱振林再次指使孙新伟给戴某送去了 10 万元。作为回报，戴某安排邵某将数千万元的公积金存款存至农行四平分行。

2017 年 2 月，刘景双接替朱振林担任农行四平分行党委书记、行长。此时，邵某也已接替戴某成为住房公积金管理中心主任，由于许久未从农行四平分行获得好处费，他慢慢减少了存放到该行的资金。这对急于立功求进的刘景双触动很大。在几次安排人员与邵某沟通未果后，刘景双在 2018 年 2 月亲自登门拜访邵某，并将随身携带的 20 万元现金留在了邵某的办公室。收到好处后，邵某努力运作，将数千万元的资金存入了农行四平分行下辖某县域支行。

频频破纪失底线

违法者，从破纪始。朱振林、刘景双二人多次在春节前后收受下属送予的礼品礼金，特别是刘景双在党的十九大后仍收受礼金礼品。在多次商务招待和公务招待活动中，二人违规购买使用高档白酒、香烟等，超标准招待，违规向招待对象赠送贵金属、饰品以及土特产品。二人还违反规定，从分行业务招待费、福利费中变通费用，雇佣保洁人员为其租住房屋打扫卫生，每年支付费用 1 万多元。朱振林多次公车私用，乘坐、驾驶单位公车回老家探亲办事。孙新伟也存在违反公务接待、商务招待、公车管理有关规定等问题。

朱振林、刘景双任一把手期间，或违反组织议事规则，或干预和插手集体资金的使用、分配，甚至擅自改变上级党组织决定。他们二人均存在参与自发组织老乡会的问题。在专项奖励工资分配中，朱振林多次未经分行党委会议或行长办公会议研究，私下召集相关人员商议变通方案；在上级行批复同意对四平分行有关干部给予处分并停发绩效工资 6 个月的情况下，朱振林与个别党委成员私下商议，以信访工作、信贷投放工作表现突出为由，单独给予受处分人员专项奖励，用以弥补其被停发的绩效工资。刘景双任长春市分行朝阳支行客户业务部经理期间，还以查看档案信息为由，将本人档案

借出后，擅自将档案材料中记录的出生时间由 1966 年修改为
1968 年。

心存侥幸险自误

2019 年年初，四平市住房公积金管理中心邵某、戴某因
涉嫌犯罪先后被立案审查调查，孙新伟也因涉嫌行贿罪被采
取留置措施。得知情况后，朱振林、刘景双坐立难安。他们分
别找到在司法系统工作的朋友寻计问策，得出的结论是"千万
不要承认"。

之后，在组织与朱振林、刘景双谈话时，二人拒不承认
向戴某、邵某行贿的事实，还拍着胸脯向组织保证，其在四
平分行任职期间的每一项工作都遵纪守法合规。被带至留置场
所后，朱振林、刘景双仍一脸无辜的样子，声称被诬陷了。直
到二人办理留置手续时，面对办案人员"你们离组织给予的最
后机会还差三步、两步、一步"的警示时，他们的内心才有所
触动。

在组织的耐心教育挽救下，朱振林、刘景双终于幡然悔
悟，交代了有关案情和涉案资金来源，如实供述了组织不掌
握的本人其他违纪事实和有关问题线索。出于"哥们儿义气"、
将问题揽于一身的孙新伟，在知道了朱振林也被留置后，如
实向组织交代了问题。

【风险梳理】 »»»

扭曲的业绩观是案件发生的重要诱因。朱振林、刘景双
二人为了增加存款，不惜逾越法律、触踩红线，向国家工作

人员输送利益；为了融入地方"圈子"，屡次违反中央八项规定精神和组织纪律，与地方干部拉拉扯扯、公款吃喝。业绩观上的扭曲，急功近利心理的作祟，使他们忘却了国有企业领导干部的政治立场，模糊了是非边界。银政关系在"潜规则"的浸染下逐步利益化、庸俗化，"亲"而不"清"，导致权钱交易、利益勾兑的发生。

财务内控失效为违纪违法行为的实施提供了可乘之机。朱振林用于向戴某、邵某输送利益的资金，主要通过奖励工资、业务招待费、宣传费等科目虚列费用"变通"而来；刘景双虽以自有资金输送利益，但也计划后续通过"变通"手段进行公款报销。农行四平分行还存在"变通"费用违规雇佣保洁人员、向相关人员发放工资补助等问题。在一把手的干预下，财务管理的相关规定成为一纸空文。财务内控失效，银行的各类费用成为可以随意套取和使用的"私人资源"。

政治生态污染让"潜规则"大行其道。此案的发生，暴露出农行四平分行政治生态恶化的问题。朱振林、刘景双担任农行四平分行党委书记、行长期间，党性意识淡薄，对中央八项规定精神和党的纪律置若罔闻，每年春节都收受多名下属礼金，刘景双直至 2018 年、2019 年春节仍在收受礼金。在农行四平分行，不同职级的干部给行长送多少礼金都有默认的"标准"，形成了"潜规则"。

【忏悔材料】 >>>

朱振林：脚上的泡是自己走的。如果我早意识到这一点，就不会走到今天。虽然多数人认为这样也是为单位利益、为员工效益着想的，但从我个人来讲为面子、为位子的短视心理和短期行为也是不争的事实。刚到四平的时候，我也了解了四平金融业的情况。实话实说，我从内心也挺反感的，但当大家都心照不宣地在效仿着并得到甜头后，我也就动心了，不自觉地参与其中了。这主要是政治意识、大局意识不强造成的，代价太惨痛了，教训太深刻了。

在此我也郑重地奉劝我的金融同行们，营造一个安全稳定的金融环境是我们大家共同的责任。我们每个人都要从自身做起，依法合规，安全经营。有利于维护金融安全的事要做，侵害金融安全、破坏金融秩序的事坚决不做。一定要知敬畏、守纪律，不破"底线"，不触"红线"，不碰"高压线"。

刘景双：在把 20 万元现金送给邵某后，其实我也整天提心吊胆，怕邵某出事，而最害怕的事情还是发生了。我是个胆小的人，恐罪、畏罪心理特别严重，在省行领导找我谈话时，我没敢承认。在组织调查时，我依然是畏罪心理严重，不敢承认，怕一旦承认了，就要坐牢。直到那天办案同志找我谈话时，语重心长地对我说，纪委主要的工作是挽救人。我才相信，只有依靠组织，才能获得重生。直到那时我才放下包袱，承认了自己所做的一切错误事实。

被留置的十几天来，我想了很多很多，从刚开始的不配合到后来的主动配合，我的身心发生了天翻地覆的变化，我觉得自己的灵魂被洗涤了。做人一定要做一个堂堂正正的人，不能为了一时之利或一时之需而做出违法的事情。今后，我会洗心革面，好好学习党纪法规，时刻敲警钟，做一个遵纪守法的人。最后还是要说一声：谢谢组织拯救了我，给了我重生的机会，给了我新生活的勇气。

孙新伟：我是农业银行的一名老同志，经历了农业银行从计划经济时代到市场经济时代的发展历程。但对于农业银行在市场经济条件下如何经营，却没有把握准确。通过这两次送钱，存款业务上来了，可我却被留置了，现在回想起来感到真是很不值。第一个不值，是败坏社会风气。第二个不值，是我们没有从银行内部提高员工素质和服务质量来增加存款，而是搞金钱送礼，把员工队伍带坏了。第三个不值，是临近退休了，还被留置，亲戚朋友老同志还不知道怎么看待我和评价我呢。

痛定思痛，我一定记住这个血的教训。今后一定要加强纪法知识的学习，干任何事情都要遵守纪律，在法律范围内干好各项工作。

【办案手记】 》》》

办案过程中，朱振林、刘景双等人对待错误问题的前后态度变化，给我留下了深刻印象。刚开始，他们对党一贯的"惩前毖后、治病救人"方针政策心存疑虑，不是选择相信组织、依靠组织，而是到处咨询所谓的"业内人士"，险些堕入深渊。我想，他们这样的心理和表现也从侧面体现出组织对党员干部深入持续开展警示教育和政策宣导的重要性。而且，只有做好以案为鉴、以案促改的"后半篇"文章，才能深化监督执纪"四种形态"作用，逐步实现由惩治"极少数"向管住"大多数"拓展。

我也相信，只要做好思想政治教育工作，绝大多数党员干部都能被挽救。3月21日，我在留置间向朱振林祝福生日时，他难掩悔过之情，哭着讲述3月15日被留置当天是他的阴历生日，家里来了三桌亲戚等他回家吃饭；21日是他的阳历生日，也是他女儿的阴历生日，这是他这么多年来唯一一次缺席女儿的生日。他向组织请愿，无论组织如何处理他都无怨无悔，如果能有机会，他要做党的义务宣传员，以现身说法告诫其他党员干部千万不要触碰法律红线，即使犯了错误，也要相信组织、依靠组织，主动向组织坦白交代，积极争取组织宽大处理，不要犯像他一样的错误。

【警示剖析】 >>>>

树立正确业绩观。 发展业务、追求业绩是银行的生存之道和重要任务，但是，业绩的增长必须立足于抓好党建的根基上，必须建立在遵纪守法合规的基础上，必须体现在服务实体经济的导向上。本案中，朱振林等人业绩观扭曲，片面追求业务指标，无视党纪国法，随波逐流，丧失底线，最终害了自己。国有商业银行要旗帜鲜明讲政治，不忘入党的初心，不忘从事金融行业的初衷，引导教育党员领导干部牢固树立正确的业绩观，创造经得起历史和时间检验的业绩。

完善监督体系。 监督制约失效，给本案的发生开了方便之门。国有商业银行要认真落实党中央要求，立足实际，在构建权威高效的监督体系上狠下功夫。以本案为例，人力资源部门要进一步强化专项奖励工资的管理，通过硬约束手段，防止费用被挪用、套取。财务会计部门要完善财务管理，进一步强化业务招待费、福利费、宣传费等科目的管控，防止"搞变通""夹私货"。内控合规和审计部门要加强对费用使用的专项检查和审计，及时发现问题，抓好整改。纪检监察部门要履行监督第一职责，拉长耳朵、瞪大眼睛，坚持问题导向，用好监督执纪"四种形态"，把监督挺在前面。

净化政治生态。国有商业银行各级党组织要认真贯彻《关于新形势下党内政治生活的若干准则》《中共中央关于加强党的政治建设的意见》，把营造风清气正的政治生态作为基础性、经常性工作，浚其源、涵其林，养正气、固根本，锲而不舍、久久为功，实现正气充盈、政治清明。党委书记要做管党治党的书记，当好第一责任人，对党负责，对本单位的政治生态负责，对干部健康成长负责。

一个 "明星行长" 的嬗变

中国银行日照分行原党委书记、行长
徐浴泉案例警示录

【基本案情】 »»»

　　商业银行掌握着大量的经济金融资源，其重要岗位从业人员，尤其是掌握着信贷审批权的领导干部，容易成为被重点围猎的对象。个别党员干部恃权轻法、心存侥幸，与贷款客户吃吃喝喝、私相授受，利用信贷审批搞权钱交易，最终陷入腐败犯罪的深渊，也给银行带来巨大风险。

　　2018 年 11 月 6 日，山东省青岛市纪委监委网站发布消息："经山东省监委指定，青岛市监委对中国银行日照分行原党委书记、行长徐浴泉涉嫌严重违法犯罪问题进行了监察调查。经查，徐浴泉利用职务上的便利为他人谋取利益，收受他人财物，数额巨大，涉嫌受贿犯罪；违反国家规定发放贷款，数额特别巨大，造成特别重大损失，涉嫌违法发放贷款犯罪。经青岛市监委会议研究并报山东省监委批准，将徐浴泉涉嫌犯罪问题移送检察机关审查起诉。经省纪委同意，将其严重违犯党纪问题，按照管理权限移送有关纪检机关处理。"

2018 年 11 月，徐浴泉被给予开除党籍处分。2019 年 11 月，徐浴泉因犯受贿罪、违法发放贷款罪一审被判处有期徒刑十一年，并处罚金人民币 65 万元。

早在 2016 年，徐浴泉就曾因违反中央八项规定精神，被中行山东省分行给予党内严重警告处分；2017 年，又因严重违规，被给予行政记大过等处分。而今，早已辞职离行、成为某民营企业高管的徐浴泉再度"东窗事发"，且由违规违纪"升格"至违法犯罪。消息传开，曾经的老同事、老朋友在扼腕叹息的同时也不禁思考，他是如何一步步坠向犯罪深渊的。

发展"奇迹"催生"明星行长"

1984 年，出身农民家庭的徐浴泉，靠着自身的刻苦努力考入了大学。毕业后短暂的教师生涯，培养了他良好的逻辑思维和表达能力。进入中行工作后，徐浴泉踏实肯干，很快在同龄人中脱颖而出，先后担任中行东营分行信贷业务科副科长、行长办公室主任、基层分理处主任和支行行长等管理岗位。在此期间，徐浴泉勤于钻研业务产品，善于把握市场形势，取得了较好的经营业绩。2009 年，徐浴泉被提拔为中行东营分行党委委员、副行长。两年之后，徐浴泉再次获得提拔，担任中行日照分行党委书记、行长。

在日照分行任职期间，徐浴泉以大胆、敢拼著称，他到处寻找业务机会，想要大显身手。他利用大宗商品牛市带来的贸易融资需求，持续做大业务规模。当时，日照市 GDP 位列山东省倒数第二，然而，中行日照分行却用极短的时间，实现了信贷业务的超高速发展。2014 年，日照分行表内外授信余额最高时，不仅成为日照地区各大银行中的翘楚，更是一度超越济南分行，被山东省分行视为"奇迹"。徐浴泉本人一时可谓"独立潮头、风光无限"，俨然成了系统内的"明星"。

"虚假繁荣"下的任性妄为

信贷业务的"大跃进"，带来了日照分行的高光时刻，也让徐浴泉在不断攀升的业务数据中有了飘飘然的感觉。"指标""绩效"是他心头的重中之重，相比之下，纪律和规矩在他那里就变得无关紧要了。

2014年9月，在徐浴泉的拍板决定下，日照分行罔顾中央八项规定精神，动用72万元公款购买红酒。当年11月，日照分行再次以购买红酒的名义，大搞"年末突击花钱"。为规避集中采购程序，日照分行采取化整为零的方式，提前列支招待费19笔，合计金额90余万元，预付给东营某红酒经销公司。

为刺激业务发展、满足其扭曲错位的业绩追求，徐浴泉无视民主集中制原则，随意突破银行制度规定。2015年，日照分行在机关本部组织业务营销竞赛活动。在未经集体研究决策的情况下，徐浴泉擅自作出决定，给每位员工核定营销费报销额度，违规使用招待费向员工发放福利，将本属于人事费用的支出，变相在业务费用中列支。

权力一旦失去监督和制约，就为腐败的滋生蔓延提供了温床。担任日照分行一把手期间，徐浴泉逢年过节接受企业赠送的烟酒、购物卡；受人请托为相关人员入行工作提供帮助，收取大额好处费；利用职务上的便利，为相关企业贷款大开方便之门，收受多家企业给予的好处合计 100 余万元。在其任期内，某公司的授信额度大幅增长，比其刚到任时翻了 3 倍。2013 年之后，其他银行对该公司收紧贷款，中行日照分行却仍维持对其大额信贷支持。为了感谢徐浴泉，2014 年春节，该公司董事长叶某专程驱车到东营市徐浴泉家中，送给他 40 万元现金。后来叶某担心此事败露，请求徐浴泉退回所送款项，徐浴泉未予同意，并要求叶某"如果将来被调查，也绝不能承认此事"。

"潮水退去"难逃法网恢恢

2014 年至 2015 年，受国内外经济形势影响，大宗商品价格持续下跌，整个日照地区的贸易融资业务遭受毁灭性打击。罔顾风险只求做大市场份额的中行日照分行更是深受其害，不良资产大规模暴露，不良率迅速蹿升至山东分行全辖首位。

巨额不良的产生，使日照分行甚至整个山东分行都背上了沉重的包袱。巡视和审计时都发现徐浴泉在此事件中疑点重重，存在较大风险。随着纪检监察机关的深挖细查，徐浴泉违法发放贷款的事实逐渐浮出水面。

事实证明，日照分行的信贷发展"奇迹"和徐浴泉的"明星行长"传奇，不过是他极度扭曲的政绩观下催生出的"泡沫"。为了获取所谓的"中间业务收入"，徐浴泉在所谓的业务创新上"打擦边球"，降低客户准入标准，违规变道、绕道审批，使贸易融资异化成"融资贸易"，造成分行授信业务规模极度扩张。他不顾风险，违反《中华人民共和国商业银行法》等国家法律法规和中行的有关业务管理规定，擅自扩大低风险业务范围，多次违规办理不属于低风险业务的"企贷保"等授信业务，造成巨额损失。

在明知贷款企业用于质押的商业承兑汇票到期被拒付、企业无力偿还贷款、上级行明确要求冻结相关企业授信的情况下，徐浴泉仍安排下属支行将到期且被拒付的商业承兑汇票质押，以低风险业务流程为相关企业开具银行承兑汇票，用于承接欠款，导致部分问题客户信贷风险不断累积，最终形成大额不良。

潮水退去，泡沫破裂。日照分行蒙受了巨额损失，经营效益严重下滑，员工收入锐减，在当地的声誉和社会形象受到严重损害。而徐浴泉本人也为此付出了自由的代价，等待他的，将是漫长的铁窗生涯。

【风险梳理】 >>>>

管党治党宽松软，日常监督缺位。上级行选用干部存在唯业绩的导向，对干部理想信念、道德品行、风险合规意识的关注不够，忽视了对干部的日常管理与监督约束。徐浴泉自2011年任中行日照分行党委书记开始，律己不严，多次违犯党纪。他违反中央八项规定精神，用公款大量购买红酒，并以购买红酒的名义套取费用；违反民主集中制原则，擅自决定大额资金使用；违反廉洁纪律，利用职务便利收受现金及购物卡。在近5年时间里，徐浴泉的各种违纪行为未能得到及时发现、精准处置、有效制止，是其越陷越深、最终走向犯罪的重要因素。

业务叙做有章不循，内部控制失效。徐浴泉以业务创新为由，在执行信贷管理制度上"打擦边球"，利用单一特定客户授权的政策，对集团客户各成员单位分别授信，致使授信总量急剧增大，风险不断累加。在业务推介过程中，有时甚至帮助企业规避银行制度要求，不讲合规，只为做成业务。在上级行三次下发风险提示，明确将"企贷保"业务纳入非低风险授信审批流程审批，并要求排查存量客户的情况下，徐浴泉既不执行也不整改，继续指使下属支行将相关业务按照低风险业务叙做。相关人员慑于一把手权威，或主动逢迎，或随波逐流，内部控制失灵。

廉洁合规教育不到位，干部规矩意识淡薄。徐浴泉从基层岗位干起，在组织的培养下，一步步走上二级分行党委书记的领导岗位。上级在赋予他更高职务和更大权力的同时，对其廉洁自律、合规经营、纪律法规等方面的教育跟进却严重不足。徐浴泉思想长期处于"放养"状态，在迎来送往中价值观逐渐跑偏，开始放松自我约束，热衷于追名逐利，丧失了党员领导干部应有的立场和清醒的头脑。业绩观严重扭曲，未能正确处理好公权与私利、发展与风险之间的关系，不惜以承受长期风险为代价换取短期个人业绩。

【忏悔材料】 >>>

经过深刻反思，我认识到自己严重违反了党纪国法，不仅给国家造成巨大的经济损失，也让中行日照分行背上沉重的发展包袱。我对不起组织上对我多年的培养，辜负了上级行党委的重托，辜负了日照分行600多名员工的期望，也对不起长期默默支持我的家人。

我认罪服法，接受组织给我的任何处罚，也希望他人引以为戒，为党奉公，忠实履行职责。我自身存在的主要问题有三点。

一是没有从主观上去认识自己工作中存在的问题。为追求绩效进步、利润增长，放大了授信客户的信用额度，做大了授信总量，没有及时发现企业存在的风险隐患，使有问题授信企业风险不断累积。作为日照分行的行长，我没有为日照分行的发展把好舵，对出现的问题负有不可推卸的责任。在"企贷保"业务问题上，更是出现了严重的违规违法问题。在留置审查调查前，没有将自己的问题上升到违法犯罪的角度去认识其严重性，当监委同志把一份份书面材料出示给我后才感到触目惊心，现在看来，自己当时的决策是多么的鲁莽草率，终究要自食苦果的。

二是没有认清在经济问题上的严重性。在经济问题上百般为自己找理由找借口，以求心安。没有把过年过节接受企业以走访名义赠送的烟酒、购物卡行为上升到违反党纪国法的高度去认识。而事实上，自己走向违法犯罪正是从接受小恩小惠、放松自我约束开始的。作为一名行长，支持企业发展是自己义不容辞的责任和义务，以任何理由和借口接受企业的钱物都是违反党纪国法的，作为一名行长要始终和服务的客户保持应有的距离。

三是放松自我约束，没有把握好与企业交往的距离。由于缺乏对党章党规党纪的学习领会，党性修养不够，纪律意识不强，在与企业交往过程中放松了自我约束，从过年过节接受企业的购物卡、烟酒，到收受企业以感谢名义送来的现金，一步步走向犯罪。

我深刻认识到，自己的错误给国家造成这么大的损失，给我任何处罚都不为过，我认罪服法。教训是深刻的，希望他人以此为戒、吸取教训，在工作中树立正确的业绩观和科学的发展观，坚守银行审慎经营的理念，时刻不忘稳健经营。

【办案手记】 >>>

"抓我的人还没有出生"，这是徐浴泉在得知自己被调查时放出来的话。

他之所以能说出这样狂妄的话，并不奇怪。徐浴泉在东营、日照两地经营多年，人脉广、路子宽。在日照分行任职后期，徐浴泉经历了多次核查，除丢掉行长职务外，似乎没有受到其他影响。从中行离职后，徐浴泉在信贷客户的子公司谋了一个副总经理职位，还成立了两家公司任法定代表人，可谓潇洒自在。

但再狡猾的狐狸也斗不过猎人。一方面，他忽视了各级党组织推进全面从严治党、坚决惩治腐败的坚定决心。随着金融领域反腐败斗争的深入推进，中行党委和纪检机构认真落实党中央要求，肃贪反腐的决心是坚定不移的。日照分行的巨额授信损失，影响波及整个山东分行，背后更是疑点重重。总行、省行都下定了决心，一定查清、查实背后可能隐藏的腐败问题。办案人员憋着一股劲：徐浴泉就算已经离职了，只要背后存在腐败，就一定要把线索找出来，把问题挖出来，对违法犯罪的人作出惩戒。

另一方面，他小看了办案人员的工作作风和能力。专项工作组成立当日即进驻日照分行，从费用报销入手，将徐浴泉任职 4 年间报销的所有账务、发票全面核查；从贷款发放入手，查找异常资金交易与贷款发放的逻辑关系；从大量信贷业务档案资料和规章制度入手，查找徐浴泉违法发放贷款的事实。在完成线索排查后及时移交地方监委，地方监委通过内审外查协同，在收集相关证据的基础上，对徐浴泉进行了突审。面对铁的事实，徐浴泉在一番无谓的抵抗后，只得如实交代了其收受授信客户贿赂的问题。

天网恢恢，疏而不漏。抓他的人不是没有出生，而是早已为他准备好了"笼子"，"等君入瓮"。

【警示剖析】 >>>

信念之基不容须臾动摇。理想信念是共产党人的立身之本，是党员干部经受住任何考验的精神支柱。徐浴泉也曾有过拼搏的岁月，为所在单位业务发展作出过贡献。但随着职务的晋升、权力的增加，他放松了党性锻炼，降低了自我要求，"总开关"失灵，"免疫力"下降。从接受客户的小恩小惠到以权谋私收受贿赂，从违反行内规章制度到违法发放贷款，一步步腐化变质。党员干部要自警自省，常固信念之基、常思贪欲之害、常怀律己之心，不断加强党性修养，增强拒腐防变能力，努力做到"心不动于微利之诱，目不眩于五色之惑"。

先政后绩方显干部担当。正确的政绩观，必须先有"政"，再有"绩"，必须处理好个人与组织、当下与长远、局部与全局的利益关系。作为国有商业银行分支机构负责人，为谋求发展进行开拓创新是应有之义，但这种开拓创新必须建立在遵纪守法合规的基础上。徐浴泉为了捞取个人政绩、谋取个人私利，片面追求当期业绩，图虚名、谋虚利、做虚功，以长期风险为代价换取短期业绩，最终给国有资产造成巨大损失。这也警醒各级领导干部，干事创业必须以正确政绩观为引领，坚持实干担当，既要"谋当下"，也要"利长远"，不可沽名钓誉、投机取巧，否则必将贻误党和国家事业。

洁身自好不为利所役。 相关案件一再表明，社会上不乏别有用心之人，热衷与领导干部"交朋友"，挖空心思与领导干部套近乎。他们往往把握有实权的干部当作"资源"来经营，想方设法利用干部手中的权力谋取私利。徐浴泉长期浸染在"有钱人"的圈子，在"利益至上"观念的侵蚀下，逐渐视权钱交易如"家常便饭"。近朱者赤、近墨者黑，作为领导干部，一定要自觉净化朋友圈、社交圈、生活圈，从善交友、择廉交友，与用心不良、品行不端的人划清界限、保持距离。要严格自律、洁身自好，与客户交往要严格把握好公与私、情与法、"亲"与"清"的关系，不能有丝毫逾矩越线。

"富饶之城"金融能人的跌落

中国银行巴彦浩特分行原党委委员、行长助理
司俊文案例警示录

【基本案情】 >>>

内蒙古自治区西部、贺兰山西麓洪积扇上，有一座因"贺兰积玉""金盆卧龙""葡萄倒流"等自然风光闻名遐迩的巴彦浩特城。尽管人口只有 20 余万，但幅员辽阔、矿产丰富，蒙古语称其为"富饶之城"。

2018 年 4 月 10 日，一个突如其来的消息，在当地金融业引发了不小的震动。中行巴彦浩特分行原党委委员、行长助理司俊文，因涉嫌职务犯罪，被中行移送内蒙古自治区监委。经查，司俊文严重违反中央八项规定精神、廉洁纪律、工作纪律、生活纪律，涉嫌受贿罪。2018 年 9 月，经中行内蒙古分行纪委审议并报分行党委研究决定，给予司俊文开除党籍、行政开除处分。2018 年 10 月，司俊文因犯受贿罪被判处有期徒刑十年，并处罚金人民币 100 万元，全部违法所得依法予以追缴。

贪图享乐　欲壑难填

司俊文出生于巴彦浩特一个教师家庭，1990 年进入中行巴彦浩特分行工作。在组织培养和个人勤奋努力下，司俊文从信贷员、储蓄员、保卫干事一步步成长为单位的骨干力量，2007 年被提拔为巴彦浩特分行公司业务部主任。

此时的司俊文年富力强，立志要做出一番事业。走企业、访客户、抢市场，始终冲在前头，工作很快打开了局面。在他的带领下，分行公司业务在短短几年内走出低谷，步入发展的快车道，市场份额从当地四大行排名末位跃升至第一。巴彦浩特分行也凭借公司业务的强劲带动，由三类行升格为二类行。此时的他风光无两，广受赞誉。

然而，"能人"光环加身的他，却逐步放松了自我要求。单位组织的警示教育活动，他认为是走形式，能不参加就不参加。长期与私营企业主们接触，看着对方豪华奢侈、纸醉金迷的生活方式，司俊文心里产生了落差。当时，请客吃饭、赌博娱乐的风气盛行，司俊文把这些当成一种人际交往的手段。在觥筹交错的欢愉之际、一掷千金的刺激之中，他逐渐沉迷，觉得有本事、有能力的人就应该过这种"潇洒"的生活。

"天下之倾家者，莫速于赌；天下之败德者，亦莫甚于博。"沾染上赌博恶习的司俊文越玩越大，从最初几元、几十元的赌资，到后来成千上万元的筹码，最终一发不可收拾。他经常假借各种理由到澳门赌博，不把身上的钱输完，就不能"尽兴而归"。2012 年，司俊文先后 4 次前往澳门赌博，共输掉数百万元。

赌场中挥金如土，生活上更是极尽奢华之能事。司俊文好面子讲排场，日常穿名牌、用名包、戴名表，花钱大手大脚。他喜欢吃喝玩乐，最频繁的时候每周都专门乘坐飞机去北京，享受花天酒地的生活。几年间，仅在吃饭唱歌上就花费了200多万元。他出门总有"小弟"跟随左右，为了维持众星捧月的排场，司俊文还向"小弟"们借以巨款，直至案发时，欠的款一分未还。

如此奢靡排场的生活，仅靠有限的工资收入自然是无法维持的。如何满足自己的挥霍无度，司俊文自有他的"生财之道"。

以权谋私　疯狂敛财

贷款是银行最重要的资源之一，是企业发展壮大的命脉。司俊文长期分管公司业务，先后担任巴彦浩特分行公司业务部主任、行长助理、内蒙古分行公司部副总经理，在贷款发起、审批、发放等环节，都有着重要的话语权。他把自己手中的权力当成了敛财的工具。

某集团公司作为当地的大企业、行内的大客户，一直由司俊文负责维护，时间长达14年之久。为了能顺利、快捷地获得银行信贷支持，最大限度地减少融资成本，该公司想方设法对司俊文展开围猎。刚开始，以感谢司俊文为集团公司提供服务为由，逢年过节对其表示"问候"，请其到香港"考察"公司上市等，后来便直接送给司俊文好处费。而司俊文则照单全收，共收受该集团公司贿款30次，金额达900余万元。

为获得项目贷款，某房地产公司董事长多次找到司俊文请求帮忙，并承诺事成后给予相应好处。在利益的诱惑下，司俊文多次催促信贷人员加快该公司贷款项目的推进速度。授信总量被批复后，该公司花费70余万元为司俊文购买了一辆越野车。

贪欲的不断膨胀，让司俊文不满足于"被动收受"，他开始"主动出击"。某公司为扩大产能，希望增加贷款额度用于上马新项目，在向巴彦浩特分行提交贷款审批材料的过程中，司俊文以协调关系为由，向该公司董事长索贿。为了获得贷款，该公司给司俊文账户转去了40万元。后来，在司俊文的多次索要下，该公司又陆续向他转账50万元。

思想麻木 底线无存

司俊文对企业贷款业务总是亲力亲为，表面上是维系银行与企业关系的重要桥梁，实际上，在不法商人的围猎之下，他早已沦为被金钱肆意驱使的"傀儡"。

贷款保证金制度是商业银行加强信贷管理、缓释信贷风险的重要措施。但在放弃原则、丧失底线的司俊文眼里，相关制度不过是一纸空文，成了随时可以推倒的"稻草人"。2011年开始，受经济下行影响，某公司归还贷款的压力急剧增大。为补足周转资金、维持企业正常经营，该公司法定代表人多次向司俊文提出动用贷款保证金以解燃眉之急。司俊文心里十分清楚，企业玩的是拆东墙补西墙的把戏。但在个人私利的驱使下，司俊文还是大笔一挥，将该公司质押的定期存单、活期存款、银行承兑汇票提前解押，让本应在银行特定账户上接受监管的保证金回流至企业账户。两年时间里，司俊文共违规批准该公司动用押品、保证金 10 余次，涉及金额巨大。司俊文的行为满足了他个人的贪念和私欲，却导致银行贷款形成巨额不良，给国有资产造成了巨大损失。

【风险梳理】 》》》

政绩观出现偏差。 一段时期以来，部分金融机构"以业绩论英雄"，将存款、贷款、中收、利润、市场份额等当成"硬杠杠"，将党风廉政建设、内控合规、廉洁自律等当成"软指标"，在考核评价、干部选任等工作中体现着这样的导向，在日常管理、工作举措中有意无意地形成了这样的氛围，导致重业务、轻党建的问题较为突出。司俊文成长于信贷业务条线，长期以"专业干部"自居，片面追求业绩指标，轻视政治理论学习，淡漠自己作为党员的"第一身份"，放松党性修养和廉洁自律，最终思想迷失、行为偏向。

干部管理监督机制失效。 司俊文从担任客户经理到提任巴彦浩特分行行长助理，一直维护某大客户长达 14 年，其间未轮换岗位、未调整职责分工，使该公司由中行客户变成了"司俊文的客户"，为后来的利益输送埋下了隐患。司俊文热衷高档消费，纵情声色犬马，痴迷赌博，这些异常的行为长期未被发现，反映出干部监督机制失效。

有章不循违规操作。 银行本质上是经营风险的金融机构，对银行的规章制度有章不循，犹如主动卸下风险防线，给腐败分子可乘之机。司俊文在办理某集团授信业务过程中，违规点多达 10 项，完全置银行规章制度于不顾，这暴露出所在单位"制度写在纸上、挂在墙上、念在嘴上"和"用信任代替制度"的现象较为突出。内控管理责任没有层层压实,监督制约机制未能有效发挥作用,给司俊文破纪、违法、犯罪提供了土壤。

【忏悔材料】 >>>

回看自己五十年人生,回顾自己所犯的罪行,自私、自利、贪心是最大祸首。工作以来,我总觉得银行工作有很强的专业性,自己是个专业干部,只要在专业技术的学习上严格要求自己,能满足工作需求即可,放松了自己其他方面,特别是对党的理论、党章党规党纪和法律知识的学习,放松了对自己的要求。在工作上,我以自己的利益为中心,而将国家利益、单位利益置于脑后,忘记了一个共产党员的责任和义务,忘记了奉献精神,忘记了当时入党的誓言,忘记了党的利益高于一切。

在日常生活中,我贪图享受、盲目攀比,对自己的私欲没有丝毫限制,随心所欲、无限膨胀,心理极度扭曲,近乎疯狂地敛财来满足自己的私欲,置单位、国家利益于不顾,置家庭利益于不顾,置妻子女儿于不顾,置家族亲情于不顾,变成一个彻头彻尾不知廉耻的人,只为自己的享受,图一时之快。

俗话说,"出来混,迟早要还的"。自己犯的罪自己要承担后果,自然要接受党纪国法的严惩,自然要受到道德的谴责、单位的抛弃、同事的鄙视,受到家庭、家族的谴责,这一切都是我咎由自取,不能抱怨任何人,这恶果必须由我自已承担。

其实静下心回想自己的工作经历，如果没有这一切犯罪经历，我凭自己的能力也一定会有好的职业生涯，同样会得到上级领导、同事的认可，同样会发展得很好。但是，现实就是现实，历史没有"如果"。

在这里我要向单位领导、同事说一声对不起，辜负了组织、领导对我的信任，辜负了同事对我的信任，对不起。谢谢组织和领导多年对我的培养和任用，对不起。

我要向我的妻子和女儿说一声对不起，是我亲手建起了美满的家，又是我亲手将它撕碎。对不起女儿，原谅你这个不争气的父亲。对不起妻子，浪费了你大好青春年华，对不起，对不起。

【办案手记】 >>>

"表现直接，行为大胆"，是我在办案过程中对司俊文最直观的感觉。作为中行员工，司俊文直接通过他本人的中行账户收受钱财，笔数多、金额大，且过程中少有掩饰。2011年1月至2014年11月，在不到4年的时间里，司俊文通过自己名下的中行、建行账户，以及控制的他人账户，直接收受某公司工作人员中行账户的转款12笔，合计金额300多万元。甚至有一次，司俊文收受90万元转款后，直接安排本部门人员替他一次性取现。可以说，司俊文的贪腐是赤裸裸、肆无忌惮的，这种行为十分少见，也着实令人震惊。

为什么司俊文有如此大的胆量？我想，他自身原因应是主要的，但外部给他营造的环境和条件，也是麻痹其意志、助长其气焰的重要因素。作为掌握信贷"大权"的领导干部，在长期的逢迎吹捧下，司俊文"江湖习气"渐重，把不讲原则、罔顾风险当成了"义字当头"，导致底线一再失守，原则荡然无存。外部风气的长期侵蚀，加之自身意志的不坚定，使司俊文成了"温水中的青蛙"，思想越来越麻木，胆子越来越大，不义之财越收越多，一步一步地，在违纪违法犯罪的道路上越走越远，在罪恶的泥淖中越陷越深。

【警示剖析】 >>>>

坚守初心、牢记使命，是党员干部行稳致远的"基本功"。担任中行巴彦浩特分行公司业务部主任后，职务的晋升为司俊文带来了"圈子"的变化，交往的复杂也造就了他心态的失衡。在欲望的不断膨胀和挤压下，司俊文的内心只剩下奢欲享乐，忘却了修身正德；只计较个人得失，淡漠了党和国家利益。初心失守，如航船失舵；信念动摇，如大厦将倾。利欲熏心的司俊文，在肆意放纵中愈行愈偏，终究自毁前程，从众人交口称赞的"能人"，沦为千夫所指的罪人。这警示我们，作为共产党人，必须把初心使命深深地刻进灵魂、融入血脉，挺直精神上的主心骨，稳住思想上的定盘星，才能在前行中劈波斩浪、永不偏航。

心中有戒、知畏知止，是党员干部增强腐败抵御力的必修课。司俊文在贪欲的蒙蔽下，把纪律规矩束之高阁，在破纪违法的道路上越走越远。他自认为收受贿赂是"你情我愿"，只要企业不告发，就不会有人管；对于单位组织的警示教育，他认为是走形式，能不参加就不参加；日常关心的是如何鼓腰包，盘算的是从哪里谋利益，对纪律和规矩缺少学习和思考，敬畏和戒惧久而久之荡然无存。党员干部要引以为戒，坚持把纪律和规矩挺在前面，做到心有所畏、言有所戒、行有所止，才能不为私所惑、不为邪所媚，炼就拒腐防变的"金刚不坏之身"。

　　严格管理、强化监督，是保护组织肌体健康的"预防针"。 司俊文从破纪到违法有一个较长的时间过程，如果所在党组织日常管理严格一点，监督检查细致一点，教育提醒及时一点，也许就能把问题发现、处置在萌芽状态。严是爱，松是害。在"业绩至上"的导向下，往往容易出现党建"让位"于发展、对干部不良行为"睁一只眼闭一只眼"的情况。这种走偏的业绩观，不仅无法带来高质量发展，反而会逐步破坏政治生态，对党组织的肌体健康造成损害。这也提醒各级党组织，全面从严治党不是做样子、喊口号，而是要动真格、见真章。特别是在金融领域，更要主动消除"特殊论"，勇于破除"潜规则"，将"严"的主基调贯彻到底。

利用"新兴业务"
大搞腐败的"亿姐"

中国建设银行甘肃省分行投资银行部

原总经理林燕案例警示录

【基本案情】 >>>

投资银行、资产管理业务是银行的新兴业务，是通过创新金融产品和服务，来更好地服务实体经济，满足客户多元化的融资、增值、避险等需求。但是，在建行甘肃省分行投资银行部原总经理林燕看来，这些新兴业务却是可以肆意攫取个人私利、大开腐败之门的"唐僧肉"。

经查，林燕严重违反政治纪律、中央八项规定精神、组织纪律、廉洁纪律、工作纪律、生活纪律，涉嫌受贿罪和国有公司人员滥用职权罪。经建行甘肃省分行纪委审议并报分行党委批准，决定给予林燕开除党籍、行政开除处分。2019年8月，甘肃省兰州市监委将其涉嫌犯罪问题移送检察机关依法审查起诉。

2012年至2016年，在短短的四年时间里，林燕利用职务便利，为客户融资提供帮助，违规办理金额高达数十亿元的所谓投行业务，已查明涉嫌受贿金额过亿元。这位贪腐场上的"亿姐"，可能刷新建行腐败案件受贿金额纪录。

甘于被围猎　人生变轨

林燕毕业于某师范大学，在校期间成绩突出，担任过学生会主席，多次被评为校"三好学生"，大学期间光荣加入了中国共产党。2001年，林燕以优异的成绩考入建行甘肃省分行。参加工作的最初几年，林燕工作踏实认真，很快就凭借出色的工作能力在同龄人中脱颖而出，刚满30岁就被提拔为分行团委副书记。随后，林燕进入公司业务条线工作。她头脑灵活、工作大胆，带领团队取得了良好业绩，35岁时被任命为甘肃省分行投资银行部主持工作的副总经理。

随着林燕职务攀升、权力增大，一些别有用心的人把别有用心的目光投向了她。孟某就是其中之一，他表面上是甘肃某矿业公司的法定代表人，实际上是在资本市场上牵线搭桥、介绍资金的金融"掮客"。孟某手中掌握着大量急需用钱而又受资信条件所限，无法正常获得银行信贷支持的企业信息。他知道林燕负责的投资银行、资产管理业务可以给企业的融资打开方便之门，于是对林燕百般"殷勤"。他听说林燕要去香港参加培训，就立刻在林燕的银行卡中存入5万元，供林燕消费；得知林燕父亲去世，立刻给林燕送来20万元"奠仪"。对于孟某的"贴心"安排，林燕也大大方方地"笑纳"。经过持续的"感情投资"，孟某成了林燕腐败路上的代理人和合伙人。被围猎的口子一旦打开，林燕的人生轨道就此改变。

将纪律抛之脑后 蜕化变异

作为党龄十几年的老党员，林燕本应不断提升党性修养、时刻谨记党的纪律。然而，掌握投资银行业务大权的她沉迷于一呼百诺、说一不二的权力快感中，早已将党的纪律抛之脑后，享受着"总经理"的光环，已然忘记了自己共产党员的身份。

林燕对中央八项规定精神置若罔闻，全然不放在心上。在党的十八大后，她指使部门员工套取费用7万余元，私设"小金库"，给部门员工发放现金奖励、配备私人电脑、购买定制套装、列支其本人消费，用小恩小惠收买人心，用"见不得光"的资金打点关系。她还安排部门多名员工在工作日公款赴外地旅游。她贪图享乐，讲排场、重奢靡，往返北京出差坐头等舱、住五星级酒店。为了报销违规乘坐头等舱的费用，她指使部门员工购买虚假的行程单，仅这一项费用就花费上万元。

她对党不忠诚不老实，将多套房产和相关股票挂到亲属名下，在个人有关事项报告中予以隐瞒。面对组织的调查，她选择了负隅顽抗，多次做出虚假陈述，并与其他人员串供。她未经组织批准，多次持因私证照出境。她私生活不检点，生活作风问题严重。

放任贪欲"决堤" 疯狂敛财

没有党性修养的护持，林燕的贪欲就像决堤的洪水泛滥成灾，使她走上疯狂敛财的不归路。

2008 年 5 月，甘肃某地产公司中标兰州旧城改造项目，但是启动资金迟迟不能到位。该公司多次向建行甘肃省分行申请贷款，都因资质不符合要求等问题未获批准。孟某将这个项目推荐给了林燕，二人决定通过私募方式融资。2012 年，林燕指使孟某通过化整为零的方式，规避单个合伙企业合伙人不能超 50 人的限制，成立 23 个合伙企业募集资金。林燕以销售内部理财产品为名，违规通过线下方式向高资产净值的个人客户和机构客户进行销售，最终分两期为该公司募集巨额资金。通过该项目，林燕和孟某一次性收受贿赂上千万元。

2013 年，甘肃某实业集团面临巨额贷款的还款压力，但无法通过传统的信贷方式获得银行融资。林燕和孟某决定通过所谓的资产管理业务来帮助该集团融资。他们找来了出资机构和信托机构，成立了信托计划，由建行甘肃省分行作为风险兜底方出具担保，致使甘肃省分行承担了巨大的资金风险。林燕分三次为该集团获得巨额融资，事后该集团法定代表人刘某以"财务顾问费"名义，转给林燕指定的公司 1000 多万元。刘某后来在接受谈话时说，"我清楚这些公司在融资过程中根本没有做任何工作，林燕不过是以此为借口，以财务顾问咨询费的名义向我们公司收取好处费，但是我们公司资金紧张，只能听她的"。

后来，林燕又如法炮制，多次为宁夏某公司及其子公司获取巨额融资，单独或伙同孟某向该公司及其子公司索取"好处费"，金额巨大。

滥权妄为 毁业败家

长期合作使林燕与孟某结成了紧密的利益同盟，在利益的驱使下，他们像脱缰的野马，在腐败的道路上横冲直撞、肆无忌惮。

孟某还有另外一个身份，就是宁夏某公司在兰州"临时指挥部"的负责人。这个"临时指挥部"没有实际业务，主要的工作就是为该公司融资"疏通关系"。而孟某"疏通关系"的主要对象正是林燕。林燕通过违规代销理财产品、违规提供隐性担保、信托受益权回购等方式为该集团获得巨额融资。每办理一笔融资，林燕都指使孟某与该集团老板孙某谈判，事先约定分成比例。最终，林燕从该集团收受贿赂数千万元。孙某交代，"整个融资过程完全是林燕说了算，每笔融资收多少好处费，林燕都会通过孟某明确告诉我，我只能接受。给我一种她就是银行、银行就是她的感觉"。

2012 年，林燕给孟某的矿业公司办理了一笔委托贷款。根据监管规定，委托贷款是代理类中间业务，商业银行不得为委托贷款提供任何形式的担保，不承担任何形式的贷款风险。为尽快促成该笔委托贷款，林燕视制度规定为无物，向出资公司出具《承诺函》，其本人在《承诺函》上签字，并指使建行甘肃省分行投资银行部和某二级分行在《承诺函》上加盖公章。后来，孟某的公司不能按期还款，该笔委托贷款业务引发民事法律纠纷，法院判决建行甘肃省分行承担贷款清偿责任。

林燕办理类似的融资性担保共 20 笔，涉及金额巨大。虽然建行甘肃省分行经过艰苦努力，化解了大部分资金风险，但林燕的胡作非为给建行甘肃省分行投资银行、资产管理业务带来的乱象、造成的危害，是短期内难以修复的。

【风险梳理】 »»»»

一把手权力不受制约，"野马脱缰"。 林燕作为建行甘肃省分行投资银行部一把手，党纪观念淡薄，在重大事项上搞一言堂，致使民主集中制名存实亡；违反组织原则，在部门内搞"小王国""小山头"，人为制造亲疏远近；大权独揽，下属员工每月能得到多少绩效奖金，二级分行能否拿到好项目，中间业务收入能分得多少，全凭林燕"一张嘴、一支笔"。这种不受制约监督的权力，像"脱缰的野马"，既造成极大的业务风险，也严重污染政治生态，破坏性极大。

"新兴业务"风控合规机制薄弱，"门户大开"。 林燕有规不依、有章不循，数亿元的融资项目由她一个人拍板决策，数千万元的中间业务收入凭其一张纸条就分配到二级分行账上。为了规避信贷业务风控机制，林燕故意绕开相关规定，通过投资银行、资产管理等所谓的"新兴业务"，设计复杂的交易结构，通过信托受益权转让、融资财务顾问、私募基金顾问、股权收益权类理财等多种业务层层嵌套，以"创新"为名行违规之实。在这些业务中，林燕一人掌控了客户选择、定价、风险评估、交易结构设计、协议签订、收入分配等各个关键环节，把这些业务变成了她"一个人的投行"。正是风控、合规机制的薄弱、混乱，使得这些业务"门户大开"，成为林燕予取予求、大搞腐败的"自留地"。

管党治党责任被弃守，长期"撂荒"。 林燕作为建行甘肃省分行投资银行部党支部书记，弃守第一责任人职责，不抓党建，再加上自身不正、严重违纪违法违规，导致所在部门党的领导被弃置一边，党的建设"荒草丛生"，管党治党宽松软，政治生态受到严重污染。建行甘肃省分行党委对于林燕的所作所为，对于甘肃省分行投资银行部的党建"漏斗"，对于分行辖内投资银行业务的"乱象纷呈"，视若无睹，管控不力，导致出现"灯下黑"。

【忏悔材料】 >>>

回想自己工作后一路走来的经历，是什么让我走到今天的境地？是对自己放松要求，是个人自负膨胀，是心中贪欲作祟，是没有心存敬畏，是对自己和家人的不负责任！我曾对为自己捞好处的贪腐之人极为不齿。在自己进入经营部门工作后，也一度对自己要求严格。但随着走上领导岗位后，手中权力增大，开始放松对自己的要求，开始膨胀，总觉得自己为建行做了大量工作。我没有客观认识自己，开始越来越自负，越来越漠视法规制度，越来越没有敬畏之心，对违规违法的做法还认为自己是为了完成任务，甚至胆大妄为到让客户支付额外的费用给他人和自己捞好处。潘多拉的魔盒一旦被打开，一切就开始走向毁灭。心中那极度的自负和贪欲支配了我的意识，开始走上犯罪之路。

想起自己曾看过的一个寓言故事：勇敢正直的男孩找到了恶龙的巢穴，杀死了作恶的龙。当男孩坐在恶龙巢穴中像山一样堆积的财富上时，男孩身上开始长出恶龙的鳞片。说的何其像我！心中的贪欲，让我终成一条"恶龙"。而我却对这个转变过程没有及时警醒和自我控制，等事情已经到了无可收场的地步，我也终于把自己送进了看守所！

面对组织的调查、办案人员的询问，我总是以各种理由为自己开脱，总是遮掩着逃避着拖延着。随着调查的深入，一切渐渐明朗，最终水落石出，而我终于不得不面对自己所犯的罪行。手莫伸，伸手必被捉。回首来路，我做错的事情太多，错得太离谱，而组织上却没有放弃我，依然对我抱着挽救之心。

感谢组织和每一位办案人员，没有弃我而去，而是用真诚的心在帮助我、规劝我、挽救我，让我终能正确面对自己，坦白自己的罪行，重拾做人的信心。我对不起党多年的教育，对不起建行对我的培养，对不起客户的信任，对不起家人、朋友和同事的关爱，最最对不起的是自己。由于放任，让自己终成自己最看不起的那种人！每个人的人生，只能由自己负责。而我却没有对自己负起责任，没有对自己所做的事情负起责任，无论是犯罪之时，还是接受组织调查之际。我不能再这样下去。我不能在成为罪人的同时，再堕落成一个没有底线没有操守的无赖！我还是想成为一个人，一个能挺起腰杆抬起头的人！所以，我对自己所犯的罪行认罪服法！

【办案手记】 >>>

"与善人居，如入芝兰之室，久而不闻其香；与不善人居，如入鲍鱼之肆，久而不闻其臭。"林燕案件让我感触最深的一点，就是她"交友不慎"、把围猎者当好朋友。

孟某就是林燕非常要好的"朋友"。用林燕的话讲，孟某对她非常照顾，经常嘘寒问暖。为了讨好林燕，孟某投其所好。听说林燕要去香港参加培训，立刻在林燕的卡上存入零花钱；得知林燕父亲去世，立刻送来慰问金；每次出国都会给林燕带礼物。林燕很受感动，对孟某也很用心，认孟某的女儿做干女儿。其实，孟某真正看中的是林燕手中的权力，关怀是假，谋私是真。"吃人家嘴软，拿人家手短"，在利益"绑架"下，林燕用手中的权力为朋友肆意谋取不义之财，最终断送了自己的前程。

以利相交，利尽则散。没有一个围猎者和被围猎者会成为真正的朋友。当办案人员对林燕这个曾经的"铁哥们儿"孟某进行讯问时，孟某忙着为自己撇清责任。案件调查即将结束时，林燕提出积极退赃退赔。经专案组批准，林燕给自己几位颇有"家底"的商界朋友写信、打电话，说明自己曾有恩于对方，曾在对方企业陷入困境时提供过帮助，现在自己遇到困难，想借钱退赃争取从轻处罚。然而，这些老"朋友"无一例外都选择了沉默，没有一个人愿意出钱相助。当专案组将这个结果告诉林燕时，林燕再一次流下了悔恨的泪水。

【警示剖析】 >>>

"新兴业务"腐败风险不容小视。 林燕案件主要发生在投资银行、资产管理等"新兴业务"领域。与传统的信贷业务不同，"新兴业务"的定价弹性大，涉及的产品多，相互嵌套，往往涵盖融资企业、商业银行、证券公司、信托公司、基金公司、中介公司等机构，交易结构较为复杂，这就给权力寻租带来较大空间。林燕正是钻了这些"新兴业务"的空子，才成为腐败

"亿姐"。为了规范这些业务，监管部门于 2018 年出台了"资管新规"。各金融机构要严格落实监管规定，采取切实措施，围绕"新兴业务"建立严密的内控机制，压缩其寻租空间和腐败风险。要坚决整治乱搞同业、乱加杠杆、乱做表外业务等金融乱象，防止其"野蛮生长"。

加强党性锻炼一刻不能松懈。从林燕身上可以看出，她毫无党员意识，完全忘记了自己的党员身份，以致胆大妄为、毫无顾忌，沦为金钱的奴隶。党员的党性修养不会随着党龄的增长自然提高，不会随着职务升迁自然提升。每一名党员都必须把党性锻炼作为终身课题，牢固树立"四个意识"、坚定"四个自信"、做到"两个维护"，对党绝对忠诚，加强理论学习，提升政治能力，严肃认真参加党内政治生活，在一言一行中不断砥砺党性修养。

管党治党责任任何时候都不能"掉线"。党要管党，全面从严治党，是党的建设的一贯要求和根本方针。不可否认，由于历史的原因，中管金融企业的一些基层机构在党的十八大之前不同程度地存在管党治党责任逐级衰减的问题，不同程度地存在"国企特殊论""金融例外论"的错误思想。管党治党"阳光"照射不到的地方，就容易长出"毒草"，林燕案件就是明证。国有金融机构各级党组织都肩负着管党治党的责任，必须守土有责、守土尽责，任何时候都不能让责任"掉线""隐身"。

啃噬员工福利的"家园蛀虫"

交通银行员工工作部原高级工会干事于涛案例警示录

【基本案情】 >>>

2019 年 3 月 7 日,上海市纪委监委通过"廉洁浦东"平台发出公告:"交通银行总行员工工作部干部于涛涉嫌严重违法,目前正接受浦东新区监委监察调查。"

作为本应服务大局、关爱员工、助力发展的工作部门一员,于涛却完全丧失理想信念,背离初心使命,将自身私利高置于岗位职责之上,将组织赋予的权力异化为积累"资源"、谋取私利的工具,"三观"不正,心态畸化,极力编制打造个人关系网,在自身陷入贪腐深渊的同时还不断侵蚀腐化周边的干部群众,最终成为"小官巨贪"的恶劣典型。

经查,于涛严重违反中央八项规定精神,违规接受管理服务对象宴请;违反组织纪律,在评先推荐工作中搞非组织活动;违反廉洁纪律,大肆违规收送礼品、礼金;违反群众纪律,在劳动竞赛奖品发放过程中刻意克扣侵吞奖品;违反工作纪律,违规干预和插手项目招投标及工会测评事项;违反生活纪律；违反国家法律法规，并涉嫌职务犯罪。2019 年 5 月，经驻交行纪检监察组审议并报交行党委批准，决定给予于涛开除党籍、行政开除处分。2019 年 11 月 8 日，于涛因犯非国家工作人员受贿罪、职务侵占罪被判处有期徒刑九年，并处没收财产人民币 50 万元。

昔日的交行机关团委书记、高级工会干事，蜕变成啃噬员工福利的"家园蛀虫"，最终走上了一条违纪违法的不归路。

把"供应商"变成"摇钱树"

2010 年，第 41 届世界博览会在上海举行。于涛凭着在参加世博会志愿者工作中的出色表现，被调到交行总行机关工作。工作之初，他十分珍惜来之不易的机会，勤勉上进，职务也得以逐步晋升，直到担任总行机关团委书记。不过，来到上海后，于涛的心态也在悄然发生变化。上海的灯红酒绿使他迷醉，看到身边的一些同事住着很好的房子、有着不错的财富积累，他也急切渴望改变自己的生活。

2012 年，时任总行员工工作部党务干事的于涛在采购劳动竞赛奖品时，结识了当时还在销售电子产品的老板江某。于涛结婚时，江某送了 2000 元"份子钱"。发现自己手中的权力还可以这样"来钱"，于涛便开始对自己经手的员工关爱项目动起了歪脑筋。在精心策划下，他违规干预和插手有关招投标项目，私自泄露标底，和供应商相互勾结。有的供应商在他的帮助下甚至成立了 10 余家公司来围标、串标交行业务，在交行系统内"攻城略地"。从 10 万元、20 万元，到 40 万元、60 万元……供应商们投桃报李，向于涛支付好处费，双方结成了利益同盟。

随着经手的项目越来越多，于涛的贪婪之心日渐疯长，不断收受管理和服务对象赠送的食品、电子产品、现金、购物卡等，并对其给予"照顾"。从一开始的被动收取到后来的主动索要，在他眼中，供应商俨然变成了自己的"摇钱树"，员工关爱项目变成了他的"生财之道"。

把"关爱员工"变成"关爱自己"

"幸福指数测评项目"作为打造幸福交行工程的一项重要内容，旨在加强员工关爱，提升员工幸福感，以助力交行转型创新发展。但是，本是关爱员工的项目却被于涛当成了"关爱自己"的工具。他在该项目的立项、竞标、解读等多个环节为供应商提供帮助，使某公司成功承接了该项目。随着项目规模逐年扩大，于涛也从该公司获得项目收入 10% 左右的"稳定"回报。

在开展幸福指数测评的过程中，于涛还将分行的指数测评结果变成自己可以随意揉捏的"面团"。他多次私自授意供应商调整相关分行的测评成绩，想怎么调就怎么调，和他关系好的分行就提高排名，和他关系不好的分行甚至被他故意拉低排名。众多行内干部员工认认真真填写的幸福指数测评数据成为他可以随意摆布操弄的"橡皮筋"，幸福工程建设项目效果也因数据失真、基础不实而大打折扣。

除了幸福指数测评项目，健康小屋、"交享阅"阅读活动、共享健康、心理咨询等项目，也都成为于涛中饱私囊的工具。

他利用负责项目策划、运作、管理的职务便利，多次向供应商索要财物，小到日常的生活用品，大到购房购车费用，他都来者不拒、雁过拔毛。

被贪欲迷了心窍的他，连员工劳动竞赛奖品也不放过。2016年以来，于涛利用行内劳动竞赛奖励方式更改为实物兑现的机会，在多个业务部门劳动竞赛活动组织过程中，授意和串通供应商克扣应发放给获奖人员或获奖单位的奖品。他的操作手法很简单，一是"能赖则赖"，精心选择一些关注度不高的项目，授意和串通供应商不发奖品，将费用套取、占为己有；二是"能拖则拖"，遇到个别维权意识强的员工或者责任心比较强的条线部门来追问，他就以奖品发放流程长、货源还在组织等为借口，拖上一段时间再发出，而这时的奖品实际价值已大幅下降。

"有缝就钻，有洞就穿。"几年时间里，于涛利用职务便利，收受的财物共计价值上千万元。他还通过虚增多增服务项目费用，奖杯、奖牌、证书制作费用，书籍印刷费用等方式，套取数十万元。

把"朋友圈"变成"攀附圈"

在个人贪腐的同时，于涛还在行内处心积虑编织关系网，努力把"朋友圈"变成他自己的"攀附圈"。在他心目中，行里一些有权部门的领导干部都是他的座上宾，可以为他的职务晋升提供帮助。他在所谓的"朋友圈"中四处打探尚未公开的干部选拔任用信息，私下搞吹吹拍拍、相互提携。在有关评先推优工作中搞非组织活动，用所在部门的评先评优权力送人情、捞资本。为了编织关系网，他大搞"内部营销"，和一些行内领导干部多次出入娱乐性场所，消费高档酒水，并安排供应商买单。

被留置的前一天晚上，于涛还在一个私人会所组织"一桌餐"，拉拢腐蚀行内领导干部，为自己的提拔晋升"铺路"。

身为员工工作部高级工会干事，本应为员工谋福利、办实事，于涛却背弃初心使命，对群众毫无感情，任私欲野蛮生长，最终蜕变成了那只遭人唾弃、必须被清除的"家园蛀虫"。

【风险梳理】 >>>>

党风廉政建设存在盲点。相对于前台业务，银行内部对于工会活动、员工福利项目等后台工作的廉洁风险关注不够，没有建立起严密的制度流程，"笼子"没有扎紧，就出现了党风廉政建设的盲点，导致于涛所在的员工工作部对于项目实施、财务管理、集中采购、奖品发放中可能存在的廉洁风险缺乏足够警惕。正因如此，于涛作为部门内的处级干部，得以凭借个人喜恶任意操弄各分行的指数测评结果，能够将健康小屋、"交享阅"阅读活动、共享健康、心理咨询等项目都变成渔利自肥的工具，能够利用劳动竞赛奖品采购发放等环节钻空子、谋私利，暴露出在相关项目实施过程中制度管控、流程设置、审批把关、监督制约存在不严密不到位的地方。

干部监督管理失察。于涛所在部门长期以信任代替监督，对于涛存在的考勤不正常、购房资金来源存疑等异常行为管控不力，对他与供应商之间过从甚密、经常收受供应商礼品等缺乏关注，对他在行内着意编织关系网、大搞请客送礼等没有警惕，暴露出对干部的监督管理失察。对信访处置、日常工作中发现的与于涛有关的苗头性倾向性问题，没有抓早抓小、防微杜渐，没有给予当头棒喝、猛击一掌，而是一味地藏着掖着。不仅如此，还在工作中对于涛盲目信任、过度放权，导致于涛一人就能左右相关项目的最终结果。这些都为他能够积小腐为大贪、累积贪贿金额过千万元提供了客观条件。

【忏悔材料】 »»»

"人因为无知所以无畏"，我想这句话用在自己身上一点也不为过。回想自己这些年的犯罪事实，我深刻地认识到：因为对党纪国法的"无知"，导致自己不断"疯狂"犯罪行为的"无畏"，最终铸成大错，现在追悔莫及。

总结起来可以用8个字形容自己的犯罪行为：吃拿卡要、吃里扒外。由于工作之便，自己和多家公司的"大老板"交往过密，从最初简单的吃饭，到后来明目张胆索要好处，无所不用其极，从被围猎到主动被"俘虏"，再到把一些工作项目、工作载体作为自己的"摇钱树"，暴露出了自己无限的"贪婪"和"恐怖"。欲望的"膨胀"也引导了行为的荒唐，在灯红酒绿、纸醉金迷的世界中，沉沦了、堕落了，思想上、行动上没有按照党纪国法的标准去要求自己，更是把领导的叮嘱、家人的劝解抛之脑后，对项目索求无度，行为上吃拿卡要，而且把这些作为"理所应当"，毫无愧疚和罪恶感。现在想想，自己的思想真是出了大的问题，自己的胆子也真是太大了，才会导致现在这样无法挽回的后果。我罪有应得，丝毫不值得同情和可怜。

我对不起党和国家，更对不起一直培养我成长成才的交通银行，辜负了单位对我多年的栽培，辜负了几任领导对我的信任和支持，极大地侵害了单位的利益，造成了极其恶劣的影响。"十年寒窗换十年铁窗"，自己的求学之路、职业生涯其实都是十分艰辛的，但由于自己越来越膨胀的贪欲，数十年的辛苦毁于一旦，自己一直以来的奋斗和梦想更是化作泡影。这都是我无视党纪国法，无视单位教育、领导嘱托、家人劝诫的结果，也是自己放任自流、自甘堕落、追求低级趣味、贪图享乐的结果，更是自己由于价值观、人生观、法制观、纪律观不正确、不到位、不端正的结果。大祸已经铸成，深挖思想根源，避免再次走上犯罪之路，也就成了我日后需要时刻自省的"关键"。

"人生没有白走的路，每一步都算数。"我会利用自己在狱中的时光，彻底净化和洗涤自己的心灵，做到思想上认识深刻、行动上积极改正，通过一系列改造，重新做人，做一个堂堂正正的人，做一个顶天立地的人，做一个干干净净的人，做一个思想正常的人。希望那个时候的"我"能够重获机会，浴火重生，可以为社会作出应有的贡献，可以承担一个为人夫的家庭重任，可以再次生存在这一片天空之下。

【办案手记】 >>>

于涛出身于一个普通家庭，2009年名牌大学硕士研究生毕业后进入交行某分行工作。2010年，于涛被借调至总行团委任世博先锋队队长。他十分珍惜这次机会，凭自己的踏实苦干和辛勤付出得到了领导和同事的认可，最终在一年后如愿以偿地调入了总行。

来到人生地不熟的大都市，于涛的人生观却逐步扭曲了，开始把权力视为攫取私利的工具，把提拔看作庸俗关系的果实。这个曾经埋头奋斗的青年开始在自己的"一亩三分地"上疯狂敛财，甚至到了雁过拔毛、肆无忌惮的地步。曾经待人谦和的他变得动辄对别人吆三喝四；大项目收大回扣、小项目收小回扣，来不及当面交割的，就让供应商通过快递送达；除了收受一笔笔现金外，还让供应商报销旅游购物等个人支出，甚至在超市购买零星生活用品也时常让供应商过去买单。更为恶劣的是，于涛疯狂迷恋所谓的"关系"，精心用自己掌握的"资源"去编织重重关系网。在此过程中，溜须拍马有之，吃饭喝酒有之，请客送礼有之，甚至灯红酒绿的**KTV**也成为于涛编织关系网的场所，而那些身居重要岗位的领导干部和发展势头良好的年轻干部则是于涛结交和攀附的重点对象。

案发后，工作组人员当晚在于涛家中搜查出数百万元现金，手工清点根本来不及，最后在紧急调集的两台高速点钞机帮助下，总算在次日凌晨四点多钟才完成清点和入库任务。这些一袋袋、一包包多为整万、整十万扎捆的现金，有的因存放时间过长已发潮发霉，有的因胡乱叠放而扭曲变形，有的则连当时用于装钱的包袋都还留存未换。

这密密麻麻铺满半个客厅地板的一沓沓现金，犹如一块块垫脚的砖头，将一个曾经努力拼搏且有着美好前景的青年送上了不归路；那一张张在高速点钞机中飞舞的挺括钞票，又似一把把锋利的刀片，将这个最终迷失了初心的年轻干部以及他本应幸福美满的家庭割剐得支离破碎。后来谈及这些现金的时候，于涛的眼中没有费尽心机后付诸东流的失望，却满是逃脱不掉恢恢天网的茫然，以及对自己这段曾为之努力奋斗而后又亲手摧毁的人生的痛惜。

【警示剖析】 >>>

不忘人民立场，永葆为人民服务的赤子之心。习近平总书记强调，工会要坚持以职工为中心的工作导向，抓住职工群众最关心最直接最现实的利益问题，认真履行维护职工合法权益、竭诚服务职工群众的基本职责，把群众观念牢牢根植于心中。于涛身为工会干事，却以职谋私，将贪欲的"黑手"直接伸向关乎员工福利的工会项目，损害群众的切身利益，走向了人民的对立面。全心全意为人民服务是共产党人安身立命的根本，每一名共产党员都应该在为人民服务中更好地实现自我价值，在无私奉献中成就人生境界。

要摒弃攀比心理，涵养沉稳健康的积极心态。于涛从基层行被调入位于上海的交行总行工作，置身于物质丰富、充溢诱惑的大都市，看到身边一些同事朋友不错的物质基础和经济条件，年轻的他心态发生了变化，人生观、金钱观发生了扭曲，贪赃枉法的闸门被打开了。人一旦陷入盲目攀比的怪圈，就容易心为物役、思想迷茫，甚至鼠目寸光、不择手段，在思想上行动上误入歧途。年轻干部要树立正确的世界观、人生观、价值观，杜绝浮躁的攀比之心，涵养健康心态，不投机不钻营，保持沉下心来做事的坚持和定力，用奋斗书写无愧于时代的青春华章。

要抵制歪风邪气，培育清清爽爽的同志关系。 于涛在行内热衷于搞人身攀附，处心积虑打造"关系网"，与一些同事之间不"纯"不"净"，投其所好地拉拢和腐蚀领导干部。自以为靠着歪门邪道就能谋得升迁，到头来只是让自己陷入黑暗的泥淖。党员干部要自觉抵制拉拉扯扯、吹吹拍拍的歪风邪气，要保持清清爽爽的同志关系、规规矩矩的上下级关系，把心思和精力真正用在强本领、干事业、作贡献上。用好批评和自我批评这个有力武器，经常"红红脸、出出汗"，相互提醒和督促纠正党内关系不纯的倾向，塑造健康的党内关系和风清气正的政治生态。

晚节不保的资产保全经理

交通银行广西壮族自治区分行原高级资产保全经理
唐海彪案例警示录

【基本案情】 >>>

银行资产保全业务是对已出现风险或即将出现风险的资产，运用或借助经济、法律、行政等手段实施保护性措施或前瞻性防护措施的工作，目的是化解和规避资产风险，最大限度地减少损失。而交通银行广西壮族自治区分行原高级资产保全经理唐海彪却没有这样做，他在处置银行不良贷款过程中，利用职权侵占资金，在临近退休之年被"贪"字击倒，晚节不保。

经查，2017 年 5 月至 2019 年 5 月，唐海彪利用职务便利，采取提高或虚构律师费的方式，非法占有诉讼执行回款中的溢出款，涉嫌职务侵占罪。2019 年 6 月，驻交通银行纪检监察组将其涉嫌犯罪问题及线索移送监察机关。交通银行广西壮族自治区分行决定，给予唐海彪行政开除处分。2019 年 9 月，唐海彪因犯职务侵占罪被判处有期徒刑三年六个月，被侵占资金全部退回。

祸起虚荣

唐海彪，1962 年 7 月出生在广西一个干部家庭。1996 年 2 月进入交行，先后担任车辆调度员、行政接待员兼司机、区分行风险监控部信贷风险监控员和风险管理部（资产保全部）资产保全经理。工龄很长的他，却一直不是党员。到 2019 年 5 月底，他已经在资产保全经理的岗位上工作了 13 年，离退休也就剩 3 年时间了。

然而，退休前发生的一件买房的事情却激起了他心中不安分的念头。2015 年，唐海彪所在的工作单位拟将办公大楼迁到南宁市某新区。消息传出后，在该区域买房就成为同事们热议的焦点话题，唐海彪也积极参与到话题讨论中来。参加工作近 30 年，他与妻子的名下只有一套面积 80 多平方米的房子，且地理位置较偏。他将该房产出租，自己和家人租住在市区繁华地段的一套三居室内。

当看到身边有不少人特别是一些比自己年轻的同事在新办公大楼附近区域购房时，唐海彪的内心躁动了起来："凭什么他们能买我就不能买？我也要在那里买房！"念头一旦产生，便再也遏制不住。但是，每平方米 13000 元的房价，近 200 万元的钱从哪儿来？本就家底不厚的他开始绞尽脑汁琢磨"来钱"的方法。

铤而走险

2016 年年底，唐海彪开始负责个人住房不良贷款的清收和相关诉讼费的划转款工作。新岗位的工作，使他与合作的律师事务所有了很多交集。每日从他手中划转的款项很多，他从中嗅到了"钱"的味道。在彻底熟悉划转款操作流程后，唐海彪找到了具体经办律师周某、韦某，称银行在处理一些账务的过程中，需要将款项随律师费一同转到他们的个人账户，并由他们将结清应付律师费后剩余的款项划转到指定的个人账户。律师周某、韦某为了能按时结算律师费，同意按唐海彪的说法操作。

2017 年 5 月的一天，唐海彪实施了第一次操作，通过伪造、变造诉讼案件的案号等手段，以支付律师费的名义，出函、报批，再将审批后的单据交到划转款项的营业网点，营业网点录入系统、授权、划款……几天后，第一笔 10 多万元的款项"安全"到达唐海彪的指定账户。

有了第一次的"成功"，唐海彪仿佛看到了大把的钞票在向他招手，获取金钱的欲望完全战胜了理智，他开始了第二次、第三次操作……2017 年 5 月至 2019 年 5 月的两年时间里，他用这样的方法，侵占资金共计 200 多万元。为了让资金快速到账，他还安排其亲戚卢某到律师事务所兼职，由律师事务所出函将卢某指定为专门接收划款的出纳人员。有了钱之后，唐海彪在 2018 年 6 月"如愿以偿"地在心仪已久的地段购买了一套 140 多平方米的房子和一个车位。

除了侵占诉讼执行回款中的溢出款外，他还以交行代理人的身份，将交行已诉讼的 2 户个人贷款抵押房产转租他人，非法占有租金收入约 2 万元。

难逃法网

"这笔不良贷款诉讼案的律师费最多几千元，但银行流水显示，代理律师收费高达十几万元，不正常。"2019年5月，银行在内部例行审计中发现，唐海彪在办理不良资产诉讼时多付律师费到律师私人账户。唐海彪涉嫌违法违规的问题线索由此显露。

面对审计组的质询，唐海彪拒不承认自己的错误，对提出的问题一一否认。纪委的工作人员经过大量的数据排查，将一条条数据、一笔笔交易流水、一张张有他签字的审批单据摆在他面前。在事实面前，他承认自己多转了律师费并将多转出的资金占为己有，表示愿意配合银行调查和全额退赔，希望能得到从轻处理。

此时的他仍心存侥幸，认为单位不会把他移交司法部门。但是，他错判了所在单位金融反腐的决心。因为涉嫌职务犯罪，他被移送地方监察机关。2019年9月底，在法院庭审现场，刚过完57岁生日的唐海彪，面对公诉方列出的一条条犯罪事实，声泪俱下。

【风险梳理】 >>>

对员工廉洁教育和监督管理不到位。唐海彪在银行工作20多年，临近退休却因为买房的欲念而动了歪心思、走上了违法犯罪道路，说明其内心的廉洁防线十分薄弱，缺乏对法律的敬畏，经不起外界诱惑，这也反映出所在单位对员工的廉洁教育和监督管理不到位，缺乏对非党员员工的针对性教育机制和监督管理措施。

资产保全业务存在制度空白。风险管理部门在案件执行回款业务中未建立诉讼及回款台账，针对向法院请款、款项到账、账务核销等关键环节未制定相关操作细则。营运部门没有针对暂收户挂销账业务制定实施细则，忽视了对内部特种转账业务的检查。

内控机制不严密。唐海彪的职务是资产保全经理，不是相关业务的最终审批人，不具有决定权，却能够通过伪造、变造诉讼案件的案号等手段，以虚增的律师费名义，非法侵占200余万元诉讼执行回款，暴露出资产保全业务内控机制存在漏洞。对于唐海彪提请的应支付代理费等事项，相关部门未认真核对便审批通过。诉讼费管理缺乏集中统一的归口部门，存在跑冒滴漏的风险。负责挂账的营运部门混用不同类别挂账业务，导致管理不够清晰。负责资金划转具体操作的营业网点未严格审核，没有把住资金关口。

【忏悔材料】 >>>

我原是广西区分行风险管理部资产保全中心的一名员工，曾经有一个理想体面的工作，一份稳定的收入，一个幸福美满的家庭。我从事金融工作20多年，一直以来兢兢业业、遵纪守法、克己奉公。虽说金融行业高风险、易腐败，但我从未畏惧。然而在将近退休之年，由于法制观念淡薄，自身修养不够，被一个"贪"字击倒，做出了违反法律的罪行，晚节不保，悔恨一生。

2017年开始，我利用工作中的便利，钻了制度和监管的空子，采取欺上瞒下的办法做出了侵吞集体财产的犯罪行为。其实一开始我并没有想着要侵吞溢出款，只是觉得这些款项是账外款，可有可无，不入账也没有人去查，怀着一种侥幸心理，想出了以支付律师费为借口将溢出款项一起转出，再由律师转回的方法，自以为可以瞒天过海，开始实施了第一次操作。款项到手后我既高兴又害怕，但贪念战胜了理智，获取金钱的欲望开始膨胀，一发不可收拾，最终导致案发。

我并非蓄意犯罪却做出了犯罪的事实，都是一个"贪"字在作怪，让我丧失了理智，践踏了法律底线，做出了连自己都无法相信的行为。

我今年57岁了，临近退休，家有妻儿，为了退赔款欠下几十万元的债务，还将面临牢狱之苦。妻儿今后如何生活，我将如何面对债务，何年能够还清，这将是我一生痛苦的事情，后悔当初犯下了如此大错！

通过这次事件，我已深刻意识到问题的严重性，不是自己的东西千万不能占有，占有了一辈子都不能安宁。现在自己为所犯的错误承担了巨大的责任，深感罪恶深重，害了单位，害了家庭，也危害了社会。这是我用惨痛的代价得出的教训。

【办案手记】 >>>

作为唐海彪案的主办人员之一，在42天的办案过程中，有许多画面仍历历在目。

画面1：初次与唐海彪谈话。5月27日上午，审计局同志与唐海彪谈话。当时的唐海彪身着夏季行服，精神抖擞，说话声音洪亮有力，对审计部门提出的多笔异常交易完全不予承认，一脸不知所云的样子。

画面 2：第二次与唐海彪谈话。5 月 28 日，我以区分行纪委人员的身份与唐海彪第一次正式谈话。当时的唐海彪依然身着夏季行服，但神色已无前一日精神，说话声音依旧洪亮，但不再有力。特别是在大量证据面前，唐海彪终于低下了头，承认了自己的违规行为，反复强调："就这 100 多万元了，我退赔。会怎么处理我？"

画面 3：第三次与唐海彪谈话。当时的唐海彪身着圆领 T 恤，精神萎靡，说话声音不再洪亮有力。当我拿出相关事实材料，告诉他其实际侵占的资金有 200 多万元时，唐海彪红着眼圈看着我，说道："我真的没有想到有这么多，一路做下来也不知道有多少。就是一个'贪'字作怪，觉得没人管，两年来顺利将款项划出、没被察觉，还顺利购买了房子……"

回想整个案件，犯案手法可谓简单粗暴，但相关管理部门和关键岗位层层失守，助推了案件的发生。案件折射出的员工合规意识淡薄、内控制度形同虚设、关键岗位失职失责、员工行为管控缺位等深层次问题让人深思。唐海彪案件查办工作已经结束了，等待他的是法律的制裁，但案件的后续影响还在。他曾经工作的部门要从零开始整改，他所在分行的内控机制要加固再造，金融反腐工作要常抓不懈，而我们纪检工作依然任重道远！

【警示剖析】 >>>

法律意识淡薄危害无穷。唐海彪的法律意识十分淡薄，甚至缺乏一些基本的法律常识。增强法律意识、严格遵守法律，是金融机构员工必须具备的职业素养，也是保护自己的重要武器。金融机构员工要认真学习法律、牢固树立遵法守法意识，将法律禁止事项作为不能触碰的高压线，严守制度界线，夯实道德底线，不断增强守法定力、道德定力、抵腐定力。

临近退休也不能放松自我要求。 近年来查处的相关腐败案件中，一些腐败分子临近退休，抱有"船到码头车到站"的思想，存在"再不捞点就没机会了"的补偿心理、"给自己留些底子"的后路心理、"给孩子的将来打好基础"的铺路心理等。这些错误思想、心理是他们走上腐败之路的重要诱发因子。唐海彪就是典型的例子。金融机构员工特别是领导干部即使临近退休，也要慎终如始，坚守初心，走好每一段路。要牢记，船近码头，尤须谨慎；慎终如始，则无败事。

要追逐真正的梦想。 对于唐海彪来说，买房是他的"梦想"，为了买房，他不择手段、铤而走险。殊不知，梦想的实现是奋斗出来的，试图通过歪门邪道、旁门左道去获取的利益，那不是梦想，而是物欲。唐海彪心为物役，舍本逐末，自己亲手毁了自己的梦想。金融机构员工特别是领导干部要志存高远，敢于追梦，在追梦的过程中，要牢记幸福都是奋斗出来的，任何试图不劳而获、以权谋私的想法，都将葬送自己真正的梦想。

制造风险的风险总监

中信银行厦门分行原党委委员、副行长兼风险总监
陈鹰案例警示录

【基本案情】 >>>

防控风险，是银行风险总监的首要职责。然而，作为中信银行厦门分行风险总监，陈鹰不但弃守职责、放松防线，更是将信贷审批权作为自己谋取私利的工具，从风险防控者异化为风险制造者，使国有资产造成重大损失。

经查，陈鹰严重违反政治纪律、中央八项规定精神、组织纪律、廉洁纪律、工作纪律和生活纪律，涉嫌违法发放贷款罪和受贿罪。2020年1月，陈鹰被开除党籍、开除公职，涉嫌犯罪问题被移送检察机关依法审查起诉。

曾经两次被评为厦门市金融系统优秀共产党员的陈鹰，何以堕落为腐败分子？风险总监不防风险的背后，正是他"不设防"的人生悲剧。

背弃初心 灵魂深处"不设防"

陈鹰，出生在福建省某地一个干部家庭。1991年，他顺

利考入省内重点大学，在校期间担任学生会干部，并光荣地加入了中国共产党。1995年，陈鹰大学毕业后进入银行工作，由于工作积极努力，很快便崭露头角。在组织的培养下，2003年陈鹰担任中信银行厦门分行行长助理，此时距他离开大学校门仅8年时间。

然而，顺风顺水的工作经历，让陈鹰渐渐放松了对自己的要求。行内组织的日常教育活动，他要么不参加、要么走过场，学习体会都是让下属写好后自己署名上交，就连党章、纪律处分条例，也是被留置期间在办案人员帮助下才进行了认真学习。政治理论学习的松懈，让陈鹰丧失了共产党员应有的理想信念，转而向"神佛"寻找精神寄托。

在中信银行厦门分行，陈鹰信佛是公开的秘密。他在办公室把玩佛珠，在家里供奉佛像，还喜欢给同事看手相。每逢"浴佛节"等佛教重大节日，陈鹰都会去当地寺庙烧香礼拜，领取"浴佛圣水"，饮后以求净化心灵。可是，心灵的净化怎能靠一瓶"圣水"？他那看似对佛教的虔诚，实则是对自身"平安"的忐忑。

2018年5月被调离厦门分行、2019年4月被停职，陈鹰意识到自己的问题可能已败露，于是频繁出入多个寺庙"抱佛脚"。更为荒唐的是，陈鹰还高价找来一名算命先生"测算运势"，并遵照"大师"的指点，在办公室增加绿植、购买宠物狗，企图"转运避祸"。

面对组织的挽救，陈鹰仍未醒悟，企图通过串供、转移赃款等方式对抗组织审查。因为担心自己的通话可能被"监听"，陈鹰让亲戚代办了两张外省的手机卡，用于与有关人员联系串供；多次约见贷款客户，与他们统一口径，订立攻守同盟。为掩盖自己购买授信客户上市公司股票牟利的行为，陈鹰让妻子与好友补签虚假委托理财协议，还将部分赃款赃物转移至好友处存放。然而，天网恢恢，疏而不漏，陈鹰的这些"小聪明"注定只是徒劳。

擅权妄为　风险关口"不设防"

2013 年至 2018 年，陈鹰担任中信银行厦门分行风险总监、信审会主任期间，违反法律法规和规章制度，违背信贷审批独立性原则，通过会前打招呼、会中暂停录音表达个人观点、压制不同意见、增加实际没有效力的授信担保等方式，操控信审会，审批通过了多宗不符合条件的授信项目，形成大额不良贷款，造成重大损失。分行不良贷款余额及不良率一度双双居于厦门市区域内股份制银行首位。

2014 年，A 集团因资金紧张，集团实际控制人和陈鹰商定利用下属 9 家空壳企业，编造虚假财务数据和贷款用途，向中信银行厦门分行申请贷款。陈鹰指示经办支行报送授信申请材料，要求相关信审人员不做实质审查即放行项目，提交信审会讨论。信审会审议过程中，未进行有效的集体审议，对财务报表异常、关联关系明显、担保措施弱等实质性风险未予关注、揭示。上述 9 家企业获批了巨额授信额度，所发放贷款最终全部形成不良。

B 公司在厦门分行获批重组授信，因该公司此前贷款逾期，需支付相应利息及罚息后，方能办理贷款重组手续。该公司实际控制人与陈鹰、经办支行负责人商议，以公司关联企业名义，向厦门分行申请贷款，实际用于偿还此前贷款利息及罚息。陈鹰明知该关联公司财务数据及贷款用途均为虚假，不符合贷款条件，仍违规指示放行，并组织召开信审会投票表决通过，他作为风险总监最终审核签批。

陈鹰不顾及信贷风险安危、无视金融规则逻辑，不仅仅体现在对单个授信项目的把握上，对行业性风险的判断和操作也同样如此。某行业属于中信银行信贷政策不支持的行业，总行也反复提示风险，但陈鹰却置若罔闻。陈鹰接任风险总监的第一年年末，中信银行厦门分行在该行业贷款占比即超过 50%，较上一年大幅上升 5.75 个百分点；至 2018 年年末，该行业不良贷款占整体不良贷款的比率竟高达 70%。

大肆敛财　私欲膨胀"不设防"

"工作前几年，第一次收到一个客户送的红包，里面有 500 元现金。我放到抽屉里胆战心惊，悄悄拉开抽屉看一看，放了一年多没敢动没敢花。"陈鹰在忏悔录中这样写道。

私欲的闸门一旦开启，带来的是思想防线的全面失守，是人生和职业生涯的全面崩盘。尝到甜头的陈鹰从此不再心怀不安，小到烟酒茶、购物卡，大到几万元、几十万元甚至上百万元，来者不拒、照单全收。陈鹰八小时之外的时间，几乎被贷款客户所"承包"。私人会所、高档餐厅的觥筹交错间，经常有陈鹰的身影，而相关贷款客户正是利用这些机会对他进行围猎。

2013 年，C 企业申请贷款，陈鹰以各种理由拖延，该企业负责人无奈送上大额现金后，贷款便很快获批。D 公司负责人薛某为获得贷款，多次拜访陈鹰未果，后经人引荐送上 10 根金条，贷款审批便"一路畅通"。E 集团负责人王某送给陈鹰大额港币和美元，以空壳公司名义申请贷款，陈鹰无视巨大风险，不仅违规审批予以通过，还亲自催促放款，最终形成大额不良。

陈鹰涉案财物中，近 80% 是在党的十八大后收取的。在得知组织对其展开审查调查期间，他依然接受客户宴请，出入私人会所，乘坐公车烧香拜佛，堪称不忠诚不老实、不收敛不收手、不知止不回头的典型。

污染生态 选人用人"不设防"

陈鹰作为本地成长起来的副行长、风险总监，在中信银行厦门分行"深耕"多年，大搞"圈子文化"，关系可谓盘根错节。其行事风格强势，左右着分行主要领导，带坏了干部队伍，严重污染了单位政治生态。他长期把持风险条线，一人分管审查审批、核保放款、贷后管理、问题资产处置等多个风控环节，权力过于集中，逐渐形成了稳定的谋取非法利益链条。

在陈鹰影响下，该行风险条线部分党员干部纪律观念淡漠、是非界限模糊，逾规越矩成为常态。最严重的是，分行上下对业务违规问题视而不见，认为在业务操作层面不够规范甚至出现不良、核销坏账都没有什么大不了的，即使问责，也是隔靴搔痒、形式大于实质。这种错误思想，破坏了分行的整体风气，甚至已成为群体性的惯性思维。许多员工彷徨无计、进退失据，部分人员趋炎附势、逢迎讨好，更有甚者趁机作案、以权谋私。对此，陈鹰漠视纵容，既害己又害人。

在陈鹰同意对 F 公司开展授信业务后，某支行原行长刘某为使该公司满足既定的授信额度目标，指使客户经理以虚假公司的名义在银行内部授信测评系统中测试财务数据，再根据测试结果"指导"客户编造数据，直至满足授信条件。他还指使评估机构将价值不足 6 万元／平方米的抵押房产高估至 17 万余元／平方米。对这些违背基本金融常识的违规行为，陈鹰视若无睹、听之任之，最终该授信项目形成大额不良贷款。刘某也因涉嫌严重违纪违法被开除党籍、开除公职，并被移送司法机关依法处理。

分行某部门总经理卢某也是陈鹰的"圈里人"，自恃业绩好、资源多，蔑视规章制度，分行对其管理基本处于"失控"状态。在群众持续反映、监管机构屡次提示的情况下，陈鹰依然听之任之，为其经办的贷款项目"一路绿灯"，造成重大损失。卢某畏罪外逃。

直到被审查调查期间，陈鹰还经常不经意说出"某某不是我的人，是某行长的人"之类的话。"圈子文化"导致中信银行厦门分行向心力松散，大量遵规守纪的干部员工失去信心，离职率居高不下，80 后业务骨干大量流失，这些都对分行的发展造成了很大的损害。

【风险梳理】 >>>>

思想政治工作流于形式。 陈鹰担任分行领导后，没有完整读过一篇政治理论文章，没有亲笔写过一次思想体会。对于党章、党纪处分条例等党内重要法规，也是直到被留置期间才进行了认真学习。陈鹰长年烧香拜佛，不信马列信鬼神，这些现象，都说明所在单位党组织开展的学习教育对其毫无触动。表面上看，党委每年都制订学习计划、按部署开展思想政治教育、按期召开民主生活会，貌似面面俱到、有板有眼，但是不严肃认真、不讲求方法、不入脑入心，缺乏针对性、实效性，实属走过场、搞形式。

领导班子软弱涣散。中信银行厦门分行连续几届党委缺乏应有的政治站位，主体责任意识十分淡薄。对已经暴露的问题，总是以"那是上届班子的事""其他银行也普遍存在"等理由自我宽慰，而不是从自身找原因，痛下决心整改。陈鹰信佛几近公开，群众对他的反映、举报持续不断，关于他的传言也不少，但分行领导班子成员无人提醒、纠正和报告。在领导班子影响下，分行政治生态不健康，"能人文化""圈子文化"盛行；不良的企业文化造成分行向心力松散，员工离职率居高不下。

信贷政策导向偏离轨道。长期以来，中信银行厦门分行在贯彻党中央关于金融工作的决策部署和执行监管机构、总行信贷政策等方面做选择、打折扣，信贷资源未能投向符合国家政策导向的优质客户，反而打着"高收益"的幌子，热衷与过度膨胀扩张的高风险企业开展业务。错误的信贷政策导向偏离了高质量发展的方向，导致信贷项目屡屡"触礁"、不良贷款节节攀升。陈鹰在担任分行风险总监后，大肆利用分行在行业、企业选择方面的错误偏好，浑水摸鱼、疯狂敛财。

监督制约机制失灵。为攫取私利，陈鹰肆意践踏授信审批制度，随意简化审查流程、加速审批进度，违规强行审批通过不符合条件的项目，制度的刚性在陈鹰的违规操控下荡然无存。其行为一路畅通无阻的背后，是监督制约机制的失灵。直至案发，陈鹰分管风险管理工作已逾5年，未岗位轮换，审查审批、核保放款、贷后管理、问题资产处置等环节的权力都集中在他手中。授信审批部、授信管理部等重要风控部门的主要负责人均非党员，贯彻落实党中央和上级党委决策部署得不到组织保障，也都助长了陈鹰在风控条线的一言堂。对陈鹰的违纪违法问题，中信银行纪委曾进行过2次谈话函询，但都未能深入了解，使其轻易过关。

【忏悔材料】 >>>

平时与客户在一起，听他们尊敬地称呼自己"陈行长""大哥""老大"等，客客气气、恭恭敬敬，感到自己能够为他们解决融资，能够帮到他们，得到他们的尊重，自己是"救世主"，虚荣心就得到了满足。其实自己又不是他们的长辈，又不是他们的老板，他们喊我"老大"是对我手中的权力喊"老大"。为了这点可怜的虚荣心而做了滥用职权、违反职业操守之事，完全丧失了正确的权力观。担任风险总监后，在外面的应酬也比较多，跟客户吃饭喝酒，去娱乐场所，打高尔夫球等，成为别人围猎的对象。有时吃饭喝着几千元的酒觉得有品位，有时去娱乐场所唱歌发着小费觉得潇洒，有时去打高尔夫球觉得高雅。这些观念想法，这些不符合自己身份的言行举止，现在回想起来感到十分的羞愧、不齿、恶心，甚至感到害怕。自己当时怎么就没有感觉不妥？没有一点点警醒？吃喝玩乐多了，贪图享受久了，就会让人颓废萎靡，意志消磨。

我所犯下的一系列错事主要是在 2013 年之后。因为 2013 年我担任风险总监分管风险条线，手中有了信贷审批权。现在想来，客户送我钱的借口托词很多，但无非是看我能够给他们审批贷款，或者是这些贷款有方方面面的问题，希望我能够给予关照。而我收了他们的钱或多或少降低了贷款条件，有意无意放松了审批标准，甚至做了违规违纪违法的事，其本质都是自己心中对制度缺乏敬畏。为了一点点蝇头小利，而置银行的信贷风险于不顾，丧失了作为风险总监的职业操守。因为贪念作祟，自己成为逐利商人利用的工具，而不是银行委任的把控风险的风险总监。想到中信银行厦门分行数年来的问题贷款高发，形成大量不良贷款，造成大额经济损失，给规模不大的厦门分行造成沉重负担，给全行经营发展造成严重影响，我追悔不已。而我自己也必将付出藐视制度的代价，受到法律的制裁。

如今，错已铸、罪已犯。父母年事已高却不能在跟前尽孝，女儿尚未成年却不能陪伴成长，妻子独自操劳却不能相以帮衬，对党和单位我不能算忠，对父母已不能尽孝，对妻子不能相敬，对女儿不能再做慈父。若世间真有地狱，那定是我这种不忠、不孝、不敬、不慈之人的归处。而今后余生，忏悔将伴我度过每一天。

【办案手记】 >>>

在办案过程中，我们将陈鹰大学时期的入党材料拿给他看，试着帮助他寻找初心；让他回忆第一次收客户的钱，试着帮助他"复盘"自己冲破底线违纪违法的过程。当看到自己 20 多年前的入党申请书时，陈鹰流下了眼泪；当谈起刚参加工作时的表现，陈鹰整个人又充满了激情。他说，自己这些年其实并不快乐，心很累，他更怀念上大学时那个单纯而充满志气的自己，更怀念刚参加工作时"工资虽少但心里安然满足，工作虽累但感觉充实快乐"的状态。距他第一次收客户的钱尽管已过去 20 多年，却仍记得每个细节。红包里有 500 元现金，他放到抽屉里心惊胆战，放了一年多没敢花。

靡不有初，鲜克有终。始终保持一颗纯洁的初心，不被各种诱惑所左右，是一名共产党员的终身课题。一个人最难做到的是保持初心，最宝贵的也是保持初心。而陈鹰恰恰是忘记了自己的初心，在形形色色的诱惑面前迷失了自己。他没有算清楚政治账（自毁前程）、经济账（倾家荡产）、名誉账（身败名裂）、亲情账（亲人相隔）、自由账（身陷囹圄），付出了沉重的代价才认识到"金钱并不能给人带来快乐，反而会成为套在脖子上的枷锁"，到最后追悔莫及。在留置点，陈鹰经常自言自语："自己不缺钱啊，要那么多钱干啥？如果能让我重获自由，我花多少钱都可以。"实在是可悲可叹。

【警示剖析】 >>>

风险管理者更要管好自身。风险管理者的首要职责是执行制度、管控风险，然而陈鹰却视制度为无物，把权力当成设租寻租的筹码，肆无忌惮地将权力"商品化"，由风险防控者变异为风险制造者。在他的长期影响下，中信银行厦门分行执行信审制度扭曲变形，风控机制有名无实，制度刚性荡然无存，造成的后果十分严重。"正人者必先正己"，从事监督检查、风险管理的党员干部更应时刻牢记纪律和规矩，控好风险、管好自己，廉洁修身、谨慎用权。

净化政治生态必须铲除"圈子文化"。人是社会的人，有自己交往的圈子是正常的事情，但党员领导干部如果将金钱、利益、权力掺杂其中，通过圈子结成利益同盟、利益集团，把圈子作为使用干部、开展工作的判断标准，那么就会形成危害政治生态的"圈子文化"。"圈子文化"之下，衍生的是劣币驱逐良币的恶性循环，是种种歪风邪气、鬼蜮伎俩，必须铲除。

作案手段再隐秘也难逃党纪国法惩处。为了敛财，陈鹰处心积虑设计"安全稳妥"的敛财渠道，以各种手段掩饰违纪行为、隐藏不法勾当。他以低价购买房产再高价出售给客户，以他人名义向客户"借款"，要求客户到自己亲属开办的商店高价购买工艺品等。后来，他更进一步精心设计，让妻子在境外注册离岸公司，曲线投资客户在境外开设公司的原始股权，并以他人名义投资客户在台湾的上市公司股票。他机关算尽，自以为手段高明，然而，在组织的审查调查下这些把戏注定是徒劳，他的违纪违法行为全部"现形"。一个人如果方向错了、根基断了，他的"聪明""机灵"不仅没有助益，反而会进一步遮蔽自己的理性，增加自己的罪责。

违纪违法 归期"无期"

中国光大银行呼和浩特分行原党委委员、
副行长秦明案例警示录

【基本案情】 >>>

国有企业领导人员是党在经济领域的执政骨干，肩负着经营管理国有资产、实现保值增值的重要责任。而中国光大银行（以下简称"光大银行"）呼和浩特分行原党委委员、副行长秦明却辜负组织信任，胆大妄为，利用手中的信贷审批权力，违法放贷，索贿受贿，给国有资产造成巨额经济损失。

经查，秦明严重违反政治纪律、中央八项规定精神、组织纪律、廉洁纪律、工作纪律、生活纪律，涉嫌受贿罪和违法发放贷款罪。2018年4月，秦明被给予开除党籍、行政开除处分。2019年4月，驻光大集团纪检监察组联合呼和浩特市纪委监委对秦明涉嫌违纪违法问题进行审查调查。2020年5月，秦明因犯受贿罪、违法发放贷款罪被判处无期徒刑，剥夺政治权利终身，没收个人全部财产。

信仰迷失的两面人

秦明出生在一个党员干部家庭，在父母的言传身教下，从小积极上进，24 岁光荣加入了中国共产党。1995 年，秦明进入光大银行工作。起初，只有中专学历的他，坚持自学，靠着勤奋努力，拿到了本科文凭，并用 13 年时间从一名基层网点柜员成长为省级分行领导。

然而，伴随他职务晋升的，不是党性修养和思想境界的提升，而是欲望的滋长和理想信念的失守。正如秦明自己所说，"每天忙于转战各个酒场和娱乐场所，根本没有想到自己还是一个党员领导干部，没有拿起共产党员坚定的政治理想信念同腐朽的生活方式和贪图享乐的思想作斗争"。

秦明嘴上讲着遵规守纪、公私分明，手上却干着违纪违法、以权谋私的事；台上逢会必讲贷款业务合规性、交易背景真实性以及信贷调查"三亲"原则，台下却肆意弄虚作假、授意违规违法，成为不折不扣的两面人。他对组织不忠诚不老实，不如实向组织报告个人重大事项，对其婚姻状况及多次变化情况隐瞒不报。面对组织审查调查，秦明已然忘却了自己的第一身份是共产党员，忘却了对党忠诚的铮铮誓言，一再欺瞒组织，试图躲过纪法惩罚。在公安机关已经对其违法放贷行为立案侦查后，分行党委负责人找其谈话，他还在找各种理由为自己辩解开脱；在组织对其作出开除党籍、行政开除处分时，他拒绝承认自己的违纪违法行为，拒绝在违纪处分决定书上签字。

心中无纪的执纪者

秦明先后担任过两地分行的纪委书记。作为"打铁的人"，纪委书记本应做党规党纪的坚定执行者和忠诚捍卫者，带头维护党章、遵纪守法，做"铁打的人"。但秦明却把党规党纪当成"耳旁风"，我行我素，执纪违纪，给纪检干部的形象抹了黑。

秦明公然违反中央八项规定精神和廉洁纪律，公款吃喝玩乐，经常出入私人会所，长期接受信贷客户吃请。他不顾党中央三令五申，组织贷款企业举办高尔夫球邀请赛，产生的费用由单位买单。

作为银行高管，秦明连一些"蝇头小利"也不肯放过，逮住一切机会中饱私囊。他在公务出差时购买打折机票后，要求机票代售网点将其亲属出行的机票金额也一并计算，开具虚假行程单，违规公款报销。"小打小闹"得逞后，秦明变得更加无所顾忌。2013年，秦明利用分管基建工程的职务便利，力荐其特定关系人控制的公司参与分行网点装修工程投标，并成功中标，帮其特定关系人获得了丰厚利益。

看到手中权力带来的好处，秦明心中再无纪法，取而代之的是日益膨胀的贪欲。惩恶扬善的"利剑"在他手中"蒙了尘""生了锈"，最终刺向了他自己。

制造风险的风险总监

在担任分行风险总监、负责授信审批及贷后管理工作期间，秦明弃守自身职责，违法放贷，以贷谋私，成了风险的制造者。某私营企业主李某名下多家公司在光大银行申请贷款，秦明在向李某索要千万元的"好处费"后，"尽心尽力"帮其"出谋划策"。他授意李某提供虚假贸易合同、财务报表、发票等材料，在明知李某前期贷款资金未按合同规定使用的情况下，不认真审查李某的贷款申请资料、贷款偿还能力便审批同意发放贷款。秦明担任风险总监的3年时间里，先后向多家贷款客户索要、收受贿赂累计4000余万元，最终形成巨额不良贷款，给光大银行造成了巨大的资金损失。

在金融行业"摸爬滚打"多年，秦明的业务能力不可谓不强，但他不是把心思放在干事创业上，而是念起了自己的"生意经"。他看准了"倒贷"的巨大利润空间，主动充当贷款企业之间的"中介"，从中谋取私利。某企业在向光大银行申请授信时，资金缺口本来不是很大，秦明却唆使对方多贷一点，并将多贷出来的钱进行"倒贷"，获取高额利润。后来当该企业需要资金周转时，秦明找同学、同事借款进行"支援"。因该企业经营不善，借款到期无力偿还，秦明逐渐陷入被动。前期帮秦明"倒贷"的人也纷纷找上门向其索要欠款，他只能拆东墙、补西墙，陷入恶性循环。最终，他以代其承担债务为条件，继续向其他企业违法放贷，变相索要贿赂。秦明妄图通过"倒贷"发财，谁知"聪明反被聪明误"，非但没有如愿获利，还被人跟踪追债，饱受威胁。

秦明一步步踏上贪婪腐败的迷途，这是一条通往铁窗高墙的"不归路"。被判处无期徒刑的他，归期"无期"。他的腐化堕落过程，正可谓"初心蒙尘路渐偏，贪廉只在一念间。机关算尽空余悔，高楼高墙两重天"！

【风险梳理】 >>>

全面从严治党主体责任落实不力。 秦明从公款吃喝、出入私人会所、违规报销机票，到索贿受贿、以贷谋私、违法放贷，防线节节败退，最后坠入犯罪深渊。虽然其个人理想信念丧失、党性修养消退是主要原因，但也充分暴露出其所在党组织在落实全面从严治党主体责任方面宽松软，对党员干部的理想信念教育、廉政教育、纪法教育流于形式，日常监督提醒不及时不到位。

关键岗位干部失察失管。 秦明先后担任了省级分行纪委书记、风险总监。这两个岗位，一个负责履行全面从严治党监督责任，一个负责守住银行经营管理风险防线，对领导干部的政治素质、业务能力、道德品行都有很高的要求。秦明执纪违纪、执规违规、知法犯法，严重不符合这两个岗位的履职要求。所在单位对关键岗位的干部任用不够慎重，干部考察知人不深、识人不准，干部监督管理存在不到位的地方。

制度执行不到位。 "天下之事不难于立法，而难于法之必行。"从贷前调查、贷中审查到贷后检查，商业银行的信贷业务有一套严密的制度流程和成熟的风险管理体系。本案中，贷款客户在秦明授意下，以虚假资料申请贷款；相关信贷人员罔顾风险，对客户资金用途、贸易背景、购销合同、财务报表等造假问题要么视而不见，要么隐瞒不报；秦明自导自演、违规审批，使得制度流程"门户大开"、问题贷款"一路绿灯"，给国有资产带来巨大损失。这些都反映出所在单位授信管理失控、制度执行刚性不足。

金融文化建设滞后。秦明作为银行高管人员，每年拿着高薪，本应更好地投身工作，但他不知足不知止，利字当头，完全忘记了作为国有银行分支机构高级管理人员身上的政治责任、社会责任。秦明存在的问题也一定程度上反映了所在单位金融文化建设滞后，片面强调市场属性，盲目追求利润，不注重培育清廉的金融文化，不注重营造风清气正的干事氛围。

【忏悔材料】 >>>

今天，我在这里怀着万分懊恼、追悔莫及的心情，忏悔自己是怎样沦落为接受组织调查、涉嫌违法犯罪，即将受到国家法律制裁的人。党组织给我机会，提拔重用了我，并赋予了我一定权力，是我辜负了组织的信任和培养，辜负了父母的谆谆教诲和期望，亲手葬送了呼吸自由空气的权利、葬送了继续为党组织工作的机会、葬送了为父母养老送终的机会、葬送了美好生活的机会。

以前我在政治学习时都是走形式、做样子，没有认真学习领会，也没有形成坚定的政治理想信念，没有把对党员的要求贯穿于实际工作当中，没有把纪律挺在前面。只重视业务的发展指标，每天忙于转战各个酒场和娱乐场所，根本没有想到自己还是一个党员领导干部，没有拿起共产党员坚定的政治理想信念同资产阶级各种腐朽的生活方式和贪图享乐的思想作斗争，反而乐此不疲地参与其中，并把它当作同社会接轨而带来的经济生活中的必然产物，从而产生了麻痹的思想。

没有坚定的政治理想信念，不把纪律挺在前面，一切都显得不堪一击。接受廉洁教育只是听听课，甚至到监狱做廉洁教育活动也都对我触动不大，认为这事情跟自己无关，摊不到自己身上。廉洁自律意识没有扎在自己心底，没有充斥在全身血液和细胞当中，"针不扎在自己身上不知道疼"，自己根本不知道会给国家带来多大的损失，给社会带来多大的损害，给家庭带来多大的痛苦。

我现在真的认识到，贪腐行为只要开了头，就会像吸食毒品一样。必须把贪腐的念头或行动扼杀在萌芽状态，充分认清自己所拥有的权力是为国家把控风险、支持经济发展的，而不是自己的私有财产，不是想用就用的。我很后悔辜负了组织的信任和培养，没有把握好手中的权力为国家作贡献。

正是由于我的过错，给国家造成了损失，给家庭带来了痛苦——父母见不到儿子，儿子见不到父亲，亲人得不到团聚，把整个家庭拖入了万丈深渊。每当我闭上眼睛，慈祥的母亲痛苦地在病床呻吟着，嘴里不停地喊着我的名字，年迈的父亲含着泪水陪伴着母亲，我却不能在床前尽孝。我后悔！大儿子就因我的过错没能给他一个完整的家，没能好好陪伴他成长，现在又因为我的过错无奈辍学，他那么无助。我后悔！小儿子顽皮的鬼脸、调皮的笑声、委屈的哭声，我都无法再见，特别是晚上睡觉转身摸不到我时叫"爸爸"的喊声、哭声，还有前妻的满脸泪水。我后悔！

我追悔莫及！这种痛苦的思念将伴我今后的生活。

【办案手记】 >>>

审查调查期间，组织发现秦明收受一个商人老板的车辆，于是找秦明核实有关情况。秦明刚开始认为自己只是介绍该老板在总行贷款，其借给秦明一辆车供自己前妻在北京使用，接送孩子上学，贷款既不是他审批的，车辆也是借用的，并不构成违纪违法。殊不知，以借为名长期占用贷款企业车辆实质上已经构成受贿罪。秦明作为省级分行的高管人员，并且长期担任风险总监、纪委书记，理应熟知党纪国法，有较强的纪法意识，不会犯这种低级错误。但事实却截然相反，秦明不知不觉间放松了自我要求，逾越了纪法底线，已然忘却自己和贷款人之间关系应该把握的界限，认为"朋友之间的借用"是很正常的，根本没有意识到问题的严重性。

我认为，党员领导干部从这个案件中可以得到的一个深刻启示就是，一定要增强纪法意识、严守纪法底线，做到不该拿的东西坚决不拿。"无规矩不成方圆"，世间之事皆有准绳，党员必须守纪，公职人员必须守法，时刻不能放松警惕。尤其是党员领导干部必须不断加强学习，绷紧纪法之弦，按纪法办事，才能真正做到"海阔凭鱼跃，天高任鸟飞"。否则，一旦一步走错，触碰了纪法"高压线"，将会受到惩处，甚至身陷囹圄、无法自拔。

【警示剖析】 >>>

精神"缺钙"则人生"易折"。秦明视初心使命为"浮云"，把党规党纪当成"耳旁风"，精神缺"钙"、失去定力，在贪欲冲击、外界诱惑下很快"缴械投降"。为了攫取私利，他从违规报销费用到暗箱操作工程招标，从"倒贷"牟利到索贿受贿，在违纪违法的道路上一路狂飙，最终跌落深渊。坚定理想信念绝非一日之功，党员领导干部必须经常对照党章要求和合格党员标准检视自己的言行，加强党性修养，陶冶道德情操，养成正确的权力观、金钱观。要牢固树立纪律意识和规矩意识，做到时时铭记、事事坚持、处处上心，干干净净做事、清清白白做人，"不以一毫私意自蔽，不以一毫私欲自累"。

纲纪不彰则遗患无穷。国有商业银行素有"三铁"文化，"铁算盘、铁账本、铁规章"是合规经营、防范风险的基石。然而本案中，在秦明与客户内外勾结、精心算计之下，在相关信贷工作人员的违规弃责之下，问题贷款"一路绿灯"，铁规章变成"稻草人"。纲纪不彰，给所在行、给国有资产带来的损害是显而易见的。制度的生命力在于执行。国有金融机构要建立健全权威高效的制度执行机制，加强对制度执行的监督，营造制度至上的合规文化，坚决杜绝做选择、搞变通、打折扣等现象，让制度管用见效。各级领导干部要切实强化制度意识，带头维护制度权威，作执行制度的表率。

选人用人须以德为先。德才兼备、以德为先是我党坚持的选人用人导向。德，主要体现在对党和人民的忠诚、理想信念、道德品质、思想作风等方面；才，就是个人能力和干事创业的才能。秦明用13年时间从一名只有中专学历的基层网点柜员成长为省级分行领导，能力不可谓不强。然而，缺少了"德"这个根本，其能力越强，给党和人民事业带来的损害就越大。"试玉要烧三日满，辨材须待七年期。"此案警示各级党组织，在干部选拔任用中一定要落实信念坚定、为民服务、勤政务实、敢于担当、清正廉洁的好干部标准，注重在日常工作中观察干部，在重大风险考验中考察识别干部，严把政治关、品行关、作风关、廉洁关，真正把忠诚干净担当、为民务实清廉的干部用起来，让那些信仰虚无、精神懈怠、品行不端的人没有市场。

违法放贷　黄粱一梦

广发银行南京分行水西门支行原行长周群案例警示录

【基本案情】 >>>

"黄粱一梦"的典故出自唐代《枕中记》，说的是一名书生在赶考路上做了一个升官进爵、享尽荣华的美梦，最终醒来的故事。这个典故用来比喻广发银行南京分行水西门支行原行长周群与金钱纠缠不休的 10 余年，再合适不过。她抛却理想信念，贪恋钱财名利，与前夫合谋违法发放贷款数千万元，造成银行巨大损失。一朝梦醒，她所追求的金钱财富，也都随之化为泡影。

经查，周群严重违反政治纪律、廉洁纪律、生活纪律，涉嫌违法发放贷款罪。2018 年 9 月，经广发银行南京分行纪委审议并报分行党委批准，决定给予周群开除党籍处分。2018 年 9 月，周群因犯违法发放贷款罪被判处有期徒刑八年，并处罚金人民币 10 万元。

利益驱使下的"好前妻"

周群出生在南京的一个干部家庭，是家中的独女。1997年进入广发银行南京分行工作，工作期间加入了中国共产党。周群勤奋上进，工作之余积极参加党校学习，取得了本科学历，在组织的培养下，也逐步走上了基层管理岗位。

结婚前，家人经常在周群耳边唠叨"要嫁个有钱人"，周群因此逐渐形成了"金钱至上"的择偶观、价值观，后与开公司的庄某结婚。庄某的家族先后控制了某建材公司等十几家空壳公司，这些空壳公司多数是由庄氏家族购买而来，通过变更工商登记改头换面。庄某把这些公司用来作为提高家族企业参加项目投标中标率和申请银行贷款的工具。庄某是公司的实际控制人，他的弟弟、妹妹等人负责公司的业务、采购、财务等重要环节。

2009年，周群与庄某协议离婚，但实际上两人依然维持着高度密切的关系和利益勾连。周群仍然享受着前夫提供的物质利益，住豪宅、开豪车，在奢靡生活的浸染中逐渐迷失了方向。2011年，周群从运营条线转至业务条线。由于有庄氏家族企业提供的业务资源，周群交出了一份份光鲜亮丽的业务"成绩单"，先后被提拔为市场拓展部的总经理助理、副总经理。

但好景不长，2014年由于建材市场不景气，庄氏家族控制的企业亏损严重，业务回款困难。庄某在北京一会所项目投入的巨额资金打了水漂，资金周转面临困境。庄某本人又因其控制的企业与某矿业公司的经济纠纷被公安机关通缉。

眼看着维持自己奢靡享乐的资金来源即将"断流",当时已升任水西门支行行长的周群把"不准违规经商办企业"的禁令置之脑后,公开以老板娘的身份管理、操控起庄某的家族企业。她组织庄某公司的员工开会,审批企业资金使用、费用报销、工资发放等事项,尽心尽力地为前夫打理公司,俨然一位有情有义的"好前妻"。实际上,这一切都是为了攥紧自己的"钱袋子",填补自己深不见底的欲壑。

打通"关节"放贷款

"实际控制人从业多年,行业经验丰富,盈利模式合理,资金运用规范,家庭财产状况良好",这是周群在庄氏家族企业的贷款审查表中签署的意见。每当庄氏家族企业出现资金危机,周群便"挺身而出",利用支行行长职权便利为其申请贷款大开方便之门。她选择庄氏家族企业中那些能够满足贷款条件的公司,安排财务人员提供财务报表。如果财务报表不满足贷款条件,她就指使财务人员对报表的相关数据进行修改,以达到银行贷款标准。

为了方便操作,她将支行客户经理朱某、牛某培养成对其唯命是从的"圈内人"。2015年,周群明知庄氏家族控制的建筑公司等8家企业不符合小企业授信贷款条件,仍然安排朱某、牛某办理授信业务,并多次表示"有问题我承担"。在周群的安排下,朱某、牛某将信贷规章制度抛诸脑后,没有开展上门调查,没有核验签字人员真实身份,没有严格核实借款人的借款用途和偿还能力,也没有严格核实担保人的偿还能力、质押商业承兑汇票的价值以及实现质权的可行性,便出具了内容失实的贷前调查报告。

胡某是广发银行南京分行小企业授信管理部总经理，与周群曾在同一部门共事。为了打通关系，周群主动牵线搭桥，介绍胡某的侄子到前夫庄某投资的北京某会所工作，并担任庄某的助理。之后，庄某成立了北京某集团公司，也由胡某的侄子挂名法定代表人。有了这层特殊关系，胡某对庄某建筑公司的贷款审查审批，也就睁一只眼、闭一只眼了。当部门的风险经理向胡某提出要到担保企业实地考察时，胡某称自己了解企业情况，可以不用去；当另一位风险经理向胡某指出企业担保能力不足时，胡某称这是续授信，主担保方式是保证，商业承兑汇票质押是追加担保，可以不用到出票人处实际调查。就这样，在胡某的授意下，风险经理放松了对贷款担保条件的审核。胡某作为小企业授信的"风险官"，更是在审批环节大开"绿灯"，导致贷款资金源源不断地流向了庄氏家族企业。

结局如黄粱一梦

周群使尽了浑身解数，终究无法扭转庄氏家族企业经营困难的颓势。2015 年 11 月，眼看企业资金链濒临断裂，周群感到已无力回天，做贼心虚的她以"父亲身体不好，需要照顾"为由向分行提出了辞职。之后，她授意庄氏家族控制的部分企业在授信有效期内归还贷款并续借，企图拖延东窗事发的时间，以蒙混过关。

2016 年 4 月至 6 月，庄氏家族控制的 8 家企业贷款先后出现逾期，经过银行内部排查，周群的违纪违法行为浮出水面。2016年7月，广发银行南京分行向公安机关报案；10月，周群被刑事拘留。2017年9月4日，检察机关以违法发放贷款罪向法院提起公诉。

在接受广发银行纪委审查的过程中，周群始终执迷不悟，对自己的所作所为拒不坦白交代；法院庭审时，她百般狡辩，称自己代前夫管理公司是为了银行的利益，拒不承认自己指使客户经理放松贷前调查等种种违法行为。随着调查的深入，周群意识到自己难逃罪责，为了逃脱法律的制裁，她多次表示愿意弥补银行的损失，但始终未能兑现。

周群造成的损失，又何止巨额贷款资金！朱某、牛某两名年轻人，在她指使教唆下走上了歧路，胡某也被周群拉下水，成为违法放贷的共犯，前途尽毁；广发银行南京分行受到监管部门严厉处罚，声誉受损；水西门支行陷入业务发展停滞甚至倒退的局面。

而周群自己呢，她渴望金钱却也被金钱反噬，操纵人心却也被欲望摆布，"黄粱美梦"一朝梦醒，只落得个锒铛入狱的结局。她来不及认清的是，荣华富贵皆如过眼云烟，功名利禄恍若海市蜃楼，唯有忠信廉洁才是一名共产党员立足安身的根本。

【风险梳理】 »»»

重经营、轻管理，发展理念不正。经营机构和业务主管部门片面追求小企业业务的业绩指标，忽视基础管理、风险防控，对小企业业务的监督检查、合规建设、指导培训、队伍建设不到位。员工上岗培训不够，未能充分掌握行内规章制度和管理要求；对业务办理的合规性要求掌握不够，未能充分树立风险意识、合规意识。

重人情、轻纪律，制度执行不力。银行信贷管理有严格的制度流程，但这些制度流程在周群案件涉及的相关业务中未得到严格执行，以致层层把关、层层失守。授信调查人员以信任代替制度，未对借款企业、担保企业进行实地调查。审查人员对企业经营情况、担保能力审查不严，未能有效识别企业风险。审批人决策不审慎，通过新增授信掩盖原有问题贷款，续贷把关不严。

重业务、轻党建，党的意识薄弱。作为股份制银行的基层机构，水西门支行党的建设缺失。上级单位对周群的思想状况、工作表现、社会活动缺乏了解，对其婚姻异常、深度参与前夫家族企业经营管理等情况关注不够。周群党员意识淡薄，长期欺骗组织、奢靡享乐、指使下属违规违法办理业务，缺乏一个共产党员应有的政治觉悟。

【忏悔材料】>>>

　　我的犯罪行为给同案人员以及他们的家庭造成了伤害，给银行造成了巨额损失。我与庄某之间的利益纠缠，已经让我失去了父亲，现在亲戚朋友也都离我远去，家中只剩70岁高龄的老母亲。是我害了她，年老体衰还要帮我照料两个孩子，我追悔莫及，只能背负着不孝的罪名苟活。（根据法庭宣判时当事人口述内容整理）

【办案手记】 »»»

周群一脸憔悴，戴着手铐、隔着看守所玻璃声泪俱下的情景，给我留下了深刻的印象。她始终坚持，放款时自己认为贷款是可以收回的……

是什么让周群身陷囹圄，仍执迷至此？对金钱的崇拜，使她蒙蔽了双眼，价值观出现了错位；对物质享受的迷恋，使她被奢靡享乐逐渐腐蚀，一步步偏离正轨；理想信念的丧失，使她忘却了党纪国法的威严，彻底被物欲绑架。

党员领导干部一定要从周群的思想蜕变中吸取教训。作为共产党员，只有加强自我建设，坚定理想信念，对党忠诚老实，才能作出理性判断，不为利益所诱惑，一直走在思想自觉和行动自觉的正轨上。党员领导干部本质上不是"官"，而是"人民的公仆"。尤其是银行系统的党员领导干部，背负着特殊使命，掌握着特殊资源，一旦犯错误，给单位、家庭和个人带来的影响是不可估量的，所以更要切记"当官就不要想发财，想发财就不要当官"，不能把工作岗位当作寻租和发财的机会和平台。

【警示剖析】 »»»

守规矩，知法纪。 违法发放贷款罪，是指银行或者其他金融机构的工作人员违反国家规定发放贷款，数额巨大或者造成重大损失的行为。该罪是金融机构从业人员最易触犯的刑法罪名之一。近年来，金融机构从业人员违法发放贷款案件数量呈现明显上升趋势。"十案九违规"，有章不循、违规操作是发生案件的主要原因。在周群案件中，银行信贷制度被弃置一边，一些员工责任意识、风险意识、法律意识淡薄，缺乏自我保护意识，简单听信、盲目服从，在执行规章制度过程中走形式、打折扣，客观上为犯罪分子提供了机会。"不以规矩，不成方圆"，银行员工必须从杜绝工作中每一个违规操作做起，把纪律意识、法律意识、廉洁意识、合规意识贯穿到自己的每一项工作中。

守初心，抵诱惑。年轻时的周群对自己的生活和未来也曾充满期待，也有着自己的理想。然而，面对自身物欲和外在诱惑日复一日的腐蚀，她渐渐忘记了自己的初心，最终走上了不归路。党员干部尤其是领导干部，要树立正确的世界观、人生观、价值观，恪守法律底线，不越纪律红线，自觉抵制各种利益诱惑，理性对待荣誉、职位、报酬、个人利益，牢牢把稳思想之舵。

守底线，知敬畏。党中央三令五申要求党员领导干部净化社交圈、生活圈、朋友圈，但在一些案例中，熟人文化、老友文化却压倒了规矩和制度。周群被利益链捆住了手脚、套上了枷锁，忘记了底线与红线，失去了对纪法的敬畏，才让内外勾结违法放贷的犯罪行为得以实施。一个人走向堕落并非突然发生，都因循着从小恶到大恶的轨迹。作为金融工作者，尤其是党员领导干部，要时刻以制度警醒自己、约束自己、规范自己，必须常拘小节、多积寸功，坚决守住做人、处事、用权的底线，莫让贪欲迷乱心志。

蚀本的人生"投资"

人保投资控股有限公司原党委书记、总裁
刘虹案例警示录

【基本案情】 >>>

人生最重要的投资，就是投资自己。作为人保投资控股有限公司（以下简称"人保投控"）党委书记、总裁的刘虹，12 年间经历的投资项目不计其数，但对自己人生的错误"投资"，却让他满盘皆输。

经查，刘虹严重违反政治纪律、中央八项规定精神、组织纪律、廉洁纪律、生活纪律，涉嫌受贿罪。2019 年 8 月，刘虹被给予开除党籍、行政开除处分。2019 年 9 月，刘虹被移送检察机关依法审查起诉，所涉财物随案移送。2020 年 8 月 31 日，刘虹因犯受贿罪被判处有期徒刑十三年，并处罚金人民币 200 万元。

初心失守　贪欲迷途

刘虹出生于革命老区，其父多年从事地方党史工作，刘虹从小便深受革命思想熏陶。1985 年，刘虹研究生毕业后进入国家部委工作，参加过中央讲师团，被公派赴德国留学。他因工作努力，年仅 32 岁即被委任为主持工作的副处长。高学历、高平台，这样的起点堪称完美。

遗憾的是，从奋斗到沉沦，往往只是一念之间。1999年，刘虹从国家部委调离，先后在多个金融企业任职。在此期间，他的世界观逐渐发生了变化。正如他在忏悔录中所说，"有时自己认为之前做机关工作、做文字工作都不如到市场上真刀真枪地去做事，认为自己'下海'太晚了，要早投入商海可能会有所成就"。在五光十色的生活面前，那个唱着"八十年代新一辈"的热血青年、那个怀抱理想的党员干部、那个发表过几十篇论文、出版过专著的专业人士逐渐消失，取而代之的是一个满脑子充斥着欲望和虚荣的"空心人"。

表面上，刘虹在公司按时上下班，很少迟到早退，表现出忙于公事、勤奋负责的样子，而实际上他将大部分精力都用在经营个人"事业"上；在组织和领导面前，他把发展理念、战略构想挂在嘴上，实际上却不担当、不尽责，使公司错过了不少发展机遇；他公开讲自己"清正廉明""对党绝对忠诚"，义正辞严要求干部员工遵规守纪，对办公经费审批抠得紧、管得严，但私下里却说一套、做一套，马克思主义手电筒只照别人不照自己，两面人做派显露无遗。

刘虹违反生活纪律，与多名女性保持不正当关系；贪图个人享乐，曾一次收受价值 100 多万元的高尔夫球卡；多次公车私用，违反规定指示司机接送其家人办私事；大肆收礼敛财，多次收受客户方和下属送的现金、购物卡、加油卡、提货券、高档白酒等。党的十九大之后，刘虹仍不收敛不收手，有的违纪违法行为甚至延续到 2019 年，完全置党纪国法于不顾。

公器私用　擅权谋私

作为人保投控党委书记、总裁，刘虹本应承担起集团国有资产调控处置、保值增值的重要使命。他非但没有履行好自己的职责，反而利用手中掌握的金融资源、组织赋予的权力，甘愿被老板围猎，甘当金融"捐客"，将擅权谋私发挥得淋漓尽致。

刘虹与不法商人勾结沆瀣，以权谋贿。2011 年，人保投控将持有的有关公司股权挂牌转让，转让标的额巨大。刘虹自然不会放过从中捞取好处的机会，他接受某信托公司债权融资次级受益人的请托，为其在履行借款业务、购买资质审核、诚意金缴纳、排除竞争对手、股权交接等事项上提供帮助，并通过签订虚假委托代理协议的方式收受巨额贿赂。在转让协议达成后，刘虹又伙同人保投控原党委委员、副总裁刘某，以拒不交出公司公章、拒不配合股权交接工作等方式索贿。刘虹以明显低于市场价的价格向请托人购买房产，购买房产实际支付金额与评估价差价达 200 余万元。刘虹贪婪成性，从隐秘捞钱、收受节礼发展成为赤裸裸的利益输送、收钱索贿，还曾因为钱款数额与商人老板讨价还价、相互争执，上演权钱交易的丑剧。

"我有一个错误的观点……只要不是凭借直接权力，而是凭金融知识和技术，凭对政策法规的熟悉而给别人帮助，就可以收取费用"，刘虹在忏悔材料中这样写道。基于这种自欺欺人的认识，刘虹利用自己在金融领域的职务便利和影响力，充当资金"掮客"、信息中介，从中牟利，毫无顾忌。

刘虹为某公司实际出资人谋取利益，收受其提供的价值巨大的干股；他接受某公司法定代表人王某的请托，安排王某的儿子及其女友在人保投控实习，并承诺为王某公司业务发展提供帮助，收受王某现金和购物卡共计20多万元；他借向某企业介绍融资业务之机，收取融资"业务提成"200多万元；他违规获得股票内幕信息后提供给同乡，从中获取"炒股分红"100多万元；他先后接受两名银行支行行长请托，帮助"揽储"并收取礼品礼金折合人民币10多万元……对此，刘虹"心安理得"，却不知早已逾越了纪法红线。

欲盖弥彰　掩耳盗铃

"几乎每个月都会想我要不要向组织上报告，去自首说明情况。但是不知道怎么办，经常心惊不已。贪念、恐惧和侥幸使我下不了决心。"这是刘虹在忏悔材料中写下的话，但悔之已晚。

理想信念出了问题，对党的忠诚、对组织的敬畏就无从谈起。在历次个人事项报告表中，对于通过他人账户进行的投资和在香港的港币存款，购买、持有、卖出位于北京的某房产，参股某公司等情况，刘虹均只字未提。人保集团原纪委对刘虹有关公车私用等问题进行函询，刘虹一口否认。面对组织的提醒挽救，刘虹宁可去看心理医生缓解压力，也不向组织坦白交代。

刘虹自恃身居人保投控一把手，能够随时观察动向、把控局面，暗地里与他人勾结串联，对抗组织审查。2015年，为应对审计署审计和中央巡视，刘虹与相关人员多次商议，统一口径，订立攻守同盟，签订虚假借款协议、股权转让协议、房产代持协议，伪造归还借款、转让股权等假象，对抗组织审查，掩盖收受贿赂的违纪违法事实。2016 年后，刘虹自认为组织对其调查已结束，便陆续要回部分前期虚假归还的钱款。"收了退、退了再收"滑稽戏的背后，是一颗忐忑而又贪婪的心。

直至被审查调查期间，刘虹还曾一度将自身的违纪违法问题归咎于公司"市场化"，大谈特谈自己对公司的"贡献""政绩"，对自身的问题视而不见，对自己的罪行不思悔改。然而，机关算尽太聪明，掩耳盗铃终无用。背弃了党员干部的理想信念，等待刘虹的只能是身陷囹圄的下场。

【风险梳理】 >>>

方向迷失，信仰崩塌。作为党组织委以重任的主要领导干部，刘虹忽视党性锤炼，政治"褪色"，思想"下海"，作风"生锈"，沉迷于灯红酒绿、声色犬马，肆意追逐金钱物质、个人私利，完全丧失了一个党员、一个领导干部的政治本色。党员领导干部不修党性、不修德行，方向迷失、信仰崩塌，必将走上歧路，对党的事业也将造成很大的风险。

权力集中，监督失效。刘虹在人保投控任一把手长达 10 余年，多年的权力经营，使得他在人保投控说一不二。公司主要职能部门的负责人都是在他手中提拔的，个别人还成了他的"亲信""铁杆"。将人权、事权、财权集于一身，从业务经营、选人用人等重大决策，到一些琐碎小事，都是他说了算。对于刘虹的权力行使，上级监督太远，同级监督太软，下级监督太难。

政治建设薄弱，生态污染。刘虹担任人保投控一把手期间，选人用人时以人划线，把"听话"作为标准；作风专横，在班子内部压制不同意见；把自己的"亲信"安排到主要的经营机构，并从中报销个人费用；与人保投控原副总裁刘某相互勾结，形成利益共同体，成为贪腐"伙伴"。他的这些所作所为，使人保投控党的政治建设每况愈下，政治生态受到严重污染。对于刘虹的部分违纪违法问题，公司的班子成员掌握，中层干部知道，甚至普通员工也有所耳闻，但没有人敢于坚持原则，都不愿"触雷"。即使是在刘虹被采取留置措施后，个别班子成员对刘虹的问题仍然讳莫如深、三缄其口，不愿意向组织报告。

【忏悔材料】 >>>

我迷失在市场经济大潮中，公私颠倒。我自己又不警惕，自我反省少、要求低，慢慢忘了"我是谁"。当时，我几乎不看中央文件，政治意识淡漠，对具体业务的关注远远超过政治思想工作。在每天具体细小的工作中我越来越关心利益，功利心越来越浓，把公事从事业追求变成例行公事，把谋私事、谋私利变成为个人追求，公私颠倒，对信仰的忠诚渐行渐远。

我在疯狂地想私事、谋私利的过程中，还有几个错误的观点。一是"双重身份"，在公司里的公务身份，办私事时的私人身份。我很少把自己看成是党员、党委书记，更多的是把自己看成职业经理人、专业人士。二是不在自己任职的单位做私事，不损害国家利益，但可以在别的机构谋私利。只要不是国有单位，就可以想方设法谋取利益。三是认为不是凭借直接权力，而是凭金融知识和技术，凭对政策法规的熟悉而给别人帮助，就可以收取费用。由于这些错误观念，在做私事、谋私利时，心里没有什么负罪感，根本意识不到自己是在违纪违法。我完全忘记了自己是党员、是干部，忘了自己的岗位职责。经过纪委监委同志的教育，我现在非常惭愧和后悔。

"党员的身份决定着，一名党员无论在什么地方、什么岗位，他的第一身份是共产党员，第一职责是为党工作"，这是习近平总书记反复告诫我们的。我没有听习近平总书记的话，忘记了我是谁。初心信仰蜕变了，在利益和欲望之中迷失了。现在我深深地后悔没有保持清醒的头脑，丢失了原则，在"温水效应"之中走向了堕落；后悔当年没有坚持对理想信念的追求；后悔多年来没有坚持党性的锻炼和思想改造；后悔自己迷失歧路，没有警醒、没有悬崖勒马、没有早日悔悟。

家是人生的起点和终点，家庭是人们避风的港湾。对家庭的忠诚如同对组织一样，讲的都是责任和奉献。我自以为是，违纪违法，打碎了全家人的平安幸福，惭愧至极，抱憾终生！

【办案手记】 >>>

刘虹在反思自己走上违法犯罪道路原因时讲道："1999年我从国家部委调离，自己产生了一个'下海'的错误心态。

我的思想定位就下滑了，觉得不需要再承担更多责任，对信仰的忠诚就开始打折扣了。'下海'和思想定位下滑是我信仰忠诚蜕变的开始，之后就像失锚的小船随波逐流，再也回不了初心。我很后悔当年'下海'，后悔不自重，更后悔那时没有想清楚'我到底是谁'。如果始终按党员标准，保持较高的人生追求，保持有价值的人生期许，就不会有今天的可悲下场。"

刘虹对自己的剖析说明了一个很重要的问题，所谓"心态"的改变，实质上是理想信念的动摇。国有企业的领导干部一定不能忘记"我是谁"，不能有思想"下海"的心态。其实，与其说刘虹这样的领导干部是"坏人"，不如说是"迷者"。他要的那些钱根本花不了，只是在商海中迷了路、迷了心，在人生诸多的岔路口上选择了错误的一条。

从刘虹案件中我们可以得到一个深刻的启示，那就是党员领导干部特别是国有企业的党员领导干部必须牢记自身的党员身份，牢记自己是为党工作的，注重加强党性修养，用坚强的党性战胜自己内心的欲望，才能避免滑向违法犯罪的深渊。

【警示剖析】 >>>

国有企业必须切实加强党的政治建设。政治建设是党的根本性建设。国有企业包括国有企业控股的按照市场化规则运行的子公司，都必须切实加强党的政治建设，坚决摒弃只讲业务不讲政治的错误思想、错误做法。要坚定政治信仰，坚持用习近平新时代中国特色社会主义思想武装全体党员，夯实全体党员的思想根基。要坚持党的政治领导，将党的领导全面融入公司治理结构，切实发挥党委的领导核心和政治核心作用。要严肃党内政治生活，严明政治纪律，发展积极健康的党内政治文化，营造良好政治生态。

一把手的权力必须被关进制度笼子。 刘虹擅权妄为、违纪违法多年，一个重要原因就是其作为一把手的权力得不到有效的监督。要加强党内监督，将纪律监督、监察监督、派驻监督、巡视监督贯通衔接起来，把上级监督、同级监督、下级监督的合力发挥出来，形成严密的监督体系。要深化纪检监察体制改革，充分发挥派驻中管金融机构纪检监察组"派"的权威和"驻"的优势，充分发挥"探头"和"不走的巡视组"作用，针对同级班子成员特别是一把手，履行发现、提醒、制止、报告的职责。要加强一把手轮岗交流，减少腐败风险。

党员领导干部必须树立正确的权力观。 公权姓公，是党和人民赋予的，不是个人私产，更不应成为营私的工具。本案中，刘虹权力观异化扭曲，自欺欺人地认为，自己提供专业知识、信息就可以收钱，其实是为自己公权私用找借口，是混淆视听、自我安慰。权力染上铜臭味是最大的风险。各级党员领导干部要牢记习近平总书记教诲，树立正确的权力观，牢记权力是上下左右有界受控的，坚持廉洁用权、秉公用权、依法用权，坚守共产党人精神家园。

用坏一人　祸己殃企

原宏源证券股份有限公司党委书记、总经理
胡强案例警示录

"为政之要，莫先于用人。"原宏源证券股份有限公司（以下简称"宏源证券"）党委书记、总经理胡强在错误经营思路的支配下，盲目使用有才无德之人，纵容其违规违法行为，导致自己身陷囹圄，给宏源证券造成巨大损失，教训深刻。

2017年10月，胡强因犯国有公司人员滥用职权罪和对非国家工作人员行贿罪，被判处有期徒刑四年一个月，并处罚金人民币20万元。2018年1月，胡强被给予开除党籍、行政开除处分。

用人不察　用权不严

1969年出生的胡强，身兼经济学博士、中国证监会注册保荐代表人等多重光环。凭借较强的业务能力和丰富的管理经验，2007年8月，38岁的胡强出任宏源证券总经理。

为抢占债券业务市场，胡强于2008年下半年引进业内人称"陈大胆"的陈某，由其负责筹建债券销售交易部并出任部门总经理。在陈某带领下，债券销售交易部在较短时间内便创造了巨大的经济收益，一度成为宏源证券最重要的利润机器。凭借出众的业绩，陈某很快成了公司收入最高的骨干，但受限于宏源证券的企业性质，公司给其发放的奖金没有达到胡强最初对陈某承诺的水平。

为了弥补薪酬上的"价差"，陈某决定"自谋财路"。2010年3月，陈某策划在自己管理的公司自营账户外设立结构化理财产品，通过控制理财产品收益率，利用结构化理财产品的次级部分，将宏源证券的利益输送到由其操控的理财产品账户，并据为己有。为规避监管，陈某决定以为理财产品做投资顾问的名义实施计划，并将该想法披上"业务创新"的外衣，向胡强和分管副总裁作了请示汇报。其间，公司部分高管人员提出反对意见，认为该做法违反《证券公司证券自营业务指引》的相关规定，可能导致宏源证券的自营业务与理财业务之间形成交叉，产生利益输送风险。

面对这种情况，胡强选择了纵容陈某的行为。胡强在明知公司债券销售交易部门不应从事投资顾问业务、没有权限发行理财产品的情况下，不顾其他高管人员反对，既没有上报董事会，也没有召开总经理办公会研究，违规批准陈某以资产管理部的名义为理财产品做投资顾问，并通过资产管理部的渠道，向银行发送由陈某决定的投资建议书。

沆瀣一气　损公肥私

在胡强的支持下，2010年5月至2013年8月，陈某等人先后通过三家金融机构，以做投资顾问为名，分别设立并实际操控多款结构化理财产品。理财产品分为优先级份额和次级份额，优先级风险小、收益低，由其他金融机构认购；次级风险大、收益高，由陈某、债券销售交易部员工和他推荐的其他个人按一定额度认购。作为次级投资者，享有优先级投资者分配后的全部剩余收益。

之后，陈某频频突破"隔离墙"制度，以"定向交易"和"让渡宏源证券资源"两种方式，将宏源证券的利益输送到相关理财产品中，从而增大理财产品收益。这几款理财产品存续期间，共发生定向交易180笔，发生"让渡宏源证券资源"的交易62笔。其间，胡强在陈某的推荐下，也认购了其中两款理财产品的次级投资份额。成为"局内人"的胡强，还向公司其他高管人员进行了推荐，部分高管以亲友名义认购了一款正在发行的理财产品。

这些理财产品到期后，陈某从中非法获取巨额利益，宏源证券则遭受巨大经济损失。

原则尽失 放纵腐败

2010年5月至10月，某证券公司先后承销了多只一级市场债券，该公司人员孙某伙同他人，在销售债券过程中向分销商索要回扣。为获取债券分销资格，陈某在得知此事后，向胡强和分管副总裁作了汇报。胡强表示"只要能拿到债券，不管是给公司还是给个人，都可以返还回扣"。在一把手的点头同意下，宏源证券以支付财务顾问费的名义，向孙某等人给予巨额回扣款。最终，宏源证券获得了多只债券的分销资格，获得了可观的业务收入。然而，这种行为破坏了公平竞争的市场环境，违背了诚实信用原则，严重侵蚀扰乱市场秩序，同时也让胡强背上了行贿的罪名。

矗立在北京市金融街的某大厦，曾是原宏源证券的办公地点。大楼内，胡强曾经的办公室空空荡荡，墙上挂着的"上善若水"四个字也已蒙尘。这曾是胡强的人生信条，但他却未能参透其中含义，忘却了权力的"源头"，守不住心中的"清流"，最终让自己身陷囹圄，也让国有资产蒙受了巨大的损失。

【风险梳理】 ▶▶▶

经营思路出现偏差。为了追求市场份额和经营业绩，原宏源证券经营班子未能坚持稳健经营方针，提出了"跨越式发展""弯道超车"等与公司既有管理水平不相匹配的发展口号，导致在一些业务领域中，粗放经营十分严重，业务拓展与风险控制明显失衡。信息隔离墙、内幕交易防控工作等得不到应有重视；公司的资源向个别部门过多倾斜，对部分人员的激励措施远远超出市场正常水平。正是由于经营思路出现偏差，对于陈某在自己管理的自营账户外设立结构化理财产品的行为，胡强在部分高管人员明确反对的情况下仍予以纵容。

一把手纪律规矩意识淡薄。胡强作为国有金融企业一把手，在明知相关业务违规且存在利益输送风险的情况下，违反"三重一大"决策制度，既未向董事会请示汇报，也未召开总经理办公会讨论研究，不顾公司其他高管人员的反对意见，予以同意。为获得债券分销资格，他纵容下属以公款行贿，利令智昏，不择手段，将党纪国法视同儿戏。

选人用人导向不正。 胡强以单纯的业务能力标准取人，抛弃了我们党"德才兼备、以德为先"的选人用人原则，以高薪挖来了素有"陈大胆"之称的陈某。对于陈某提出的明显违规、旨在满足个人利益诉求、存在利益输送风险的想法，胡强不是坚决予以抵制，而是无原则迁就、纵容，反映出其将才置于德之上的用人观念。

监督制约机制失效。 建立"隔离墙"，确保自营业务与经纪、资产管理、投资银行等业务严格分离，是《证券公司证券自营业务指引》的明确要求，也是防范金融风险的重要机制。然而，胡强的擅权妄为，公司其他高管人员的"逆来顺受"，让监督制约失去效用。胡强未经集体研究，擅自批准陈某的违规行为，公司其他高管人员虽有提出反对意见、但未采取有效措施予以制止。陈某突破"隔离墙"制度进行利益输送，公司有关高管人员不仅不制止，反而参与其中。合规管理、风控机制不能有效发挥作用，为案件发生提供了可乘之机。

【警示剖析】 >>>

端正政绩观，不单以"业绩"论"成绩"。 胡强发展思路走偏，片面追求经营业绩、追求市场规模、追求短期利益，急功近利，忽视党的建设，忽视风险控制、合规管理，忽视法律，导致其盲目追求的所谓"业绩"成了"空中楼阁"，使自己身陷囹圄的同时，也给宏源证券造成巨大损失。习近平总书记强调："坚持从巩固党的执政地位的大局看问题，把抓好党建作为最大的政绩。"国有金融企业领导干部要提高政治站位和政治自觉，树立正确的政绩观，扎扎实实抓好党建，把抓好党建作为企业长远发展的根本；既要做看得见、摸得着的"显功"，也要做打基础、利长远的"潜功"，努力创造经得起实践和历史检验的工作成绩。

　　位高不擅权，一把手不能成为"一霸手"。国有金融企业一把手权力不小，如果缺乏有效的监督和约束，就可能造成权力运行中的风险。胡强独断专行，违反"三重一大"制度和民主集中制原则，逾越公司治理机制，最终酿成重大违纪违法案件。国有金融企业领导干部必须谨记，一把手是党委班子的带头人，是所在单位发展的领路人，行使权力必须在党纪法规制度的约束下，必须自觉接受班子成员和党员干部的监督，不唱独角戏、不搞一言堂，做到位高不擅权、权重不谋私。

　　所行必为公，莫让"创新"成"谋私"。金融是倡导创新、追求创新的行业，创新是金融的内在基因。然而，从近年来发生的一些案件来看，一些不法分子借创新之名行谋私之实，通过各种五花八门、眼花缭乱的所谓创新业务、创新产品，进行套利、圈钱，在利益输送、中饱私囊的同时，造成资金空转、融资成本增加、金融风险积聚。金融必须服务于实体经济，金融创新必须以更高效率、更高质量地服务实体经济为根本目的，必须合乎法律法规和监管要求。国有金融企业领导干部必须坚守金融初心，出于公心，守正出新，以真正的金融创新提升服务实体经济的能力，决不搞各种旨在谋取一己私利的伪创新。

滥权腐化　自毁前程

中国长城资产管理股份有限公司
原总裁助理桑自国案例警示录

【基本案情】 >>>

中国长城资产管理股份有限公司（以下简称"长城公司"）原总裁助理桑自国违纪违法问题具有很强的典型性，是金融领域内部人员擅权妄为、扰乱金融秩序、造成国有资产重大损失的典型，是利用金融专业知识、内外勾结、损公肥私的典型，是无视政治纪律、违背党性原则、对抗组织审查调查的典型，是领导干部中政治素质低下、纪律意识淡漠、道德品质败坏的典型。

经查，桑自国严重违反政治纪律、中央八项规定精神、组织纪律、廉洁纪律、生活纪律，涉嫌受贿罪、利用未公开信息交易罪、国有公司人员滥用职权罪。2020年1月，经银保监会党委研究决定，给予桑自国开除党籍、开除公职处分；经北京市监委研究决定，将其涉嫌犯罪问题移送检察机关审查起诉。

信念缺失　毫无党性原则

从农村走出来的桑自国人生经历十分丰富，在国内著名高校取得经济学博士学位，在私企工作过，自己开办过公司，2009年进入国有金融机构工作，2010年入党。但他入了党的门，却未真正做党的人，党员的光荣身份被他视作个人发展的"登云梯"，其内心深处始终以"社会人""市场人"自居。桑自国不学习党的政治理论和党章党规党纪，组织观念极为淡漠，党的意识严重匮乏，对党的十八大后党中央推进全面从严治党的形势、任务、要求等麻木不仁、懵懂无知。他借年节、结婚、生子之机敛财，长期违规收受客户、下属所送礼品礼金，甚至党的十九大后依然我行我素、毫不知止。

桑自国自身党性修养严重缺失，也不履行管党治党政治责任。他兼任长城公司下辖的新盛信托公司、国融公司党委书记期间，只抓业务经营，不抓党的建设，没有专题研究过党建工作，没有认真组织过政治学习，没有开展过党建考核，没有讲过一次党课，也极少参加支部组织生活。桑自国对党不忠诚不老实，违反个人有关事项报告规定，故意隐瞒个人房产、股票交易情况。

被立案审查调查前，组织曾就有关问题函询桑自国本人，他不仅不珍惜组织给予的机会，反而避重就轻、揽功诿过，向组织提供虚假情况、掩盖事实。在组织对其问题线索开展初核期间，桑自国一方面两次给组织写信，名为检讨实为捏造事实、刻意狡辩，编造的一些理由和说辞荒谬至极；另一方面多方请托、打听案情，甚至在中央党校参加政治理论学习期间，多次找关系人私下补签"借条"、伪造合同，藏匿证据、转移财物，串通勾兑、订立攻守同盟，一边接受党性教育，一边策划与组织交锋，狂悖至极。

甘于被围猎　大搞权钱交易

桑自国喜欢搞"小圈子"，在单位内部信任关照"老乡圈""亲友圈"，对有不同意见的下属打压、排斥；在单位外部混迹"校友圈""老板圈"，暗通款曲、唯利是图，对逢迎自己的客户大开"绿灯"，对不攀附自己的客户刻意刁难。桑自国建立了一个"长城投资俱乐部"微信群，把公司同事和大量商人老板拉入群里，以探讨项目合作为名，为依附于他的不法商人融资谋利大开方便之门。

这些不法商人看中桑自国掌握的金融资源、看透其身上的弱点，大打感情牌、美色牌、利益牌，千方百计投其所好。桑自国家人生病住院时，他们主动跑前跑后、车接车送；桑自国公务出差时，他们鞍前马后、争相款待，一起出入高档会所、打高尔夫球；桑自国因公出国时，他们闻讯随行、送钱送物。

在不法商人的围猎、吹捧中，桑自国心态日益扭曲，逐渐迷失了自我，用他自己的话说就是"整个人都飘飘然忘乎所以了"。久而久之，江湖习气取代了纪律规矩，国有利益让位给了朋徒私利。桑自国拿这些不法商人当"兄弟"、用国有金融资源讲"义气"，慷国家之慨、饱私人之囊，而这些不法商人却视他为赚钱工具。桑自国在层层围猎中败下阵来而不自知，还大言不惭地说："在我眼里，身价几个亿的算不上朋友，我的朋友都是身价几十亿、几百亿的老板。"

内行作案　扰乱金融秩序

桑自国将其长期掌管的长城公司投资、投行业务领域视作个人的"自留地""后花园"，在有关项目决策、选人用人、绩效分配、资金支配等方面独断专行，大搞一言堂。他对中央稳金融、防风险的大政方针和相关政策置若罔闻，违反规定和程序，擅自决定重大投资项目，甚至在有的项目已被预判存在重大风险隐患的情况下，仍盲目投资，导致一批融资资金投向高风险领域，在出现风险后又通过自卖自买方式倒手掩盖、欺上瞒下，造成国有资产重大损失。

桑自国利用掌握长城公司二级市场股票投资决策信息的职务之便，暗中操纵特定关系人股票账户进行趋同交易，从中非法获取高额回报。他罔顾国有金融资产管理之责，通过设立股权投资基金等方式，引入特定关系人参与，里应外合从中渔利，并安排长城公司下属企业出资进行风险兜底，确保特定关系人利益最大化，"用国家钱种树，让自己人摘果"，再将特定关系人变成自己的"提款机""钱袋子"。他利用职权和职务影响，先为私营企业重组、股权投资、不良资产处置等提供帮助，再在项目运作关键时刻"卡脖子""使绊子"，最终借股权转让、房产买卖等名义索贿受贿、巧取豪夺。

家风不正　亲情观扭曲

桑自国亲情观扭曲，将亲情凌驾于党纪国法之上，利用职权和职务影响，不遗余力为家人谋取私利。

为帮助妻子拉存款、做业绩，桑自国要求长城公司客户将数亿元资金存放其妻所在银行，指使下属公司每月拿上亿元日常周转资金为其妻揽储冲业绩，其妻借此获取高额绩效奖励。桑自国还积极为经商办企业的哥哥拉关系、揽项目，经常在公务出差期间带他随行，帮其积累金融人脉资源、开拓商业合作渠道，以至长城公司很多分支机构人员都对其哥哥十分熟悉。

桑自国自认为对亲属负有帮衬提携之责，为帮助侄子、外甥购房，多次向与长城公司有业务关系的商人老板"借钱"。他专门建立微信群，将侄子、外甥和很多商人老板及其子女拉入群里，为他们进一步攀结关系、延伸交往、固化利益搭建平台、创造条件。对此，桑自国的亲属没有一人加以提醒、制止，反而都安之若素、乐享其成。

【风险梳理】>>>

党的领导弱化问题突出。 桑自国案暴露出，所在单位党的领导弱化、党的建设缺失、全面从严治党不力，重业务轻党建，党性教育缺失，对"圈子文化"、送礼之风等破坏政治生态的问题重视不够、治理不力，班子和队伍建设存在短板。桑自国自 2011 年入职长城公司后一直负责投资、投行业务，职责分工从未调整，甚至在桑自国本人提出调整建议后，长城公司党委却以业务需要为由予以"慰留"，客观上为其固化权力、肆意妄为提供了土壤。

监督制约机制严重缺失。 桑自国案暴露出，所在单位经营发展激进、管理方式粗放、制度空转、监督失灵问题突出。桑自国自恃"专业权威",个人实际把持了投资投行业务决策审批权,许多重大投资项目均由其个人拍板,"三重一大"决策机制形同虚设,有关经营决策会议沦为桑自国实施个人意志的工具,致使投资投行业务片面追求规模速度,严重偏离主责主业。

风险防控层层失守。合规和内控制度不完善,部分项目人员合规风控意识薄弱,项目各阶段权责利划分不清,审核穿透不深,出资审查把关不严,有的项目存在投后管理真空,客观上为规避监管监督提供了空间。桑自国利用业务审批权力和金融专业手段,通过成立联合私募、介绍投资项目、参股金融公司等隐蔽性更强的方式打造利益输送灰色链条,给国有资产造成重大风险和损失。

【忏悔材料】 »»»

被留置之初,我几乎怀疑自己在梦中,不愿相信自己被审查调查的现实,更不愿相信我已在犯罪的深渊里。几个月来,在组织耐心细致的教育感化下,我经历了一次严肃且沉重的人生洗礼,洗出了我这十年来的累累罪行,洗出了我麻木不仁的内心,使我认识到自己犯下了不可饶恕的罪行,我痛恨自己,悔恨万分。

我愧对党的培养。长期以来,我缺乏理想信念,轻视政治理论学习,没有敬畏之心,为应对组织的调查,我自作聪明地把受贿伪装成业务往来和借款,利用职权让商人老板帮忙打探案情,在个人事项报告中隐瞒购房、个人经商、股票投资及婚育等情况。中央三令五申禁止党员领导干部打高尔夫球，我却明知故犯、阳奉阴违，想尽办法让自己打上高尔夫球。在党中央不断强调家风教育的时候，我却一再违反生活纪律，忘记了道德廉耻，最终落得个自甘堕落、自食恶果的可耻下场。

我愧对公司的信任。刚到长城公司时，我任职的投资投行事业部创下了长城公司成立以来的最好业绩，我也因此步步高升。但是，我没有去想是谁给自己提供的平台，忘记了组织的培养和同事们努力的因素。2015年7月，我被提拔为公司总裁助理后，整个人都飘飘然忘乎所以了，完全忘掉了对组织培养的感恩之心。在公司内部骄傲自大，我以功臣自居，处处表现出业务专家和公司高管的派头，脱离群众和组织的监督。在灯红酒绿的饭桌前，在纸醉金迷的高档会所中，在一群大老板的阿谀奉承下，自我感觉越来越好，贪欲逐渐占据内心，慢慢地迷失了正确方向，失去了政治定力和党性原则，忘记了自己作为党员领导干部的身份和底线。与老板们越走越近，与组织越来越远，滥权渎职，损公肥私，大肆用公权换私利，给公司经营造成了巨大的损失和风险。

我愧对家人的关爱。曾经的我，在姐姐为了我放弃学业的时候，在别人嫌弃我农村人身份的时候，我都暗暗发誓，一定要出人头地，让别人看得起，一定要回报家人对我的付出，所以我把大家族的荣辱得失看得很重。一路走来，我让父母家人感受到了荣耀。但是，我觉得还不够，为了带给家族更多的荣耀和好处，手中有了权力之后，我处心积虑地为我的家人在工作调动、买房、就业、做生意等方面提供帮助，希望他们个个出人头地、家家生活富裕。人心不足蛇吞象，我机关算尽，最后却落了个犯罪的可悲下场，家族也因我而蒙羞。我努力拼搏盖起的"高楼"，被我自己一把推倒，毁掉我个人生活事业的同时，也毁掉了父母心中的骄傲和自豪，毁掉了妻儿生活的寄托，毁掉了家族的荣耀。我当上领导干部之后，眼里看重的是权力勾兑，看重的是利益交换，看重的是物质享受。我在贪欲中堕落，在贪婪中毁灭，财色兼收、欲求不满，弄得自己党员不像党员，领导干部不像领导干部，变成了可耻的罪犯。

被留置以后，在组织对我的关怀和谈话人员对我的教育下，我真切体会到党组织的爱护，也真正认识到自己所犯的错误。我愿意诚恳地接受党纪国法的处罚，积极参加改造。我希望通过努力，改正自己的错误，弥补自己的罪行。

【办案手记】 »»»

参与专案审查调查，亲眼见证了一名党员领导干部、高学历人才、金融专业人士，从小错到大过，由违纪到违法，最终滑向犯罪深渊的心路历程。从其忏悔材料中可以看出，在被围猎的初始，桑自国也曾惶恐不已、惴惴不安，在欲望和恐惧中来回挣扎，但最终贪欲战胜了党性，数十年的金融从业经历以牢狱收场。桑自国面对审查人员时坦言，如果当初有人像工作组人员这样对自己进行提醒教育，剖析深挖思想根源，让自己认识到问题的严重性，自己或许能够及时悬崖勒马，也不至到如今地步。这也让我感受到，充分运用好监督执纪第一种形态，是对干部真真切切的严管厚爱，也是防范重大金融风险的重要举措。

　　理论和实践证明，充分运用监督执纪第一种形态，能够有效避免由轻微违纪演变成违法犯罪。从点上看，可以立足于早，立足于小，做到经常化、日常化地提醒，及时将问题化解在萌芽状态，有效地保护好干部。从面上看，可以营造监督无处不在、纪律如影随形的严管厚爱氛围，这是最好的教育方法，也是推动全面从严治党从"关键少数"向"绝大多数"扩面的重要途径。

【警示剖析】 >>>

　　国有金融机构和金融监管部门必须履行好全面从严治党政治责任和监管主体责任，切实做到管住人、看住钱，筑牢制度防火墙。全面从严治党是国有金融机构强"根"固"魂"的关键所在。国有金融机构各级党委要把坚持党的领导、加强党的建设作为立企之本、兴企之要。金融监管部门要深入研究把握金融运行中出现的新情况新动向，不断提高监管水平。要管住人，持之以恒加强党性教育、宗旨教育、纪法教育、警示教育，从严从细规范从业人员行为，对苗头性、倾向性问题早发现、早警觉，对严重违纪违法的坚决查处。要看住钱，金融监管部门要紧盯资金管理使用，完善监管机制，提升监管质效；金融机构要加强对资金使用真实性、合规性、效益性的监督，及时识别潜藏的廉洁风险，坚决维护国有资产安全。要筑牢制度防火墙，建立严密的业务管理和风险防控制度，切实捆住一些人胡作非为的手脚，为金融机构党员干部担当作为、干事创业提供有力的制度保障。

国有金融机构党员领导干部必须坚定信念、对党忠诚，始终牢记自己的第一身份是共产党员、第一职责是为党工作。理想信念是共产党人的精神之"钙"，对党忠诚是党员干部的首要政治品质。国有金融机构的党员领导干部，一定要提高政治站位，坚定信念、对党忠诚，牢记自己的政治身份，坚决履行好肩负的政治责任。要强化理论武装，认真学习习近平新时代中国特色社会主义思想，增强"四个意识"、坚定"四个自信"、做到"两个维护"。要砥砺党性品格，恪守对党忠诚这个根本要求，把牢理想信念"总开关"，做到任何时候都忠于组织、诚实守信、光明磊落。要坚持爱党护党，时刻牢记自己的第一身份是共产党员、第一职责是为党工作，自觉把党的原则化为从业履职的基本遵循，把党的要求融入经营管理的具体实践，真抓实干、任事担当，做国有金融资产的忠诚卫士。

国有金融机构党员领导干部必须自觉净化社交圈、生活圈、朋友圈，在坚决抵制围猎中构建健康有序的"亲""清"关系。党员领导干部不是生活在真空里，现实生活中必要的人际交往是不可避免的。国有金融机构的领导干部掌握着稀缺金融资源，一定要自重自省、警钟长鸣。要涵养高尚志趣，注重磨砺品性心志，培养健康生活情趣，用心守护精神家园的净土。要择善交友，坚决破除各种畸形变异的"圈子文化"，牢记"人情之中有原则、交往当中有政治"，做到明辨是非、克己慎行。要坚守"亲""清"的界限，主动优化金融产品、提高服务质量，坦荡真诚地同服务对象、商业伙伴接触交往，坚持君子之交淡如水，守住做人、处事、用权、交友的底线，真正做到"亲"则两利、"清"则两安。

　　国有金融机构党员领导干部必须树立健康有度的亲情观，以清廉守正的人生大义涵养良好家风。重视亲情是中华民族的优良传统和家庭美德，国有金融机构的党员领导干部一定要明白亲情需要"清"养、严管才是真爱的道理，把廉洁修身、廉洁齐家作为涵养家风、守护亲情的根本。要严格自律、严守正道，时刻牢记党规党纪、法律法规，严操守、修品行、重廉洁，自觉传递遵规守纪的正能量，以实际行动为家人带好路、当表率。要真正严教严管，发挥家庭"主心骨"作用，告知家人什么话不能说、什么事不能做、什么人不能交、什么场合不能去，经常敲敲违法乱纪害人害己的警钟，一同见贤思齐、防微杜渐、拒腐防变，为共同点亮出彩人生构筑安全可靠的家庭后盾。

"百亿业务明星"的覆灭

太平石化金融租赁有限责任公司上海业务总部
原总经理姜兴辉案例警示录

【基本案情】 》》》

君子爱财，取之有道。太平石化金融租赁有限责任公司
（以下简称"太平石化金租"）上海业务总部原总经理姜兴辉，
靠着自身能力和积累的丰富社会资源，成了"百亿业务明星"，
但却因为心中的贪欲，追求非分之财，视法律、制度为无物，
最终坠入了犯罪的深渊。

2017年10月，姜兴辉被公安机关刑事拘留。2019年11
月，法院一审判决姜兴辉犯合同诈骗罪、非国家工作人员受贿
罪，判处其无期徒刑，剥夺政治权利终身，没收个人全部财产。

一封举报信 "明星"现原形

2017年7月，中国太平保险集团收到上级转来的一封举
报信，反映太平石化金租有关人员通过融资项目索贿问题。内
部核查的结果令人惊愕，一家没有参与融资项目的融资租赁
公司却获取了高达4000多万元的联合融资服务费，而太平石

化金租甚至不知道该公司的存在。更为可疑的是，该融资项目的融资抵押担保手续，被姜兴辉私下指使下属撤销。集团立即向公安机关报案，随着调查的深入，姜兴辉通过经手的融资项目收取巨额钱财的事实逐渐浮出水面。

在太平石化金租，姜兴辉是不折不扣的"业务明星"。2014年9月进入太平石化金租后，姜兴辉迅速打开了业务局面，短短的3个月时间就由客户经理晋升为部门副总经理。2015年姜兴辉个人投放资金40多亿元，2016年个人投放资金近60亿元。仅仅两年时间，姜兴辉就带领业务团队，实现投放资金量超过百亿的优秀业绩，占了公司总体业务量的半壁江山。他也因此晋升为上海业务总部总经理。

然而，在"百亿业务明星"的光环背后，是一颗贪婪的心。

初进公司门 结伙敛财急

2014年下半年，某建设公司员工朱某将该公司需要融资以及融资成本等信息告知社会人员刘某，刘某又将此信息转告姜兴辉。姜兴辉表示，可以通过太平石化金租名义办理上述融资业务。朱某在获知可以办理融资业务后，即与刘某约定以咨询费名义收取好处费，并签订了相关顾问合同。

同年10月初，姜兴辉、刘某分别向该建设公司提供了太平石化金租融资报价方案和上海某股权投资基金公司咨询费报价方案。随后，该建设公司与太平石化金租签订了《融资租赁协议》，与上海某股权投资基金公司签订了《融资租赁财务监管咨询服务合同书》。在太平石化金租向该建设公司支付融资款后，该建设公司向上海某股权投资基金公司支付咨询费

1800 万元。随后，刘某将其中 400 万元转入姜兴辉妻子的银行账户。

通过虚假的"服务合同""顾问合同"，利用太平石化金租与该建设公司之间的信息不对称，姜兴辉等人攫取了巨额利益。此时，距离姜兴辉入职太平石化金租，才不到两个月的时间。

贪欲无边际　黄粱一梦醒

对"业务明星"，太平石化金租给予了优厚待遇和高额奖励。姜兴辉在太平石化金租 3 年时间内，每年都获得了 20% 以上的加薪，2015 年和 2016 年分别获评"展业标兵"和"特殊贡献"。公司还专门开会，决定给予百亿团队负责人享受与公司班子成员相同差旅费标准的待遇，该政策只有姜兴辉适用，基本上属于为其"量身定制"。姜兴辉自己也承认，自己的工资收入几乎与公司董事长持平。

然而，人心不足蛇吞象。姜兴辉在尝到"甜头"后，参照上述操作模式，在其负责主办的多个项目中谋取巨额非法利益。他利用职务便利，在代表太平石化金租与某高速公司等 10 余家公司开展融资租赁业务的过程中，与相关人员分别搭伙，虚设其他一些租赁公司为联合租赁方，虚构相关公司与太平石化金租共同出资或与太平石化金租有战略合作关系等事实，使得该高速公司等用款方在与太平石化金租签订《融资租赁协议》的同时，与相关租赁公司另行签订《联合融资租赁安排协议》等。通过这些操作，姜兴辉伙同他人以联合租赁安排费等名义骗取该高速公司等用款方巨额钱款，其个人分得资金超过 1 亿元。

黄粱一梦终将醒，荣华富贵转头空。姜兴辉非法取得的钱款主要用于理财和购买房产，案发后全部被追缴。正是年富力强、建功立业的大好年华，却因为一己贪欲身陷囹圄；本应是幸福美满的家庭，如今却与妻女铁窗对望、咫尺天涯。

【风险梳理】 >>>

全面从严治党存在空缺。姜兴辉不是党员，所在单位党组织对于非党员领导干部缺乏有针对性的职业操守教育和监督管理措施。公司处于初创时期，党建基础较为薄弱，存在重规模速度、轻质量效益、轻监督管理的错误发展观，这也为姜兴辉假借公司发展之名、掩盖自身违规违法行为提供了生存空间。

内控管理存在漏洞。作为新成立的公司，太平石化金租在行业准入标准、项目定价管理、风险防控体系建设等方面存在薄弱环节。业务管理流程不够健全，制度执行不严格，公司项目负责人一度权力过大，主办人、协办人互相监督制约不到位，客观上给姜兴辉利用职务便利寻租牟利提供了可乘之机。项目审批机制和流程不够科学，租后管理有关环节存在漏洞，让姜兴辉得以瞒天过海，通过部分项目放款中饱私囊。

干部选拔任用不够科学。公司不同程度存在重选拔任用、轻监督管理，重业务素养、轻操守修养的现象，个别员工任用管理、入职审核不够严格，背景审查不够细致，选拔程序不够规范，没能做到知人善任。对姜兴辉入职之前频繁跳槽的履历未引起足够重视，对其苗头性、倾向性问题未能及时发现、及时处置。

【警示剖析】 »»»

君子爱财，取之有道。"贪如火，不遏则燎原；欲如水，不遏则滔天。"本案中，姜兴辉正是在欲望的支配下，沦为了金钱的奴隶。他目无法纪、心无顾忌，最终锒铛入狱，给自己、家庭和公司都造成了灾难性后果。思想上松一寸，行动上就会散一尺。国有金融企业的每一名干部员工都应树立正确的价值观、金钱观，拒腐防变，警钟长鸣。

德不配位，必有灾殃。姜兴辉在金融租赁行业深耕多年，积累了丰富的业务和人脉资源，这是太平石化金租倚重他的主要原因。但是，姜兴辉不仅未存感恩之心，反而与不法分子内外勾结，吃里扒外、擅权谋私。公权力姓公，也必须为公。国有金融企业的每一名干部员工都必须努力践行社会主义核心价值观，追求高尚情操，培养与自身岗位相匹配的良好道德操守。

权不受限，易生贪腐。一旦失去有效监督，权力就会任性。本案中，太平石化金租对于姜兴辉投放的项目，只关注项目本身是否符合公司准入标准、项目收益率是否符合公司最低收益率要求，对于项目来源没有认真审核，项目主办人权力过大。国有金融企业要认真落实党中央要求，不断健全监督体系，不断加强内部控制，把权力关进制度笼子，着力减少腐败滋生和蔓延的土壤。

下 篇

违反中央八项规定精神案例

住行皆超标　公私界限消

中国印钞造币总公司某下属公司原党委书记、
董事长 Z 某违纪案例警示录

【基本案情】 »»»

　　公务差旅、费用报销、周转用房等在许多法规中都有严格的标准，这些制度规定对于反对奢侈浪费、厉行勤俭节约，保持正常的公务活动具有重要意义。党员干部违反了规定，就应当受到追究。

　　"近日，人民银行系统通报 3 起违反中央八项规定精神典型问题。"2019 年 2 月，中国印钞造币总公司某下属公司（以下简称"C 公司"）原党委书记、董事长 Z 某的名字，出现在了中央纪委国家监委网站上。

　　经查，2013 年至 2016 年，Z 某任 C 公司党委书记、董事长期间，违规公款报销其与家人的酒店住宿费、餐费；超标准乘坐飞机头等舱、公务舱；在公产房闲置的情况下，超标准租赁联排别墅作为周转住房。2018 年 12 月，经中国人民银行党委研究决定，给予 Z 某党内严重警告处分，并责令其退赔违纪款项。

自定标准"升舱位"

Z某任C公司党委书记、董事长时，正值党的十八大召开、中央八项规定出台之际。作为公司一把手，本应以此为契机真抓严管、正本清源，落实中央八项规定精神，加强作风建设，完善制度机制。然而，Z某却在党中央三令五申、中央纪委对违反中央八项规定精神典型案例屡屡点名道姓通报曝光的背景下，仍然我行我素、顶风违纪。

2013年年初至2016年4月，Z某超标准乘坐飞机头等舱66次、公务舱1次，30万元的费用均据实报销。2015年3月，Z某不仅沿用公司此前存在的高管人员可以乘坐公务舱的超标规定，更以票源紧张为借口，自定标准，增加可乘坐头等舱的规定，将错误做法以制度形式进行固定。

公款报销"带私货"

2016年7月至8月，Z某回北京休假，发现自己北京家中的地板被淹，便带着家人搬进了酒店。在某快捷酒店住了几天后，Z某觉得条件一般，于是换到了条件更好的高档酒店。他将餐费并入房费，用公款报销，共计12121元。

在组织向其了解情况时，他称回北京是执行公务。Z某此次回京休假期间确实参加了总公司半年工作会议，但会期仅半天时间。而他却以此为由，将17天住宿费用全部以公务出差的名义报销，并且多有超标。

不住公房"住别墅"

2012 年 3 月，Z 某到 C 公司报到，公司为其安排了交流干部住房。但住了一个月之后，Z 某以该住房位于一楼、冬天较为阴冷潮湿、父母爱人探望不便等为由，要求改善居住条件。

根据 Z 某本人的要求，2012 年 4 月，C 公司在有大量闲置公产房的情况下，为 Z 某租赁了某高档小区一套面积 200 多平方米的精装修三层联排别墅，作为其周转住房。C 公司还为 Z 某购置了空气净化器、冰箱、灶台、油烟机等物品，房租、水、电、有线电视、物业费等费用也均由公司支付。

【风险梳理】 >>>

"特殊论""例外论"仍有市场。中央八项规定出台后，国家有关部门对于公务出差出台了具体的制度规定，而 C 公司仍然违规自定标准，执行自己的"土政策"，反映出一些单位和党员领导干部缺乏政治敏感性，存在惯性思维和特权思想，对全面从严治党认识不到位，"国有企业特殊论""金融例外论"仍有市场。全面从严治党，就是要管全党、治全党，覆盖党的建设各个领域。国有企业固然有其经济属性、市场属性，但决不能忘记"姓党"的基本属性。

主体责任和监督责任双双失守。落实中央八项规定精神、驰而不息正风肃纪，党委、纪委分别负有主体责任和监督责任。Z 某作为 C 公司管党治党"第一责任人"，不仅没有发挥表率作用，反而在公务差旅、费用报销、周转用房等方面顶风违纪，存在享乐主义、奢靡之风问题。C 公司公然违规自定差旅标准，Z某有关问题持续数年没有暴露，都反映出该公司全面从严治党主体责任缺失，监督责任缺位。

全面从严治党压力传导层层递减。 党的十八大召开4年之后，C公司的上级单位才下发通知，对严格执行有关差旅费规定予以明确。对于Z某的问题，上级单位失察失责、听之任之，这反映出有关单位存在全面从严治党压力传导层层递减、管党治党宽松软的问题。

【检讨材料】 >>>

这些问题的产生根源还是在我自己的政治思想上和党性修养上，主要表现在以下三点：

一是政治意识不够强。中央出台的八项规定是全面从严治党的突破口，是党的作风建设的基础，也是党的纪律的具体体现。自己作为党员领导干部、作为国有企业的主要负责人，在中央八项规定出台后，对其精神领会不深，对其重要性认识不够，执行也不够到位，在经历过审计和巡视之后也没有能够全面深入贯彻中央八项规定精神，这都说明自己的政治意识不够强，自己犯了错，也因此造成班子决策的偏差。

二是大局意识不够强。作为国有企业的主要负责人，作为党员领导干部，不但要站在企业角度、行业角度，还要站在国家角度考虑问题。而自己对国家法规、人民银行和总公司的政策要求学习不够深入，在有关问题的决策上，更多地考虑局部利益，站在企业的角度考虑问题，缺乏宏观和大局意识。

三是遵规守纪不严。作为企业主要负责人必须严于律己、做好表率，要求别人做到的自己首先要做到，要求别人不做的自己坚决不做。而自己在费用报销方面出现的问题说明制度的刚性和纪律的严肃性还没有真正深入内心、形成行动自觉，红线意识不强，犯了公私不分、违反制度的错误。

把出访变出游
"老党务"迷失在"旅途"

中国人民银行某直属企业原党委委员、

副总经理 S 某违纪案例警示录

【基本案情】 》》》

　　党员干部因公出国必须严守纪律、厉行节约、讲求实效。然而，中国人民银行某直属企业（以下简称"Q 企业"）原党委委员、副总经理 S 某却把公务出国研修变成了公款旅游参观，被组织严肃查处并通报曝光。

　　2016 年 10 月，S 某率研修团组一共 12 人，前往南非开普敦、约翰内斯堡开展研修活动。此次出访目的是通过拜访南非证券交易所、清算和结算机构、投资银行、商业银行和证券公司等金融机构，了解学习金融危机后南非金融监管、中央对手方清算的发展现状以及相关风险管理措施等。此前，在 Q 企业向地方政府外事办公室报送的出访请示中，研修活动日程安排紧密，从抵达到返程，每天均有详细的公务安排，即便在周六、周日也安排"听取会员单位意见和想法，了解会员关心的议题""准备下一步研修要点与沟通交流议题"等内容。

　　然而，实际情况却不是这样。在此次出访期间，公务活动被大幅挤压，旅游参观被大量安排进日程表。从"黄金城市"约翰内斯堡到"浪漫紫色之都"比勒陀利亚，再到"母亲之城"开普敦……在南非的9天半时间内，研修团组实质性公务活动仅有3天半，其余6天均安排了各类旅游、参观活动。其中，在仅有的3天半公务活动中，部分成员还有2天没有参加，而是前往有关景点参观。这些活动安排，与Q企业报给地方政府外事办公室的日程安排严重不符。

　　"考虑到团组人员，也包括我自己难得到出访地点，就允许了组织一些参观活动。"作为团长，S某对公款旅游不仅放任不管，反而参与其中。研修团组回国后，对于出访期间无法"处理"的门票和导游费用，转嫁到了机票费用中予以公款报销。

　　"自己没有从政治和纪律的角度出发去考虑问题和把关，更没有站在做好表率、修身立德的高度更加严格地要求自己，致使问题就在自己身上和眼皮子底下发生。"对于此事，S某追悔莫及。

【风险梳理】 >>>

　　纪律教育和作风建设存在薄弱环节。S某自学校毕业参加工作起，一直专职从事党务工作，可谓是"老党务"。2010年2月，S某调任Q企业，任党委委员、副总经理。作为多年专职从事党务工作的领导干部，S某在中央八项规定出台近

4 年之后依然不收敛不知止，顶风违纪，擅自变更研修活动日程安排，将公务出访变成了公款旅游。而团组成员共有 12 人，其中既有 Q 企业会员单位成员，也有 Q 企业本部人员，大家对于擅自变更出访行程、公款出国旅游都未反对，且都参与其中。这些都反映出 S 某和相关人员纪律意识、规矩意识淡漠，我行我素，折射出其所在单位党组织纪律教育和作风建设存在薄弱环节。

财务管理制度执行控制不严。回国后，对于研修团组出国旅游产生的门票和导游费用，Q 企业将其以机票款名义予以报销。而门票和导游费用在形式上本不能进行公款报销，且与机票款是完全不同类型的费用，而 Q 企业通过"变通"手段顺利报销，暴露出该单位财务管理制度不健全、执行严重不到位，审批审核走过场。

【检讨材料】 >>>

这次问题之所以会发生，还在于自己放松了思想改造，放松了自觉用党的纪律和规矩对自己进行约束的要求。学如逆水行舟，不进则退，思想和行为也是如此。主观意识的稍一放松，就有可能在具体行动上犯错误。分管业务工作以来，我更多地将重心放在业务上，觉得自己是"老党务"出身，在纪律和规矩问题上不会出问题，因此放松了在纪律和规矩问题上抓实、抓细、抓严的自我要求。在日常工作中，我没有时时刻刻百分百地把这些规定摆在首要位置，变成放在心里、落在实处、引以为戒的自觉意识，结果实际行动上一不小心就越过了"红线"。

　　我作为一名党员领导干部，本应该对自己的要求更加严格、警觉性更高，但由于我的专注力更多地放在专业研修内容和业务会议上，对纪律和规矩停留在对团组提出原则性要求上，没有从政治和纪律的角度出发去考虑问题和把关，更没有站在做好表率、修身立德的高度更加严格地要求自己，致使问题就在自己身上和眼皮子底下发生。这样的教训，是惨痛和深刻的。对此，我作为出国团组主要负责人，应承担主要责任，我个人愿意接受组织上的任何处理，并在今后坚决改正。

断崖式的跌落

中国保险学会原党委书记、会长 Y 某

违纪案例警示录

【基本案情】 >>>

中国保险学会是从事保险理论和政策研究的全国性学术团体。作为学术性机构的主要负责人,中国保险学会原党委书记、会长 Y 某却为虚名所累、为私欲所惑,把学会当作私人领地,把公权力当作私人工具,严重违犯党的纪律,辜负了组织的重托。

经查,Y 某严重违反政治纪律、中央八项规定精神、组织纪律、廉洁纪律、工作纪律和生活纪律,在党的十八大之后仍不收敛不收手,性质恶劣。2018 年 12 月,经银保监会党委研究决定,给予 Y 某开除党籍处分和行政撤职处分,降为主任科员,责令其辞去学会会长职务。

不忠不诚　缺乏敬畏

作为一名党员,Y 某丧失了对党的忠诚。他对党的巡视工作不知敬畏、敷衍应付,原保监会党委 2016 年巡视发现的问题，直至 2018 年银保监会党委再次巡视时仍未严格整改，他甚至指使下属提供虚假资料干扰巡视；对银保监会党委关于意识形态工作等重要决策部署消极应付，谎报执行情况；打探纪检部门核查工作信息，编造虚假事实，与他人串供，对抗组织审查。

他违反"三重一大"决策制度和党委议事规则，未经集体研究，个人决定外包培训项目、干部录用和管理、大额资金使用等重大事项；到学会任职后，新招录一批"自己人"，并委以重用。在学会秘书处内设的 10 个部门中，他将其中对外合作项目多、掌握大额资金使用权的 6 个部门安排给返聘和借调的 4 名副秘书长分管，而这 4 名副秘书长中有 3 名没有完备的入会手续，他们享受特殊的待遇和权利均由 Y 某一人决定。学会在没有聘用文件的情况下聘用 4 名顾问，顾问的职责、管理、薪酬发放等均没有制度规定，全部由 Y 某一人决定。学会干部岗位调整、离职不经过党委会研究，也由 Y 某一人决定。他还通过给予相关补贴、违规报销票据等方式拉拢一些人，为自己所用。2017 年 12 月，他未经党委会研究，个人签批同意发展预备党员。2018 年 3 月，在组织就相关问题对其进行函询时，不如实向组织说明问题。

2017 年 8 月，在 Y 某指使下，学会隐瞒公款购买、消费高档白酒的情况，并向原驻保监会纪检组作出未发生此类问题的虚假报告。

私欲膨胀　生活腐化

担任保险学会一把手后，Y 某陶醉在职务光环之下，放松了对自己的要求，忘记了入党初心，忘记了为党为人民工作的本分。他以权谋私，为自己设定年薪逾百万，违规领取津贴补贴，收受可能影响公正执行公务的礼品礼金。他习惯在酒桌上讨论、对接业务，把简单的工作联系扭曲成吃吃喝喝，把处理公事演变成私人交往。他长期在高档酒店大吃大喝，用公款办理大额消费卡供其个人吃喝宴请，通过虚列费用、虚开发票套取资金用于个人使用、购买高档白酒，连清明节回老家的食宿费用、自家的物业费等个人费用也由公款报销。他公车私用、私车公养、超标准占用办公用房、超标准乘坐交通工具、超标准住宿，种种公私不分的违纪行为不胜枚举，俨然将保险学会当成了自己为所欲为的私人领地。

责任落空　贻害事业

作为学会一把手，Y某责任意识缺失，规矩意识淡薄，导致学会管党治党宽松软，纪律松弛、管理混乱，违纪违规问题频发，各项工作偏离正轨。学会在人事、行政、财务管理、会费收取使用等方面混乱无序、无章可循、有章不依。学会副秘书长、顾问的选聘、职责、薪酬等均无制度规定，全部由Y某个人决定。学会财务部门肆意违反财经纪律，随意大幅提高工资待遇，滥发津贴补贴。

在Y某的错误带领下，学会偏离主责主业，研究成果难以落地，服务会员单位作用不明显。他花费大量心思和财力物力在网络宣传平台建设上，表面功夫做得多，实际成效却并不显著。学会发行的主要刊物《保险研究》作为行业核心理论期刊，发行量大幅下滑，研究成果不突出，高端智库作用发挥不充分。2014 年至 2018 年，学会仅召开 2 次现场理事会议，与会员单位缺乏沟通联系，作用发挥大打折扣。

【风险梳理】 >>>

党的领导被严重弱化。Y 某将个人凌驾于组织之上，滥权妄为，导致学会党的领导被严重削弱，几近"脱管"状态。他严重违反"三重一大"决策制度和党委议事规则，个人决定外包培训项目、干部录用和管理、大额资金使用等重大事项。学会副秘书长的待遇和权利，学会顾问的职责、管理、薪酬等，都是他一个人决定。干部岗位调整、发展预备党员，也不经过党组织研究，由他个人说了算。他通过种种违纪违规手段，在学会内部打造听命于自己的"小圈子"，破坏政治生态。他自定薪酬，谋取私利。以上种种均反映出，党的领导已被弃置一边，学会几成 Y 某的私人领地。

管党治党责任严重落空。Y 某目无纪律，对组织毫无敬畏，在他的错误领导下，学会管党治党责任严重落空。他长期滥用权力，排斥党的领导，由个人决定重大事项。他大肆违反中央八项规定精神和廉洁纪律，长期在高档酒店大吃大喝，公款消费，套取费用购买高档白酒，违规报销个人费用，滥发津贴补贴，公车私用，私车公养，超标准占用办公用房，超标准乘坐交通工具，超标准住宿。作为一级党组织，学会在人事、行政、财务管理、会费收取使用等重要领域，连基本的制度都没有，更遑论执行制度。学会纪委形同虚设，未设立纪检监察部门，无专职干部，巡视时虽指出了这方面问题，却长期未整改。对这些问题，党内监督、财务监督、审计监督、群众监督等监督机制均未能及时揭示、有效处置，说明"两个责任"落空，管党治党宽松软。

【检讨材料】 >>>

近年来的所作所为，说明我党性原则动摇了，党的宗旨意识和理想信念淡漠了。这段时间在党旗下接受组织审查，我深感悔恨，为对不起党对我的培养和信任而深深自责。回想自己从中原古镇的一个普通家庭走到今天，是党和国家在学习和工作上不断培养我，使我成长为一名正局级的党员领导干部。党和国家对我恩重如山，应该说我和我的家庭所有的一切都是组织给予的，我本应为党和国家尽职尽责好好工作，回报组织的恩情和培养。但回想这些年自己的所作所为，顶风违纪，屡撞红线，特别是在党的十八大之后不收敛不收手，不仅自己犯了极其严重的错误，也未带好队伍，造成学会纪律松弛、违规违纪问题不断发生，给党的事业造成了严重影响。

接受审查这些天来，在审查组同志们的耐心教育下，我主动向组织坦白了我所犯的严重错误。这些错误一件件展示出来，我懊悔不已、无地自容。这些天我一直处于痛苦的反思和煎熬中，经常彻夜难眠。我无颜面对组织，辜负了组织的培养和信任，我无法向领导和同志们解释我的所作所为。我也无法面对我的家人，我80多岁的老母亲作为一名老党员经常叮嘱我要干干净净做事，好好为党工作；我的妻子公务繁重，身体也不太好，经常提醒我要杜绝贪心，不要贪占小便宜；我的儿子刚从美国留学回来，正在找工作并准备结婚，他多么期望有一个让他自豪的坦坦荡荡、堂堂正正的父亲。我的所作所为对不起组织和家庭，也损害了行业的社会声誉。

剖析自己所犯的错误，我喜欢以专家学者自居，没有以党员领导干部来严格要求自己。总是不自觉地放松对自己的要求，在一些学术活动中违规支付和领取专家费、劳务费，说明自己喜欢贪占小便宜，公私不分。这种行为的后果十分严重，导致学会上行下效，财务纪律松弛，各类违纪违规问题多发。

觥筹交错 "亲""清"皆错

中国银行保险监督管理委员会河南监管局
原副局长 Z 某违纪案例警示录

【基本案情】 >>>

　　落实中央八项规定精神，是各级党组织和全体党员必须严格遵守的行为规则。作为金融监管干部，更应带头从严落实中央八项规定精神，严守监管者与监管对象之间的"亲""清"界限。然而，银保监会河南监管局原副局长 Z 某却置党中央三令五申于不顾，在分管城市商业银行监管工作期间，顶风违纪，屡破界线，多次接受监管对象宴请并收受可能影响公正执行公务的财物。

　　经查，Z 某严重违反中央八项规定精神和廉洁纪律。2019年 1 月，经银保监会党委研究决定，给予 Z 某撤销党内职务、撤销行政职务处分，降为正处级非领导职务。

初次被查　避重就轻

　　2017 年年初，原驻银监会纪检组曾收到反映 Z 某接受 A 城市商业银行宴请的问题线索，对其立案审查。经查，2016

年 10 月，Z 某接受 A 城市商业银行董事长邀请参加聚餐，相关费用在该行报销。2017 年 6 月，经原银监会党委研究决定，给予 Z 某党内严重警告处分。但其实，Z 某在此次立案审查期间并未如实向组织交代全部问题，而是隐瞒了其于 2015 年、2016 年曾多次接受其他城市商业银行宴请并收受可能影响公正执行公务的财物等问题。

再次被查　一人"贰过"

"君子不贰过"，但 Z 某显然忘了这样的铭训，他在此前组织审查中隐瞒的问题被再次揭露。

2015 年春节前，Z 某及妻子应监管对象 B 城市商业银行董事长 N 某邀请，在该行内部餐厅聚餐，并饮用该行提供的高档白酒。

2016 年春节前，N 某邀请 Z 某及原河南银监局城市商业银行监管处相关负责同志聚餐。Z 某认为，一起吃个饭可以增进感情，深入了解银行经营管理情况，督促其做好工作，便把中央八项规定精神抛到脑后，同意参加聚餐。Z 某一行人在下班后到 B 城市商业银行内部餐厅用餐，并饮用高档白酒、红酒。用餐期间，N 某送给 Z 某航天纪念钞 2 万元。

2016 年 5 月某工作日下班后，N 某邀请 Z 某在 B 城市商业银行内部餐厅用餐。饭后，N 某送 Z 某上车，将两兜东西放在 Z 某自驾越野车后座上，并告诉 Z 某是茶叶。Z 某回家后，发现一个兜里是茶叶，另一个兜里是 10 万元现金。事发后 Z 某辩称，自己曾多次联系 N 某退还 10 万元，但 N 某表示 Z 某曾送给他许多书法作品，这些钱就当作润笔费。Z 某表示，他也曾想通过其他人员退还，或上交局纪委，但因为决心不够、担心把事情"搞大"，便一直未退还。最终，直到被再次立案审查才将 10 万元上交组织。

自我反思　教训不小

在组织审查过程中，Z 某反思其没有正确处理好与监管对象的"亲""清"关系，自己秉公办事的底气不足，履职不到位、监管不到位。正所谓"吃人嘴软，拿人手短"。在对 B 城市商业银行的监管中，Z 某"溺爱"多，"严管"少，过多强调其作为地方小银行的发展问题，忽视了外部风险管控。在 Z 某分管该行监管工作期间，没有对其进行全面现场检查，更未对其不合规问题进行过行政处罚。在该行股权结构发生变化时，没有意识到背后的利益之争，在审批股东资格时未做到风险穿透，监管提示也不到位。后期新股东的股权之争严重扰乱了该行正常经营秩序，造成许多负面舆情，也造成了开展监管工作的被动局面。

【风险梳理】 >>>

管党治党不严不实。党委未切实担负起全面从严治党主体责任，不同程度存在抓党建与抓业务"两张皮"等问题。Z 某作为党委班子成员，没有坚持把自己摆进去、把职责摆进去、把工作摆进去，未能在职责范围内履行好抓党建和管业务"一岗双责"，放松对自己约束的同时，也放松了对分管处室的管理，甚至带分管处室人员一起接受监管对象宴请；未把握好监管者定位，把监管领域当成专属领地谋取私利；不习惯在受监督和约束的环境中工作，行权用权和担当尽责没有统一，防止与监管对象利益冲突的思想堤坝不够稳固，在遵守党规党纪和监管履责方面"动作变形"。

作风建设存在短板。Z某出现问题，说明其所在单位作风建设方面的问题仍然没有归零见底，防止问题反弹和解决深层次问题的任务依然艰巨，在与监管履职深度结合方面也存在一定的脱实向虚。作风建设无小事，其本质是如何秉公用权、服务群众，把握住本质才能发现与其相悖的监管者角色偏差和职责偏差问题，才能对标施策。

"亲""清"界限不明，损害监管公信力。Z某作为金融监管干部，本应牢记监管姓"监"，把握好自身职责定位，严守与监管对象的交往界限。然而，他却与监管对象交往过密，热衷于被吹捧、逢迎，收受财物、接受宴请，甚至将自己的书法爱好与工作混为一谈，给监管对象的围猎以可乘之机。监管者与监管对象之间关系交往过密，必然使监管者缺乏秉公办事的底气，导致监管力度放松，监管公信力受损。

【检讨材料】 >>>

回顾问题发生的经过和我的思想变化过程，我发现自己存在许许多多的问题。

首先，没有提高政治站位，政治意识及自觉性不够。在牢牢把握政治方向、站稳政治立场、坚持政治原则方面缺乏敏锐性和自觉性，在监管服务商业银行时迷失了政治方向，弱化了政治立场，出现了思想滑坡，顶风违纪，接受了商业银行的宴请和礼金礼品。

其次，执行中央八项规定精神这根弦绷得不紧。在中央八项规定出台初期，我本人确实存在等等看、搞变通等错误想法，导致我对自己和身边的同志要求不严。在监管B城市商业银行过程中，我错误地认为，同他们一起吃个饭，可以加强感情，深入了解银行的经营管理情况，督导其做好工作，这恰恰是糊涂的认识、错误的想法。没有严格落实中央八项规定精神，没有处理好"亲""清"界限，没有管好自己的嘴，没有管住自己的行为，甚至热衷于监管对象的吹捧、逢迎，将自己的书法爱好也混淆到工作中，使自己失了立场、忘了纪律、忘了职责，最后造成履职不到位、监管不到位，秉公办事的能力也因此大打折扣，影响了监管效能。

最后，没有认真处理好监管与被监管的关系。我分管城市商业银行期间，存在的问题有：一是溺爱多、严管少。对B城市商业银行存在的管理问题、公司治理结构不合理、股权结构不科学等问题认识不到位，总觉得地方的小银行，发展是第一位的，所以溺爱得多，严管得少。二是说教多，监管措施少。在B城市商业银行股权结构发生变化的时候，特别是地方政府国有股权转卖给民营资本的时候，没有意识到股权变动背后的利益之争，在审批股东资格的时候，没有风险穿透，没有提示到位，导致发生新入股股东的股权之争，扰乱了银行的正常经营秩序，还引发了许多负面舆情，使B城市商业银行长期存在隐患，也使监管工作处于被动局面。三是谈发展多，风险管控少。B城市商业银行资产量不大，在地方性银行中属于发展落后的。在我分管期间，我过于重视规模发展、机构发展，没有强调内部风险管控，没有对B城市商业银行进行全面现场检查，也没有进行过行政处罚，导致 B 城市商业银行不确定的风险不断积聚，给后续的风险处置工作带来很大难度。

现在回想起来，还有许多问题没有及时处理好，我对此是有责任的。对我自己的错误和存在的问题，我非常懊恼，非常痛心，下一步我将严格要求自己，努力提高政治素养，强化政治意识，严格落实中央八项规定精神，进一步把纪律规矩挺在前面，坚持严监管、善监管，坚决守好监管职责。

【警示剖析】 >>>

加强党性修养是领导干部的终身必修课。 Z 某的违纪行为，表面上看似乎是"没有意识到纪律要求的严肃性""以为一起吃个饭可以加强感情"，但从根本上看，是其党性修养不够。如果心中时刻以一个共产党员的政治标准要求自己，时刻想着党的纪律，时刻保持克己慎行的警惕，就断不会这么"不矜细行"。官清则身轻，自律则自由，党性修养直接决定了干部的作风。各级领导干部要"以戒为固、以怠为败"，不断加强党性修养，持续修炼，以坚强的党性净化自己的政治基因。

落实中央八项规定精神必须强化政治自觉。 梳理一些官员的贪腐路径会发现，与管理服务对象公私不分、吃吃喝喝几乎是标配：有的沉溺于当商人的座上宾，乐此不疲；有的频繁出入高档会所，享受权力带来的快感；有的热衷周旋于各色饭局酒局，打造"朋友圈"。而这些行为的背后，往往是权钱交易的陷阱。落实中央八项规定精神，之所以要从不吃一顿饭、不喝一杯酒做起，之所以要从点滴抓起、从细节严起，就是因为事关党风政风，事关党的形象，事关群众利益，事关全面从严治党大局。公款姓公，一分一厘都不能乱花；公权为民，一丝一毫都不能私用。各级党组织、党员领导干部必须强化政治自觉，以铁的纪律、铁的作风，严格落实中央八项规定精神，寸土必争、寸心必守。

公私分明才能秉公用权。"瓜田不纳履，李下不正冠。"领导干部一旦与管理服务对象有了利益瓜葛，即便对方没有请托事项，也势必会影响公正执行公务。Z某正是因为将公私混为一谈，没有把握好"亲""清"界限，才在监管的立场上摇摆不定，才导致监管变形。《中国共产党廉洁自律准则》第一条便是"坚持公私分明，先公后私，克己奉公"，党员领导干部要守牢公私界限，确保用权为公、用权为民。

"小金库"终成"大窟窿"

原中国保险监督管理委员会天津监管局
"小金库"违纪案例警示录

【基本案情】 >>>

"小金库"问题历来为党内纪律所明令严禁，党中央、中央纪委多次开展清查、治理。然而，成立于2004年的原中国保险监督管理委员会天津监管局（以下简称"天津保监局"）一直存在历史遗留的"小金库"问题，该问题在党的十八大后仍不断膨胀，成为滋生违反中央八项规定精神问题和其他违纪问题的温床。

经查，2014年1月至2017年12月间，原天津保监局通过虚增物业费和稽查办案费、虚列福利费等方式套取资金，设立"小金库"共计200余万元，主要用于发放福利、支付招待费及个人应承担的费用等。2018年7月，经银保监会党委研究决定，给予原天津保监局时任主要负责人J某撤销党内职务、行政撤职处分，降为副局级非领导职务；给予原天津保监局时任分管负责人W某撤销党内职务、行政撤职处分，降为正处级非领导职务；收缴二人违纪所得。

党委书记的掩耳盗铃

J 某自 2014 年起担任原天津保监局副局长（主持工作），随后担任党委书记、局长。在其上任伊始，相关人员即向其报告了该局"小金库"的情况，但 J 某认为这是"历史遗留问题""用公家的钱办公家的事"，没有下决心清理。此后，他抱着只要不细管、不直接管就没有多大责任的心态，睁一只眼闭一只眼，任由"小金库"资金越积越多，违纪问题也愈演愈烈。相关人员向 J 某汇报"小金库"有关事项，J 某多数时候都表示"按你们的意见去办吧"，企图以含混表态的方式撇清自己的责任。

然而，原天津保监局一些公款接待、购买的一些礼品，还有 J 某本人的一些私人接待，这些事项产生的费用，都通过"小金库"资金列支。相关人员使用"小金库"资金为他购买手机、电脑，缴纳话费，招待亲友，支付交流干部周转房清洁费等，他也都一一接受了。

纪委书记的履职错位

"小金库"问题长期得不到纠正，与分管领导的履职错位有很大关系。作为分管该局财务工作的副局长，W 某置党的纪律和财务管理制度于不顾，当起了"小金库"的"经理人"，对于较大额资金的筹集和使用，他总是先与具体经办人员商量研究后，再向 J 某汇报请示。而同时担任纪委书记的他，更是将自己所肩负的管党治党监督职责抛到脑后，不仅不抓监督、整治，还用"小金库"资金支付本人消费支出。

广开门路筹集资金

有了党委书记的默许，有了分管领导的支持，原天津保监局的"小金库"不断膨胀，筹集资金的门路也是五花八门。如，虚增物业费，通过物业公司套取现金；虚列福利费，按照每人每天数元的标准计提福利费，套取现金；虚增稽查办案费，通过虚增检查人员、检查时间、误餐补助等方式套取现金；2014 年，在聘请天津某会计师事务所协助检查中，收取该会计师事务所价值不菲的加油卡；2014 年 4 月至 12 月，在委托天津市某行业协会承办某从业资格考试过程中，收取该行业协会返还的现金，以及有价证券、酒水等；2014 年至 2016 年，共 3 次收取天津某报社以审稿费名义给予的现金；收取干部停车费；等等。

随意无度支用资金

对于"小金库"中资金的使用，原天津保监局没有设置具体的界限，更没有书面的审批程序。除了定期支付食堂食材费用 80 多万元之外，其他费用的支出都是 J 某、W 某等人口头决定的。比如，在逢年过节之前，原天津保监局以现金、有价证券、实物等方式发放金额不等的"过节费"；购买高档酒水，用于违规公务招待和私人接待；在宴请中食用野味、高档海鲜等菜肴；向接待对象赠送礼品。此外，该局还存在虚列费用发放职工福利问题，2014 年 1 月至 2015 年 6 月，该局按照每人每月数百元标准列支考试费，向局领导班子成员以外的干部发放福利，J 某、W 某对此知情并默许。

【风险梳理】 >>>

党委主体责任虚化。原天津保监局党委政治敏感性不强，对党中央推进全面从严治党向纵深发展的任务无动于衷。党的十八大以来，党中央先后部署开展党的群众路线教育实践活动、"三严三实"专题教育、"两学一做"学习教育。而在此期间，原天津保监局党委不履行全面从严治党主体责任，不仅未对长期存在的"小金库"问题进行清理、整治，而且通过各种方式虚增、套取资金，使"小金库"问题继续膨胀；不落实中央八项规定精神，存在购买高档酒水、违规接待、请客送礼、违规发放福利等问题。党委书记 J 某不担当、不尽责，对"小金库"问题放任自流，并违规使用"小金库"资金，未履行第一责任人义务。

纪委监督责任空转。W 某既负责纪检工作，又分管财务管理工作，二者本就属于不相容岗位，职责分工的冲突、混同给纪委监督责任落实带来了阻碍。W 某作为纪委书记，忘记了自己姓"纪"，忘记了自身肩负的监督责任，对落实中央八项规定精神不放在心上，不仅不抓监督，反而弄虚作假，执纪违纪，使纪委监督责任落空。

政治生态受到损害。面对党中央全面从严治党永远在路上的要求，面对查处违反中央八项规定精神问题高压态势，原天津保监局仿佛生活在另外一个世界。虚增有关费用、虚列事项套取资金，财务制度成了"稻草人"；用"小金库"资金违规发放福利，相关干部"利益均沾"；党委书记、纪委书记不履行管党治党责任，个人违规使用"小金库"资金。这些都反映出，该局政治生态受到损害，"小金库"问题和违反中央八项规定精神问题积弊已久。

【检讨材料】 >>>

J某：对于天津保监局出现的账外账、违规发放津补贴和食物、购买高档白酒、请客送礼等问题，我负有不可推卸的责任，没有履行好全面从严治党第一责任人的责任，没有真正做到守土有责、守土尽责。

我的世界观、人生观、价值观出了问题。随着岗位的变化、职务的升迁，特别是当了保监局一把手后，各方面的监督少了，奉承拍马的多了，有了贪图享乐、安于现状的想法。这种思想观念体现在工作上就是把为人民服务的要求降低了，为了追求业绩，违纪违规拉关系，请客送礼，争取上级部门政策和地方政府财力支持。这些错误行为的根源就是我的世界观、人生观、价值观这个"总开关"出了问题，是宗旨意识淡漠的表现。

我没有真正做到遵守党规党纪。这些年，虽然也学了一些文件，但是真正把党规党纪内化于心、外化于行的不多。党中央、会党委三令五申坚决禁止的事情，心存侥幸也做了，甚至在去年年底还发生了公款大吃大喝、超标准接待的问题，这是顶风违纪、不收敛不收手的典型，不仅害了自己，也害了别人。驻会纪检组的审查给了我当头一棒，待我幡然悔悟，却发现已经在违纪的道路上走得太远了，到了必须彻底整改的地步。

我的工作作风也不扎实。这些年，我对单位内部管理，在思想上不重视，对一些长期存在的问题，敏感性不强，怕得罪人，用信任代替了监督，对一些问题睁一只眼闭一只眼，得过且过。对二该学习的文件，特别是财务规定方面的有关规章制度，没有认真对待。正是因为这些方面工作不扎实，才导致了天津保监局存在如此大的问题，我深深后悔、自责！

W 某：作为分管财务的副局长，虽然能认识到设立"小金库"、用账外资金为职工发放福利是违反纪律的行为，但是心里总想着初衷是为干部谋福利，且也没有将局里财物据为己有，自己上面还有一把手；未能清醒认识到党员干部出问题往往都是从不守纪律、破坏规矩开始的；在工作组进驻前对自己所犯错误认识不到位，觉得事不大，还存在一定的侥幸心理。通过工作组的帮助教育，我才意识到自己所犯错误的严重性。

作为纪委书记，我没能真正认识到学习领会党的新思想新理论是对党员领导干部的现实要求，未能按照党规党纪要求履行纪委的监督责任，工作作风飘浮，纪委的三项主要任务、六项经常性工作贯彻落实不深入不扎实，明知道"小金库"是违反纪律的，未及时制止，把党规党纪抛在脑后，规章制度的刚性要求未能落实到位。

我对中央八项规定精神的学习没有入脑入心，没能知行合一，对"四风"问题的危害性认识不到位，把公款吃喝送礼看作正常的公务接待、交流、沟通、协调、交往，没有认识到有些工作看似合理实质上已经违纪，没能真正认识到违反中央八项规定精神的行为已经在自己身上发生。

这些问题，还是反映出我对自身要求不严格。随着年龄的增长，我的表率意识慢慢淡化，存在"船到码头车到站"的思想，没有按照党员领导干部的标准和要求鞭策自己，对自身要求降低，自我感觉良好，思想上没引起足够重视，没有把公款购买手机等事项和违反廉洁纪律联系起来。

经过组织的帮助教育和自己深刻反思，我已认识到所犯错误的严重性和产生的恶劣影响，教训是惨痛的，损害了党的形象，辜负了组织的信任和培养，对我局也造成了很坏的影响。对此，我深感痛心和惭愧。

"小小"购物卡
作风"大问题"

中国工商银行重庆秀山支行违纪案例警示录

【基本案情】 >>>

"你这是在挑战中央整治'四风'问题的决心！这小小的购物卡，反映出你在作风建设方面存在大问题！"每每想起上级纪委领导的批评，中国工商银行重庆秀山支行（以下简称"秀山工行"）党总支书记、行长 C 某都为自己当初的行为懊悔不已。

事情还得从 2017 年年底说起。岁末年初，是银行经营的黄金时点，重庆市秀山县各家银行都在组织业务营销活动，力争维护好客户，为来年"开门红"打好基础，秀山工行也不例外。如何通过业务营销，维护好重点客户，取得更好的营销业绩，C 某在谋划着。经过琢磨，他有了一个"大胆"的想法。

秀山工行会议室里，支行班子正在研究细化旺季营销方案。C 某说出了自己的计划："分行的营销费用指标已经出来了，我建议今年给客户赠送购物卡，对代发工资客户的财务人员，每户给 500 元，其他客户也可以适当赠送一些。我和分管个人金融业务的行长助理 L 某已经商量过了，大家看怎么样？"

对于行长的建议，党总支纪检委员、副行长 Z 某心中打鼓。但是，他很快说服了自己：行长应该知道赠送购物卡不符合中央八项规定精神的要求，一把手已经表了态，自己再提出质疑不太合适；自己不分管前台，不能在别人"冲锋"的时候"扯后腿"；这些卡用于支行营销，没有装进个人腰包，应该也不算多严重的事情吧。于是，他选择了默许。支行班子也一致通过了 C 某的建议。

很快，由行长助理 L 某主持，秀山工行紧锣密鼓召开了三场代发工资客户联谊会。会后，参会代表都得到了一张 500 元的购物卡。事后，经 C 某签字确认，秀山工行以购买压力锅、公文包、真空杯等营销礼品的名义，提交上级分行进行报账处理。上级分行财务人员及分管行长仅进行了形式审核，便予以通过。

没过多久，当地几家单位的财务人员陆续退回了此前领取的购物卡。C 某和 L 某感到事态不妙，次日如实向组织说明了有关情况。经查，秀山工行于 2017 年年底、2018 年年初分两次购买购物卡共 11.38 万元，已送出的购物卡金额合计 5.15 万元。

秀山工行党总支书记、行长 C 某被给予撤销党内职务、行政撤职处分，党总支纪检委员、副行长 Z 某被给予党内警告处分，行长助理 L 某被给予行政降级处分。上级行党委书记、纪委书记因落实全面从严治党主体责任、监督责任不力，也受到相应问责。

【风险梳理】 >>>>

政治意识淡薄，中央八项规定精神未入脑入心。 中央八项规定精神不是五年、十年的规定，而是长期有效的铁规矩、硬杠杠。本案中，秀山工行相关党员干部违规使用公款购买购物卡，赠送对象包括党政机关和行政事业单位的财务人员，金额不大但涉及范围不小；问题发生在党的十九大之后，更是属于顶风违纪行为。这说明，国有金融机构的一些基层党员干部政治意识淡薄，对全面从严治党的大形势缺乏应有的认知，在党的十九大后仍违反中央八项规定精神；对中央八项规定精神的要求学习理解不深入，未入脑入心，存在以业务营销为名"打擦边球"的错误思想。

集体决策违规，监督机制未能起到制衡作用。 秀山工行购买、赠送购物卡的事项经过了班子讨论研究，属于集体决策违规。在集体决策过程中，党总支书记、行长C某没有发挥一把手讲政治、把方向的作用，成了违规决策的发起人；纪检委员Z某立场不够坚定，担当精神不强，没有坚持原则，存在"老好人"思想，未能发挥发现、提醒、制止、报告的同级监督作用；秀山工行将购买购物卡的费用以其他名义报销，上级分行财务人员和分管行长审核把关不严，财务监督未能发挥应有作用。

【检讨材料】 >>>>

C某： 我作为支行党总支书记、行长，履行主体责任严重失职，教训惨痛。作为支行党政一把手，我对政治理论、政策制度学习不够系统深入，没能入脑入心，更没有内化于心、外化于行，导致监督管理流于形式，经营决策出现重大偏差。我未能正确处理好党的建设与业务发展的关系，偏重业务发展，放松了政治建设，形成"两张皮"，对制度执行不到位，反"四风"、落实中央八项规定精神走了样，没有意识到这样的行为对党和工商银行形象产生的严重破坏，对本地政治生态的污染。我未能将党的十八大以来新的规定、新的要求作为自己和支行的行为指南，是导致本次严重违纪行为发生的根源。作风建设无小事，关系着党和工商银行的形象，我将在今后的工作、生活中，增强"四个意识"、坚定"四个自信"、做到"两个维护"，高标准执行党的大政方针、法律法规，形成政治自觉。

Z某：我作为支行的纪检委员、副行长，没有正确行使纪检监督职责，未能全面落实中央八项规定精神有关要求，我意识到了自己的严重错误，为自己未能正确履行职责感到深深的自责和惭愧。这件事反映出我对党的理论学习不够，对中央有关精神领会不深入、落实不到位，没有入脑入心，更没有成为行动指南，维护党纪行规的意识不强，抵制违纪违规问题的斗争精神和敢于说"不"的底气不足。我的行动没有跟上党中央和上级党组织的步伐，深层次的问题是我对党纪党规在思想上重视不够，狭隘地认为只要是有利于支行业务的发展、没有个人的廉洁问题，没必要反对；没有意识到反"四风"和坚决抵制违反中央八项规定精神问题对营造风清气正政治生态的重要作用。

L某：反思起来，我犯错误的主要原因在于：一是学习党的十八大、十九大精神不深入。对党的十八大、十九大精神以及反"四风"和贯彻落实中央八项规定精神的要求，我仅停留在学习层面，并没有真正入脑入心，思想深处还存在错误认识，认为企业营销送点东西没什么大问题。二是落实管党治党责任不到位。在整个事件过程中，我作为班子成员，本是可以向支行提出意见建议的，但我不仅没有及时反对这一错误行为，反而在积极实施这一行为，助长了不良风气，造成了不良影响。三是政治意识、大局意识不够强。觉得一心为单位谋发展就是正确的，虽是好心，但方式方法不对，未坚守底线，反而帮了倒忙，充分反映了我的政治意识不敏锐，大局意识有待提升，对事件严重性认识不足，对给本地政治生态、社会风气产生的不良影响认识不足。

纪律"松闸"　信贷"放水"

交通银行青海省分行营业部原副总经理

L 某违纪案例警示录

【基本案情】 >>>

中央八项规定出台以来，党员领导干部大吃大喝、出入高消费娱乐场所的不良风气得到了较大程度的遏制。但是，在少数人的脑海中，"酒桌饭局上好办事""娱乐包间里促感情"等错误思想并没有彻底根除。对于银行的党员领导干部来说，一旦廉洁自律之弦松懈，面对诱惑就容易失去原则；一旦在纪律上"松闸"，在行为上就可能"放水"。交通银行青海省分行营业部原副总经理 L 某就在这方面跌了"跟头"。

经内部审计认定，L 某刻意隐瞒风险情况、违规申报授信，对不良贷款负有重大岗位责任。2018 年 2 月，经青海省分行纪委立案审查，L 某因违反中央八项规定精神、廉洁纪律以及违反授信政策，受到党内严重警告处分、行政记大过处分。

纪律"松闸"

2014 年 4 月，L 某被提任为交通银行青海省分行营业部副总经理（主持工作）。作为新上任的一把手，他感受到了较大的业绩指标压力。此时，该营业部私人银行业务客户 W 某实际控制的几家商贸、矿业公司，因急需资金周转，向交通银行青海省分行申请了数亿元的流动资金贷款。

为顺利拿下贷款，W 某开始经常邀请 L 某等人吃饭并安排娱乐活动，这些费用大部分由 W 某支付。L 某认为，在与客户营销过程中，吃点喝点无伤大雅，只要不拿就不会犯错误，互惠互利的事于己于客户都是好事。正因为这种错误认识，他放松了思想防线。

2014 年 8 月，L 某带领客户经理前往 W 某实际控制企业所在的乌鲁木齐、和田、格尔木等地开展贷前调查。在乌鲁木齐的第一天晚上，W 某便安排 L 某等人入住了当地的豪华外资酒店，并为其安排了娱乐活动。与 L 某同行的客户经理称，"这个包房非常豪华，包房内的桌子是有生以来见过最大的桌子"。此次贷前调查中，除机票以外，L 某等人的其他全部费用也均由 W 某承担。

信贷"放水"

正所谓"拿人手短，吃人嘴软"。在后续的授信申报中，L 某隐瞒了 W 某为三家企业实际控制人的情况，把本该按照集团授信进行报批的三家企业授信进行拆分申报。由于所在分行授信条线把关不严，贷款一路"绿灯"被发放了出去。

在 L 某上任短短一年后，W 某控制的三家企业贷款就出现了逾期，随后全部转为不良贷款，总额高达数亿元。2015年 12 月，L 某被免去相关职务，责令专职清收该笔不良贷款。

【风险梳理】>>>

纪律规矩意识淡薄，廉洁防线失守。 接受可能影响公正执行公务的宴请和娱乐活动，是党的纪律明令禁止的行为。L 某以"业务营销"的名义，接受客户安排的高消费娱乐活动、高规格接待甚至有偿陪侍服务，反映出他纪律和规矩意识淡薄，没有从思想上认识到中央八项规定精神是不可逾越的铁纪。

业绩观偏离方向，忽视经营风险。 L 某出现违纪违规问题与其业绩观出现偏差有很大关系。在担任营业部负责人期间，为完成业绩指标，一味"傍大款""抱大腿"，把完成业绩指标的希望过度寄托在 W 某身上，导致面对 W 某的围猎时缺乏抵抗力，丧失了纪律防线和风险底线。

制度规定形同虚设，监督制约失效。 针对信贷业务，银行具有较为完善的全流程制度体系。但在本案中，L 某贷前调查"走过场"，贷款申报隐瞒实情，授信条线把关不严，从经营单位、授信管理部门到信贷审批岗位都未认真落实自身职责、未严格执行制度规定，导致信贷业务流程多环节"失守"，监督制约失效。

【检讨材料】>>>

事情发生后，分行党委、纪委对我进行了批评帮助，通过最近一段时间的深刻反思反省，我觉得之所以犯这种错误，根本原因还是主观上放松了对自己的要求，思想觉悟跟不上新形势下党要管党、全面从严治党的新要求，思想道德防线不牢固。作为一名受党、受交通银行培养多年的党员，理想信念有些动摇，忘记了入党的初衷。没能纯洁自己的生活圈、社交圈、朋友圈，没有时刻保持清醒的头脑，没能耐得住寂寞、守得住底线、经得起考验，没能自觉抵制不正之风，追求了低级庸俗生活情趣。在思想上放松了警惕，没有严格执行中央八项规定精神，重视个人人情，盲目信从，违规展业，忽视了行内纪律规章制度，本质上是忽视了党员干部的原则。这说明自己没有不折不扣地按照中央八项规定精神严格约束自己，没有牢记全心全意为人民服务的党的根本宗旨，放松了自身党性修养，纪律意识不强，政治敏锐性不高，辜负了党组织对我多年来的教育培养。

通过这件事情，深感教训是深刻的。针尖大的窟窿透过斗大的风。作为领导干部，如果不注意小节，就可能会酿成大错。"除恶者必察其本，理疾者必绝其源。"今后，我一定以此为鉴、警钟长鸣，认真查找自身在"四风"方面存在的问题和不足，深刻剖析产生问题的原因，坚决从思想上深层祛毒，从作风上挖根除弊，筑牢廉洁防线。

"人情观"错位
"老领导"收礼

中国人寿保险股份有限公司陕西省分公司原业务总监、
咸阳分公司原党委书记、总经理L某违纪案例警示录

【基本案情】 >>>

礼尚往来，是中华民族的传统。但是，凡事皆有法度。特别是党员领导干部，必须严格执行中央八项规定精神，守住纪律底线，把住人情与纪法的界限，不能让世俗的人情往来冲昏了自己的头脑，不能让庸俗的利益关系玷污了自己的党性。L某作为中国人寿保险股份有限公司（以下简称"中国人寿"）陕西省分公司原业务总监，同时兼任咸阳分公司原党委书记、总经理，在错位"人情观"的裹挟下，收受同事和下属赠送的大额礼金，受到了组织的严肃处理。

经查，2018年8月，L某接受渭南分公司部分班子成员、中层干部为祝贺其女儿出国赠送的19万元礼金；2018年9月，接受渭南分公司和咸阳分公司部分班子成员、中层干部为祝贺其父亲过生日赠送的4.8万元礼金。

2018年12月，经中国人寿党委批准，中国人寿纪委决定

给予 L 某撤销党内职务处分。同时，中国人寿依据公司有关规定，决定给予 L 某行政撤职处分。

纪律观念蜕变

L 某先后在中国人寿陕西汉中分公司、安康分公司，天津红桥区公司、陕西宝鸡分公司、渭南分公司、咸阳分公司担任副总经理、总经理。2017 年 2 月，任陕西省分公司业务总监兼咸阳分公司党委书记、总经理。

L 某任职经历丰富，在渭南分公司、咸阳分公司任职时取得了不错的业绩。特别是在渭南分公司任党委书记、总经理的 8 年间，渭南分公司的业绩一路赶超变成了名列前茅。公司业绩上升，员工收入水涨船高，L 某自然受到了下属的尊重。由于其任职时间长，渭南分公司许多中层干部、支公司经理都是他在任期间提拔起来的。

然而，业绩的提高、威望的上升、职务的晋级，却让 L 某有了飘飘然的感觉。在一言九鼎般的权力快感中，L 某滋生了自满情绪，平时说话的口气很大，听不得不同意见，甚至面对上级党委巡视组谈话时，态度也很强硬。他逐渐放松了对自己的要求，对党规党纪的学习不再上心，对组织不再敬畏，纪律观念逐步蜕变。

L 某去基层公司出差时，所乘车辆后备厢里往往会被装满。对此，L 某不以为意，认为这不过是基层同志们的一点心意，价值也不高，属于正常的人情往来，没必要斤斤计较。在因为两次违规收受礼金被组织调查时，L 某仍然辩称，下属家中举办婚丧喜庆事宜时，他也会送去礼金作为表示，自己收受礼金的行为属于礼尚往来，这是当地的风俗，没必要上纲上线。可见，作为一名党员，L 某对党中央全面从严治党的要求和中央八项规定精神严重缺乏认知，纪律观念已经出现了严重错位偏移，党性修养和思想境界严重滑坡。

顶风违纪收礼

2018 年 8 月某日，已到咸阳分公司任职的 L 某，应渭南分公司综合管理部副经理 S 某的邀请，专程从咸阳到渭南参加 S 某女儿的婚宴。婚宴前一天，L 某到达渭南，入住了 S 某为其准备的酒店套间。在 S 某的通知下，渭南分公司相关人员纷纷赶来，与"老领导"叙旧。其中，韩城支公司经理 A 某和蒲城支公司经理 C 某曾是 L 某的驾驶员，与 L 某较为熟悉。得知其女儿快出国了，A 某等人提出"大家应该表示一下"。随后，渭南分公司部分班子成员、部门负责人、县支公司负责人等 21 名干部共随礼 19 万元，由 A 某统一转交给 L 某。

2018 年 9 月某日，L 某回老家为父亲庆祝生日。渭南分公司总经理 H 某得知后，与几名班子成员及人力资源部经理商议，提议叫上县支公司经理和分公司部门负责人去看望"老领导"、为"老领导"父亲祝寿，大家都表示同意。随后，渭南分公司几名班子成员打电话通知了部分中层干部及县支公司负责人，分公司纪委书记统一为大家购买了高铁票。其中有 3 人没有订到票，索性开着公车前往。得知渭南分公司"组团"祝寿的消息，咸阳分公司两名班子成员、人力资源部经理、团险部经理也紧跟着到了 L 某老家。大家会合后，立即商量起随礼的事。最终，渭南分公司 18 人、咸阳分公司 4 人共随礼 4.8 万元，仍由 A 某统一转交给 L 某。

在党的十九大后，短短一个多月内，L 某两次收受同事、下属礼金 20 余万元，而且收得甚为"心安理得"。可见，其压根就没有把作为硬杠杠、铁规矩的中央八项规定精神放在心上。

上下级关系"变味"

L 某回老家探亲本是私事，他虽然用了私家车，却让咸阳分公司的驾驶员为其开车。后来，L 某认为驾驶员年轻，怕他技术不行，于是让驾驶员先把车开到渭南，L 某给渭南分公司总经理 H 某打电话，指定他的老部下、渭南分公司综合管理部副经理 S 某为他开车。于是，S 某在还没有下班的情况下，放下手头工作，载着 L 某驱车 3 个多小时，从渭南到了 L 某老家。此时 L 某离开渭南分公司已近两年，单凭一个电话，就让一名部门负责人离开工作岗位，为其充当私人司机，可见其仍然把渭南分公司当成了自己的"根据地"，把党的干部看成了自己的"家臣"，摆足了"官谱"。

L 某在渭南分公司任党委书记、总经理时，A 某曾是他的驾驶员。后来，L 某把 A 某提拔到韩城支公司当经理，理由是 A 某"能干"、自己知人善任。但事实上，A 某在 L 某两次收受礼金中，均扮演了不光彩的角色。众人"凑份子"的礼金汇齐后，两次都是由 A 某统一交给 L 某。一个支公司的一把手，充当起了 L 某收取礼金的"经纪人"，这就是 L 某所谓的知人善任。可见，L 某要的不是德才兼备的干部，而是能为自己跑腿办事的"跟班小弟"。

政治生态遭殃

一个单位的政治生态是否清明，领导干部的引领示范十分重要，一把手的头雁效应尤为关键。L 某不讲政治规矩，把曾任职过的渭南分公司看成是自己的"根据地"，给其所在单位政治生态造成很大损害。突出表现就是，只要说"老领导"回来了，无论是班子成员、部门负责人还是县支公司负责人，都纷纷簇拥到他的身边，大献殷勤；只要有人说给"老领导"表示表示，大家都不约而同掏钱随礼；甚至"老领导"被组织审查时，一些干部还多次为 L 某打掩护，不如实向组织说明问题。

"风俗既正，中人以下，皆自勉以为善；风俗一败，中人以上，皆自弃而为恶。"在两次送礼中，渭南分公司参与人员众多，大多数为中层以上干部，且"组团"前往，几近公开化。在赴 L 某老家为其父亲祝寿的过程中，渭南分公司党委书记、总经理 H 某亲自牵头组织，分公司纪委书记出面订票；消息传出去后，咸阳分公司的有关干部也不甘落后，趋之若鹜。

一把手带了坏头后，干部员工群起效仿。L 某两次收受礼金后不久，咸阳分公司副总经理 B 某筹备儿子婚礼，收受县支公司负责人等 43 人礼金共 35900 元和咸阳分公司 53 名干部员工礼金 17300 元；渭南分公司综合管理部副经理 S 某为女儿举办婚宴，收受公司 36 名干部员工礼金 11500 元，随礼人包括市公司部分班子成员、部门负责人、县支公司负责人、员工和内退人员。

【风险梳理】 »»»

党员领导干部政治意识淡薄。L某案是一起顶风违反中央八项规定精神的典型案例，不仅反映出L某纪律意识缺失，更反映出其政治意识淡薄，毫无政治敏锐性，不讲政治规矩。在中央八项规定出台和党的十九大召开后，L某不在意、不敬畏，明目张胆收受众人的大额礼金；在调离近两年后，仍以"老领导"自居，把渭南分公司当成自己的"根据地"，享受众星捧月的感觉，把党的干部当成自己的"家臣"、随意差遣。

一把手长期不轮岗导致监督制约弱化。一把手在同一单位任职时间过长，容易形成"绝对权威"和盘根错节的关系网。L某在渭南分公司任主要负责人的时间长达8年7个月，逐步产生了自满自大甚至目空一切的情绪，分公司许多中层干部和经营机构负责人都是在其任职期间提拔的。他调离近两年后，在渭南分公司仍有很大"影响力"，众多干部趋之若鹜，渭南分公司党委书记、纪委书记甘为驱使。正因为如此，其公然违纪行为得不到抵制、制止，监督制约机制失效。

上级党委、纪委"两个责任"不落实。L某之所以在违纪违规的道路上越陷越深，上级党委、纪委"两个责任"不落实、党内监督失效是重要原因之一。上级党委在对干部的考察中，存在唯业绩的导向，重业务、轻党建，重显绩、轻潜绩，重表面成绩、轻人品考察，重业务数字评价、轻政治生态评估。上级党委、纪委在平时工作中，对党员干部的警示教育不到位，导致L某作为党员领导干部，对中央的精神、党纪的规定、上级的要求懵懂无知，导致渭南分公司班子成员、中层干部等普遍缺乏纪律意识。

政治生态贫瘠。L某在任渭南分公司主要负责人期间，忽视了党委主体责任，自谓是"重业务、轻党建，重感情、轻纪律"。众人把给领导送钱当成理所应当的事情，把婚丧喜庆收受礼金当成人之常情，连把礼金交给谁都形成了"默契"。渭南分公司还存在大量的"近亲繁殖"现象，其中不少都违反了亲属回避规定。政治生态被破坏，是弊病丛生的重要原因。

【检讨材料】 >>>

我痛定思痛，认真剖析自己的错误，深感事情的发生看似偶然，实属必然。这都是我对自身要求不严、自由放任、纪律松懈造成的，平时忽视党性锻炼，思想意志薄弱，关键时刻没能把握住自己。教训再次证明，放松必然导致放纵，放纵必然与党纪格格不入，必然受到惩罚。

随着年龄的增长和职务的提升，我逐渐放松了对自己的要求，认为遵章守纪是其他人的事，作为领导干部，平时干好本职工作，适当放宽一下要求不要紧，组织的纪律要求没有必要再去学习，因此错误思想占据了头脑，影响了心态。而且，我自认为同志之间、上下级之间关系都很好，没人会在这些事情上较真，还心存侥幸地认为，虽然要求越来越严，但未必落到自己头上。在这些错误想法驱使下，我对纪律要求的理解似是而非，对上级精神视而不见，对中央八项规定精神置若罔闻。

　　一个合格的党员干部，应清楚什么是情、什么是理，什么是纪、什么是法，应守住底线。作为陕西分公司权重较大的咸阳分公司"掌舵人"，我在严守规定、执行纪律上，理应成为模范表率，但因意志不坚、罔顾大局、严重违纪，为公司抹了黑，我后悔不已。

公车私用　频闯纪律"红灯"

中国人寿保险股份有限公司四川省德阳分公司
原党委书记、总经理 W 某违纪案例警示录

【基本案情】 >>>

全国五一劳动奖章、全国保险系统十八大代表候选人资格、保险公司地市分公司一把手……这些熠熠生辉的荣誉和名号，其拥有者是中国人寿保险股份有限公司（以下简称"中国人寿"）四川省德阳分公司原党委书记、总经理 W 某。深受组织信任的他，却因为纪律规矩意识淡薄，无视中央八项规定精神，公车私用，频闯纪律"红灯"，最终栽了大跟头。

经查，W 某违反中央八项规定精神、廉洁纪律、工作纪律。2019 年 11 月，经中国人寿纪委审议并报党委批准，决定给予 W 某党内严重警告、行政撤职处分。

居功自傲　特权思想作祟

W 某自 1997 年大学毕业后进入中国人寿成都分公司工作，工作期间加入中国共产党。由于工作勤奋努力、业绩突出，在组织的培养下，W 某逐步走上了领导岗位，2016 年任

中国人寿四川省德阳分公司党委书记、总经理。

初到德阳分公司任职时，W某行事比较小心谨慎，但随着任职时间的增长，他对自己的要求逐渐降低。"我个人还是有一种居功自傲、骄傲自满的情绪在作怪，认为自己从业20多年，历经多岗位历练，成绩都非常突出，自己在德阳又是带病干最艰难的工作，在'小节'上不必苛刻自己。"事发后，W某在书面检查中坦承道。

2016年1月至2019年2月，W某未按规定向上级公司报备，几乎每个工作日都往返于工作地德阳市和居住地成都市，把交流任职变成了"走读式"上下班。其间，他公车私用339次，产生过路费及燃油费1.9万元。

心存侥幸　不知悔改

从第1次到第339次公车私用，W某也曾有过"刹车"的机会。早在2016年4月，四川省分公司党委在对德阳分公司开展巡察期间，就发现W某存在公车私用的问题。省公司纪委对W某进行了批评教育，W某也向组织承认了错误，将使用公车所产生的费用退还给了公司，并在民主生活会上进行了自我检讨。

然而，这都是W某做的表面功夫，他并没有从内心里认识到自己的错误，并没有进行深刻的自我反省，而是与组织"玩起了心眼"。他背地里仍然每个工作日往返于德阳市和成都市，且不向上级公司报备。为了掩人耳目，刚开始的时候，他把通勤工具从公车换成了私车，并自行支付相关费用。过了一段时间，W某觉得监督的风声似乎没有那么紧了，于是故态萌发，重新使用公车作为他往返于德阳与成都两地的通勤工具，直到组织将其调离德阳分公司。W 某认为，自己工作繁忙，因病接受手术后仍带病工作，公车私用也在情理之中。他努力克服了身体上的病痛，却没有意识到，自己思想上却产生了痼疾。

移花接木　玩起"障眼法"

W 某在德阳工作期间，公司为其租赁了交流干部住房，以解决其异地交流在生活上的不便，但他几乎未曾入住，绝大多数时候还是返回成都家中居住。奇怪的是，公司大部分员工并不知道其经常往返德阳、成都的情况，对其公车私用问题也没有察觉，认为"W 总每天都是乘坐自己的小红车上班，没有公车私用情况"，甚至有人私下调侃他"给你配了公车不坐，坐自己的小红车上班，丢公司的面子喽"。

原来，为了掩人耳目，W 某玩起了"障眼法"，使用公车、私车轮番"接力"。因其晚上时有加班或应酬、离开公司较晚，所以员工们很少看到他乘坐公车离开。将 W 某送回成都后，司机再连夜将公车开回德阳，停放在公司院子里。次日清早，司机驾驶 W 某的私车从德阳出发到成都，接 W 某回德阳上班，白天将私车停放在公司院子里。于是，员工们每天早上都能看到公车停放在院子里，同时又能看到 W 某乘坐私车上班。

为了保证 W 某早上能够准时上班，司机每天清晨 5 点多就要从德阳出发前往成都。而前一天晚上送 W 某回成都后，司机往往凌晨一二点才能返回德阳。甚至有的时候，为了抓紧时间休息，司机干脆就睡在车里。考虑到司机承担了额外的工作量，W 某每月还自行支付司机 2000 元左右的"辛苦费"。W 某如此大费周章地将违纪行为隐藏了 3 年之久，自以为神不知鬼不觉，但这种掩耳盗铃的做法注定是徒劳的，最终还是难逃组织的审查和处理。

【风险梳理】 》》》

党员领导干部纪律意识淡薄。W 某缺乏对中央八项规定精神的正确认识，忘记了"公车姓公"，把公车私用看成是"小事""小节"，且积习难改，心存侥幸，在因公车私用受到党组织"第一种形态"处理后仍不知悔改、不收敛不知止，说明其纪律意识十分淡薄。

"车轮上的腐败"折射管党治党不深入。公车私用是"流动的腐败"，车开到哪里，党的形象就损害到哪里。在中央八项规定精神"螺丝越拧越紧"的情况下，W 某仍心存侥幸，顶风违纪，长期公车私用，"走读式"上下班且不向上级公司报备，暴露出上级公司党委纪委对 W 某长期频繁公车私用失察失管，监督不到位。

监督执纪"后半篇文章"做得不实。W 某公车私用问题被巡察发现后，上级公司纪委对其适用"第一种形态"，进行了批评教育，但 W 某并没有就此悔改、收敛，而是与组织玩起了"障眼法"，故态复萌。这也反映出上级公司纪委的思想政治教育工作不够深入，未从思想根源上扭转 W 某的错误认识；对受到处理过的干部，后续跟进关注不够，持续教育监督不够。

【检讨材料】 >>>

作为一名党员干部，我辜负了组织多年的培养和信任，内心无比痛苦和愧疚。我的错误是严重的，教训是深刻的，是自身从思想根源上出现问题带来的后果。

从本质上讲，首先是我从认识上出现了严重偏差，对全面从严治党、廉洁自律认识不够、重视不够，降低了自己作为一名党员干部的要求。总认为自己带病坚持在艰难的地方工作，离家距离又较近，偶尔公车私用也不是什么大事。正因为这些危险的思想作怪，才犯下了今天的严重错误。其次，因为对政策的理解和掌握不够，总认为节假日加班、周一上班和周五下班、晚上商务应酬太晚，使用公车往返在情理之中，所以有时就出现了公车、私车混用的情况。这就是典型的在政策面前混淆边界。

再从自身来讲，还是居功自傲、骄傲自满的情绪在作怪。认为自己从业20多年，历经多岗位历练，成绩都非常突出，自己在德阳又是带病干最艰难的工作，在"小节"上不必苛刻自己，其实这都是自己为违犯纪律所找的借口。

我在公车私用问题上犯下了严重错误，心甘情愿接受组织的处理，也诚恳请求组织给我改正错误的机会。我一定倍加珍惜来之不易的机会，努力学习、提高认识，真正按一个党员干部的高标准严格要求自己。

婚宴本喜事　违纪终受罚

中国人寿财产保险股份有限公司湖南省益阳市中心支公司
原纪委书记、总经理助理 L 某违纪案例警示录

【基本案情】 >>>

中国人向来比较看重人情往来，但到了某些党员干部那里，却变成了敛财的大好时机，造成了极为恶劣的影响。中国人寿财产保险股份有限公司（以下简称"中国人寿财险"）湖南省益阳市中心支公司原纪委书记、总经理助理 L 某就借儿子结婚之机，大操大办，违反了党规党纪。

"我之所以会犯下这样的错误，究其根源，是放松了对党规党纪的学习，对自己要求不严格……"受到党纪处分后，L某懊悔不已。儿子的结婚本是件大喜事，他却由于违规操办，违反了中央八项规定精神，受到了组织的处理。

经查，L 某为其子操办婚宴，事前未向上级纪委报告，违规收受单位同事和下属员工 43 人赠送的礼金 13000 元，违反了中央八项规定精神。2018 年 1 月，经中国人寿财险湖南分公司党委研究决定，给予 L 某党内严重警告处分，免去纪委书记职务，责令其退还违规收受的全部礼金；并对时任益阳市

中心支公司党委书记予以诫勉处理。

2017 年 4 月，L 某着手为儿子操办婚宴，以其儿子的名义发送了婚礼请帖，邀请亲朋好友和公司部分同事来参加婚宴。L 某认为，自己只有这么一个儿子，在儿子结婚的时候一定要把婚礼办得体面、热闹一点，不能在亲家、亲戚、同事面前丢了面子；自己这几年也收到过不少朋友的请柬，随了不少份子钱，婚丧喜庆，礼尚往来，这也是当地的传统习俗；给儿子办婚礼也没有使用公车、公款，不是什么大事。因而，L 某只是口头向公司主要负责人报告了一声，未向上级纪委专门报告婚丧喜庆事项。

2017 年 5 月 L 某儿子婚礼当天，除受邀参加婚礼的亲戚朋友、公司同事外，益阳市中心支公司下辖机构一些没有收到请帖的干部员工得知消息后，也纷纷送红包、随礼以示祝贺。看到这么多亲朋好友和公司同事参加儿子婚礼，L 某在觥筹交错间，感到面子十足，虚荣心得到了极大满足，浑然不觉已逾越了纪律红线。

【风险梳理】 >>>

对中央八项规定精神缺乏足够认识。违规操办婚丧喜庆事宜，属于违反中央八项规定精神的行为。本案中，L 某政治意识淡薄，心无戒惧，心存侥幸，没有把中央八项规定精神看成不能触碰的红线，没有以一个党员领导干部的标准严格要求自己，以传统习俗为挡箭牌，以"小事""小节"为借口，顶风违纪，违规操办婚丧喜庆事宜，借机敛财。

纪检干部顶风破纪。正人者必先正己，打铁必须自身硬。

本案中，L某作为公司纪委书记，本应为其他党员干部作出表率。然而，他执纪违纪，给纪检干部的形象抹了黑。他政治意识淡薄，内心里把纪委书记的岗位看成是兼职，把纪委工作看成是副业，疏于对党规党纪的学习，背弃了自身职责。

请示报告执行不到位。严格落实请示报告制度、及时向组织请示报告相关事项，是一个共产党员党性修养和组织观念的体现，是对党忠诚老实的体现。L某不及时报告，使上级纪委无法及时进行监督、提醒，失去了提前纠偏纠错的机会。

【检讨材料】 »»»

我之所以会犯下这样的错误，究其根源，是放松了对党规党纪的学习，对自己要求不严格。我错误地认为，婚丧喜庆是人之常情，但实际上，邀请干部员工参加我儿子婚宴并收受礼金的行为，已经不是一件小事情，而是严重的违纪行为。这无疑说明，我在思想上还没有深刻领会全面从严治党的内涵，没有和党中央保持高度一致，没有按照党风廉政建设的要求约束自己，而是时刻打着自己的小算盘，忘记了自己作为一名共产党员的身份，辜负了党对我的教育培养。教训是深刻的，我一定要以此为戒，加强学习，改正错误，树立正确的人生观、价值观和权力观，端正思想作风，加强自我约束，从中吸取深刻的教训，时刻保持清醒的头脑，保证不再违犯纪律。

后　记

　　作为贯彻落实习近平总书记重要讲话精神和中央纪委全会工作部署，深化金融领域反腐败工作的具体举措，以及持续深化"不忘初心、牢记使命"主题教育的实践成果，《金融案鉴——金融领域违纪违法典型案例警示教育读本》付梓出版了。

　　应该说，这是集体智慧的结晶，该读本的编写出版工作得到了多方面的支持帮助。中央纪委国家监委领导同志对该读本的编辑出版十分关心，赵乐际、杨晓渡等领导同志审批同意开展金融领域腐败案例读本选编工作，李书磊同志亲自担任编委会主任并审定了读本。中央纪委国家监委第三监督检查室蒲宇飞（现任驻应急管理部纪检监察组组长）、崔志成、李中华同志亲自部署组织，审阅把关全部书稿。18家驻中央金融单位纪检监察组的负责同志精心选定相关案例，组织案例编写，并审阅把关相关篇目。驻建设银行纪检监察组协助中央纪委国家监委第三监督检查室承担了读本编写的具体联络和统稿工作。除编委会成员外，先后参与本书编写、修改、审阅等工作的还有：樊祥鹏、姜振山、刘华松、江绍秦、田伟、苏万龙、杜亚荣、李清文、王君、霍卓君、黄锐、许炯宇、冯芊、任晖、卢坤耀、程红专、邓莹、刘滨、宝音、王乾、张晓鹏、顾娟、张晋、涂伟、杨雪文、袁晓月、李晓岑、张焕凤、张研、刘爽爽、李海龙、周磊、蒋炜、洪瑛、严威、彭娇、张琼、李绍东、杨成栋、娄德成、刘珺君、陈荣、陈伟、李轩、李孟华、薛罡、孙庆陆、刘震、苏长泉、王前进、马玖、张立刚、胡晓昀、高关民、许文涛、陈璐、楼江峰、陶然、任敏洁、李洪萍、张书科、王玉坤、席军、于成刚、孙殿喻、张宽、罗巍、蔡阳、刘鑫、王亮、熊炜、陈捷、王忠强、杨永凯。中国方正出版社对本书出版给予了大力支持，精心编辑校对、设计装潢，为读本增色。在此，对所有支持和参与读本编辑出版工作的领导和同志们，一并表示感谢！

本书编委会
2021 年 1 月

图书在版编目（CIP）数据

金融案鉴：金融领域违纪违法典型案例警示教育读本 /《金融案鉴：金融领域违纪违法典型案例警示教育读本》编委会编写 . —北京：中国方正出版社，2020. 11

ISBN 978-7-5174-0891-8

Ⅰ . ①金… Ⅱ . ①金… Ⅲ . ①金融犯罪—案例—中国

Ⅳ . ① D924.335

中国版本图书馆 CIP 数据核字（2020）第 220382 号

金融案鉴——金融领域违纪违法典型案例警示教育读本（内部发行）

JINRONG ANJIAN JINRONG LINGYU WEIJI WEIFA DIANXING ANLI JINGSHI JIAOYU DUBEN

本书编委会　编写

责任编辑：曹宇霖
责任校对：周志娟
责任印制：李惠君

出版发行：中国方正出版社
　　　　　（北京市西城区广安门南街甲 2 号　邮编：100053）
　　　　　编辑部：（010）59594613　发行部：（010）66560936
　　　　　印制部：（010）59594625　门市部：（010）66562733
　　　　　邮购部：（010）66560933
　　　　　网　址：www. lianzheng. com. cn
经　　销：新华书店
印　　刷：保定市中画美凯印刷有限公司

开　本：787 毫米 ×1092 毫米　1/16
印　张：22. 25
字　数：240 千字
版　次：2021 年 1 月第 1 版　2021 年 2 月第 2 次印刷
（版权所有　侵权必究）

ISBN 978-7-5174-0891-8　　　　　　　　　　　定价：56. 00 元

（本书如有印装质量问题，请与本社发行部联系退换）